CIDADES EXCELENTES

RAIMUNDO GODOY
LEONARDO RISCHELE
RODRIGO NEVES

CIDADES EXCELENTES

Gestão que transforma a realidade dos municípios brasileiros

Belo Horizonte

ESCOLA DE GESTÃO

2021

Copyright © by Escola de Gestão Aquila

Esta obra é fruto de fomento exclusivo da Escola de Gestão Aquila,
a qual incentivou o seu desenvolvimento apoiando os autores em pesquisas e suporte técnico,
sendo, inclusive, a detentora de 100% dos seus direitos patrimoniais.

Autores:
Raimundo Godoy, Leonardo Rischele, Rodrigo Neves

Preparação dos textos: Juliana Sousa
Projeto gráfico, infográficos e capa: Victor Zschaber
Imagens e diagramas: Rodrigo Portugal
Revisão: Natália Godoy Porto
Editoração eletrônica: Walter Santos
Coordenação dos trabalhos: Paulo Coimbra

É proibida a reprodução total ou parcial desta obra, por qualquer meio eletrônico,
inclusive por processos xerográficos, sem autorização expressa do Editor.

Catalogação na Publicação (CIP)

C568	Cidades excelentes : gestão que transforma a realidade dos municípios brasileiros / Raimundo Godoy ... [et al]. - Belo Horizonte : Escola de Gestão Aquila, 2021. 280 p. : il. color.
	ISBN 978-65-991791-1-2
	1. Administração pública 2. Administração municipal 3. Inovação 4. Desenvolvimento social 5. Cidades e vilas – Brasil 6. Cidades inteligentes I. Godoy, Raimundo
	CDD: 352.16

Bibliotecária responsável: Cleide A. Fernandes CRB6/2334

SUMÁRIO

SOBRE OS AUTORES

Raimundo Godoy 7

Leonardo Rischele 8

Rodrigo Neves 9

Boas Vindas

João Carlos Saad 15

Prefácio

Rodrigo Pacheco 17

INTRODUÇÃO 21

1 A ORIGEM 23
   O Aquila 25
   Por que municípios? 27
   Desafios 28
   O que é excelência? 31
   A excelência vem do setor público 31
   A busca pela cidade excelente 33
   A importância do desenvolvimento humano 34
   A metodologia Cidades Excelentes 38

2 A CRIAÇÃO DA PLATAFORMA IGMA 41
   Aplicando no Brasil 43
   Plataforma IGMA: uma bússola para a gestão municipal 45
   Big data 47
   Machine learning 48
   Análises Preditivas 50
   O Índice IGMA 50
   A quem interessa 52
   Retrato Brasileiro 54
   Análise do município 54
   Análise de uma região 62

3 OS 5 PILARES DO CICLO VIRTUOSO DE DESENVOLVIMENTO HUMANO 67

    Pilar 1   Eficiência Fiscal e Transparência 70
    Pilar 2   Educação 85
    Pilar 3   Saúde e Bem-estar 105
    Pilar 4   Infraestrutura e Mobilidade Urbana 118
    Pilar 5   Desenvolvimento Socioeconômico e Ordem Pública 129
    Um índice para além dos municípios 151
    Os ODS 154
    A relação entre as Cidades Excelentes e os ODS .. 160

4 OS 8 PASSOS PARA UMA CIDADE EXCELENTE 163

    Passo 1   Ambição 168
    Passo 2   Governança 173
    Passo 3   Evidências 177
    Passo 4   Produtividade 181
    Passo 5   Qualidade Técnica 185
    Passo 6   Disciplina 194
    Passo 7   Retorno 197
    Passo 8   Transparência 199
    Modelo para aplicação prática dos 8 Passos 202
    Check list dos 8 Passos 207

5 AS CIDADES DO FUTURO 209

    A importância da inovação 211
    Digitalização dos governos 214
    5 Tendências mundiais para o governo digital 219
    Sociedade 5.0 220
    Ambiente competitivo 221
    Geração de novos negócios 223
    Cidades inteligentes 224

CONSIDERAÇÕES FINAIS
João Carlos Saad 227

CARTAS DO EXTERIOR 231
    Um mundo integrado 233
    Cidadania e senso de justiça 236
    Mobilidade urbana em prol do desenvolvimento .. 239
    Uma vida excelente! 241
    Gestão pública profissional 243
    Vocação que faz a diferença 245
    A excelência pode estar em todo lugar 247

CÁLCULOS DOS INDICADORES IGMA ...251
    Pilar 1 – Eficiência Fiscal e Transparência 253
    Pilar 2 – Educação 255
    Pilar 3 – Saúde e Bem-estar 257
    Pilar 4 – Infraestrutura e Mobilidade Urbana 258
    Pilar 5 – Desenvolvimento Socioeconômico e Ordem Pública 260

REFERÊNCIAS 263

PUBLICAÇÕES AQUILA 273

AQUILA ON 277

SOBRE OS AUTORES

RAIMUNDO GODOY

Presidente Executivo e referência técnica do Aquila, é graduado em Engenharia Química pela UFMG. Foi executivo durante 20 anos em empresas do segmento automotor no Brasil, Itália, Espanha e Argentina. Em 2000, iniciou sua trajetória na consultoria como líder de projetos. Coordenou equipes em 25 países, desenvolvendo novas metodologias, práticas e abordagens de sucesso.

Parafraseando Guimarães Rosa, "a colheita é comum, mas o capinar é sozinho." "Acredito que durante o percurso muitas pessoas nos motivam para que o nosso "capinar", mesmo difícil, seja frutífero".

Contei sempre com o apoio da minha família e agradeço, sempre que estamos juntos, por todas as emoções que partilhamos.

Agradeço aos meus parceiros Leonardo Rischele e Rodrigo Neves, por aprendermos juntos e vislumbrarmos um futuro próspero.

Um agradecimento especial a Flávia Rocha, pelo auxílio em todas as análises e pelo suporte do núcleo de apoio a projetos do Aquila.

Ao Johnny Saad, meu conselheiro e grande incentivador, pela parceria de tantos anos. A missão que nos deu, aparentemente impossível, foi um grande desafio, e sua participação neste livro o enriquece significativamente.

Ao senador Rodrigo Pacheco, por nos emprestar sua competência e credibilidade para tornarmos "Cidades Excelentes" referência de conhecimento e pesquisa.

Ao Prof. José Martins de Godoy, que há 20 anos, como presidente do INDG, decidiu, de forma estratégica, desenvolver a gestão no setor público. Essa decisão nos permitiu caminhar até aqui e construir uma história de sucesso, em vários projetos desenvolvidos nesse importante setor.

Ao Prof. Carlos Alberto Bottrel, conselheiro e referência técnica do Aquila, meu parceiro de caminhada e amigo. Obrigado por suas orientações e apoio com a sua experiência e palavras sábias nos momentos mais importantes da nossa empresa.

Agradeço a todos do Aquila pelo auxílio na construção e realização desta obra. Juntos fazemos a diferença!

Agradeço a Deus, meu guia, pela vida, força, coragem e perseverança. Por não deixar que o desânimo, em tempos tão difíceis, faça sucumbir a vontade que me motiva de trabalhar duro, estudar, aprender e fazer sempre mais e melhor! A cada projeto realizado, nasce um novo desafio! E o bonito da vida é isso! Continuamos caminhando...

SOBRE OS AUTORES

LEONARDO RISCHELE

Consultor Sócio do Aquila, Gerente de Projetos, graduado em Administração de empresas pela PUC/MG, MBA em Finanças pela Fundação Dom Cabral. Atua há 15 anos em consultoria de gestão para organizações de vários segmentos. São mais de 150 projetos entregues e 100 clientes atendidos. É especialista em Excelência Comercial e técnicas de negociação.

Cidades Excelentes é dedicado a todos os cidadãos e gestores que acreditam e trabalham na construção de um país melhor por meio da busca incessante pela excelência.

Durante a construção desta obra, nossa ambição sempre foi trazer uma contribuição metodológica, rica em exemplos bem sucedidos na elaboração de programas que visem a melhoria de vida das pessoas.

Foi gratificante trabalhar neste projeto junto ao meu orientador, Raimundo Godoy, e meu colega de caminhada, Rodrigo Neves. O apoio sempre presente de Natália Godoy e Flávia Rocha.

Agradeço ao Paulo Coimbra, por acreditar no projeto e a toda equipe do Aquila, pelo aprendizado constante.

Agradeço aos meus pais pelo exemplo de vida; a minha sempre companheira Natalia Horta, pela delicadeza do seu amor; a Duda, João Lucas e Letícia, vocês são inspiração para todas as minhas ações. Construir Cidades Excelentes é pensar em um futuro melhor para vocês!

SOBRE OS AUTORES

RODRIGO NEVES

Consultor Sócio do Aquila, Gerente de projetos, graduado em Ciências Econômicas pela UFMG, com MBA em finanças pela PUC-MG e Big data aplicado ao Marketing pela ESPM. Atua há 11 anos em consultoria de gestão para organizações de vários segmentos. É especialista em Excelência Comercial, Gestão Pública e Inteligência Competitiva.

Cidades Excelentes é a concretização de um sonho e uma forma singela de contribuir com a sociedade brasileira.

Dedico esta obra a todos que de alguma maneira agregaram na minha formação pessoal e profissional, cada cliente, cada gestor público, cada consultor do Aquila, cada professor que me ajudou a construir essa jornada de conhecimento e aprendizado.

A construção desse projeto com o Raimundo Godoy e Leonardo Rischele, profissionais que admiro tanto, foi muito gratificante e enriquecedora.

Catarina, nosso trabalho em equipe e amizade foram fundamentais para chegarmos a esse momento.

Claudia, Roberto, Flávia, Paulo e Luiza, vocês me lembraram o verdadeiro sentido de trabalho em equipe, obrigado por trazerem um olhar minucioso na revisão.

Natália Godoy, obrigado pela parceria de tantos anos e cuidado na construção deste conteúdo.

Obrigado Juliana Sousa por me ajudar, mais uma vez, a traduzir pensamentos em palavras.

Em especial, um agradecimento a minha família, que sempre esteve ao meu lado me dando suporte nos momentos difíceis e celebrando as vitórias.

Matheus, Fred, Joca, vocês foram minha companhia de noites em claro. Sâmara, Roberto, Izabella, amo todos vocês!

"Se quiser ir rápido, vá sozinho.
Mas se quiser ir longe, vá acompanhado."

AGRADECIMENTO A TODOS OS CONSULTORES QUE COLABORARAM DIRETAMENTE NA CONFECÇÃO DESTA OBRA.

O desenvolvimento deste livro contou com o importante apoio da nossa equipe de consultores. Cada um deles contribuiu de forma particular nas pesquisas, análises, estatísticas e revisões, sempre utilizando os conceitos da máxima crítica para tudo o que foi produzido. Certamente, essas contribuições foram fundamentais para termos uma obra melhor e de fácil leitura para todos.

Relação de colaboradores:

Catarina Melo da Paz
Cláudia Bessas Juscelino
Dhandara Oliveira Queiroz
Flávia Mendes Rocha
Juliana Sousa
Luiza do Carmo Matheus
Natalia Martins de Morais Godoy Porto
Paulo Eduardo de Aguiar Coimbra
Roberto Heleno de Oliveira Júnior
Rogério Silva Nacif

Em especial, agradecemos a toda equipe do Núcleo de Projetos do Aquila, que apoiou de forma contínua o desenvolvimento deste projeto.

Agradecemos também aos consultores que gentilmente escreveram as cartas do Exterior. Pequenos fragmentos de experiências vividas pela nossa equipe ao longo dos projetos internacionais, os quais ajudarão os leitores a entender melhor e de forma prática o conceito das Cidades Excelentes.

Ana Elisa Lima dos Santos
André Soares
Claudia Bessas
Fernando Moura
Marco Costa
Phillip Aguiar
Rodolfo Penna

Um sonho possível

BOAS VINDAS

João Carlos Saad
Presidente do Grupo Bandeirantes de Comuinicação

Não existe uma função mais transformadora do que a do prefeito. É uma opinião que formei ao longo de anos de interesse e atenção especial à gestão pública.

Um excelente prefeito pode mudar, como já vi diversas vezes, a história de uma cidade, de um município.

Mas, para que o prefeito, eleito pelos cidadãos, possa desempenhar bem sua função, é importante que prevaleça sua autonomia como gestor executivo. Que ele não seja, indistintamente, processado simplesmente, por fazer ou deixar de fazer algo. É importante também que cada um dos demais órgãos respeite a separação e os limites dos seus poderes, seja ele o Judiciário, o Legislativo e até mesmo (por que não?) o Ministério Público, como fiscal da lei.

O Prefeito é um síndico que apanha todos os dias. Não existe, afora a reeleição, nenhum prêmio dedicado a ele.

Para poder ser viabilizado o sonho de fazer uma premiação anual aos melhores prefeitos, como faz o cinema na grande festa do Oscar, é preciso que existam todas as informações das cidades brasileiras, para que possamos aferir, analisar, comparar dados parametrizados. Enfim, para que seja possível louvar e premiar os melhores, nas diversas categorias.

Quem comprou e encampou esse sonho foi o Aquila, nas pessoas do Professor Raimundo Godoy, Henrique Massa, Fernando Moura e Thiago Brandão.

Fiquei muito feliz ao saber que, sob o comando do Prof. Raimundo Godoy, Leonardo Rischele e Rodrigo Neves, esse sonho foi levado adiante e transformado em realidade.

Depois de 12 anos de intensas pesquisas e da montagem de um grande banco de dados, o Aquila tem todas as informações de todas as cidades brasileiras.

Com sua vasta experiência em gestão pública e com essas informações coordenadas e classificadas, podemos saber, numa fração de segundos, quais são as 20 melhores cidades em saneamento básico, em educação do primeiro grau, em saúde, segurança, limpeza, enfim, todos os setores que compõem o dia-a-dia de uma cidade.

Essas informações podem, e devem, ser usadas para os orçamentos, pois elas mostram onde estão os elos mais fracos dessa corrente.

Os Governos Estaduais também devem redirecionar seus orçamentos para diminuir as diferenças. E o Governo Federal, junto com o Congresso Nacional, deve também direcionar os atuais e futuros orçamentos com base neste rico e estratégico material.

O desafio não só está lançado, ele já está sendo enfrentado. Como todos sonhamos em morar em Cidades Excelentes, tenho certeza de que este livro será muito útil ao Brasil.

João Carlos Saad

PREFÁCIO

Rodrigo Pacheco
Presidente do Senado Federal

As Cidades Excelentes existem! E essa excelência não advém do acaso. Ela se origina da diuturna intercessão do poder público, que tem o dever de agir em benefício das comunidades, promovendo bem-estar e qualidade de vida às pessoas.

Este é um livro sobre a inteligência na gestão pública.

Nossos autores, Raimundo Godoy, Leonardo Rischele e Rodrigo Neves, a quem felicito pela riqueza de conteúdo e a essencialidade do tema abordado na obra "Cidades Excelentes", brilhantemente discorrem sobre a metodologia com mesmo nome, que contempla o que denominam *ciclo virtuoso de desenvolvimento humano*, sugerindo, a longo prazo, critérios que consideram adequados para a promoção de melhorias na qualidade de vida dos munícipes.

Devo assinalar, primeiramente, que a magnitude da obra está intrinsecamente ligada à grandeza de quem a produziu.

Nesta, que tenho a honra de fazer uma breve apresentação de seus autores e de seu conteúdo, os nomes que a compuseram, por si sós, devem fazer com que o interessado leitor fique por demais motivado a decifrar todos os conhecimentos nela expressos, cuja profundidade de enfoque é merecedora de acurada reflexão.

O professor Raimundo Godoy tem atuação na área desde o ano 2000, prestando importantes consultorias como líder de projetos, tendo coordenado equipes em 25 países e desenvolvendo inovações metodológicas e práticas, bem como trazendo novas abordagens que se tornaram um sucesso. Foi executivo de grandes grupos empresariais do segmento automotor tanto no Brasil, quanto no exterior, na Itália, Espanha e na Argentina. Atualmente, Presidente Executivo e referência técnica do Aquila. Possui graduação em Engenharia Química pela Universidade Federal de Minas Gerais.

Leonardo Rischele empresta o seu talento, fruto de profícua carreira na área. Há mais de 15 anos atua na seara de consultoria de gestão para organizações de vários segmentos, levando já no extenso currículo cerca de 150 projetos entregues e mais de 100 clientes atendidos e satisfeitos. Realiza incansável trabalho como Consultor, Sócio do Aquila, desempenhando com firmeza a gerência de projetos. Além de ser graduado em Administração de empresas pela PUC/MG, possui MBA em Finanças pela

Fundação Dom Cabral, e é Especialista em Excelência Comercial e Técnicas de Negociação.

Dignifica a obra Rodrigo Neves, Consultor Sócio do Aquila, gerente de projetos, com atuação continuada há mais de uma década em consultoria de gestão para empresas e organizações de diversos setores. Sua honrosa graduação ocorreu na Universidade Federal de Minas Gerais, tendo posteriormente realizado *Master Business Administration* - MBA em Finanças pela Pontifícia Universidade Católica - PUC-MG. Além de pós-graduando em Big Data aplicado ao Marketing pela ESPM, é Especialista em Excelência Comercial, Gestão Pública e Inteligência Competitiva.

A aposta dos renomados autores é conhecer sobre as políticas públicas de outros países, fornecendo-nos parâmetros para melhor prestação de serviços públicos no Brasil, onde a maioria dos municípios carecem da excelência e qualidade, essenciais ao suprimento das necessidades da população com a merecida dignidade.

As experiências internacionais revelam a essencialidade de uma gestão eficiente, colocada como prioridade e tratada com a seriedade exigida pelo caráter inderrogável da *res publica*. Parece utópico que estes lugares existam, mas é possível, com a sobreposição dos interesses públicos aos interesses particulares e uma gestão inteligente na arrecadação e utilização dos recursos públicos.

Nossos insignes autores relatam que se sentiram desafiados ao traduzirem os conhecimentos adquiridos na prestação de serviços à administração pública, frente à realidade dos municípios brasileiros.

No Brasil temos 5570 municípios e, a longo prazo, analisar quais deles apresentaram melhor desempenho na gestão pública, seria um bom começo. Destacar os pontos positivos dessas administrações servem de pontapé inicial para o processo de evolução de nossas cidades, tornando-as referências em excelência como tantas espalhadas pelo mundo. Afinal, nada é impossível quando se unem a vontade política com a seriedade e o comprometimento em torno de um projeto social. O resultado certamente será desenvolvimento socioeconômico e cultural.

Foi com base na performance apresentada em pesquisas e inovações pelas Cidades Excelentes conhecidas lá fora que criaram uma plataforma para gerenciamento do setor público brasileiro, o IGMA (Índice de Gestão Municipal de Aquila). Dessa maneira, foi possível materializar teorias, investigando os indicadores e metas dos nossos municípios, e, com a utilização do *machine learning* na tecnologia, explicam como aplicaram aqui todo o conhecimento adquirido.

Segundo a obra, o IGMA é pontual ao facilitar o acesso às informações, por meio de análise e gerenciamento, que permite aos administradores municipais o exercício de uma gestão mais eficaz e precisa na prestação de serviços públicos. Tal plataforma possibilita aos gestores do município, a confecção de um plano de trabalho mais elaborado e participativo visando atender às demandas da população nas mais diversas áreas.

A metodologia Cidades Excelentes e o IGMA agregam valor às prefeituras, que as atualizam com o moderno conhecimento. Os autores, no entanto, põem de relevo que, aos munícipes no exercício de sua plena cidadania cabe fiscalizar e cobrar as ações públicas voltadas ao benefício do povo, bem como, também cabe, demonstrar aos empreendedores as vantagens comparativas suficientes para justificar o investimento.

Na obra, cuja leitura atenta não só pelos gestores, mas por todos aqueles que se interessam pelo que fazer da

Administração Pública, traçam ainda um paralelo entre os indicadores presentes na plataforma IGMA e os dezessete objetivos do desenvolvimento sustentável, iniciativa da ONU, incentivo para a promoção pública do desenvolvimento humano.

Com base em experiências trazidas do exterior, esta fonte de consulta apresenta cinco pilares para a eficácia da administração municipal que são: excelência fiscal e transparência, educação, saúde e bem-estar, infraestrutura e mobilidade urbana e desenvolvimento socioeconômico e ordem pública.

A abordagem meticulosa de cada um desses pilares da plataforma IGMA é aspecto a ser realçado, conceituando-os e especificando os trinta e nove indicadores disponíveis e citando análises e particularidades de cada município. Em cada pilar, verifica-se a cuidadosa tentativa de elucidação das informações disponíveis e a relevância de cada uma delas. Trazem estatísticas descritivas dos indicadores presentes no país, tais como: mortalidade infantil, nível de investimento e desigualdade, entre outros.

A plataforma gerencial virtual lançada após estudos, pesquisas aprofundadas e consultoria internacional, propiciaram de forma inédita, uma análise progressiva e comparativa. Chegaram a 39 indicadores que contemplam todos os 5.570 municípios do Brasil, analisando individualmente o desempenho em cada um dos pilares do ciclo virtuoso de desenvolvimento. Os resultados permitiram o comparativo entre os analisados.

O compartilhamento das experiências vividas pelos consultores brasileiros em países onde se exerce a cidadania e os governos cumprem seu papel de utilizar os recursos públicos em prestação de serviços à população, enriquece o trabalho ora apresentado, posto que traz ricas dicas sobre como alcançar a excelência na gestão pública.

Uma gestão focada na coletividade tem o poder de agregar confiança entre lideranças e liderados, por meio de uma educação contundente, com a conscientização voltada aos setores prioritários na distribuição de recursos e renda. Essa compreensão torna a gestão participativa benéfica à administração, pois atrai investimentos privados, gerando riqueza local que movimenta a economia no ciclo de desenvolvimento, com mais empregos e maior potencial econômico.

Obra de inquestionável valor acadêmico e de importância pragmática singular, "Cidades Excelentes" apresenta também oito passos que levam o gestor público, o cidadão e o empreendedor a melhorarem continuamente a região onde vivem, por meio da excelência nas ações: *1. Ambição; 2. Governança; 3. Evidências; 4. Produtividade; 5. Qualidade técnica; 6. Disciplina; 7. Retorno; e, 8. Transparência.*

Nossos pesquisadores inspiraram-se em um conhecimento gerencial do Aquila e adaptaram para direcionamento da administração pública municipal rumo ao fim almejado que é a excelência. Em cada um dos critérios, apresentam o papel do gestor e dados reais de alguns municípios brasileiros já inseridos neste ciclo.

É o caminho natural para a eficiência da máquina pública em prol da prestação de serviços de qualidade ao povo, que espera por melhorias constantes na qualidade de suas vidas.

Definir um plano de trabalho é fundamental para elevação da produtividade da gestão municipal e a competitividade. Todos esses passos otimizam o retorno financeiro da administração municipal aumentando a capacidade de investimento e a qualidade da prestação dos serviços públicos. Portanto, as pessoas, os processos e a tecnologia convergindo rumo aos resultados positivos são essenciais na promoção das melhorias esperadas pela população.

A obra ainda conceitua as cidades do futuro, aquelas que buscam a excelência na nobre missão de servir a sociedade, destacando a importância da conexão entre governantes e governados, a visão inovadora desenvolvimentista e o emprego da tecnologia, bem como o potencial empreendedor para benefício local.

Em conclusão, a obra consolida a visão de que as cidades ditas excelentes alcançaram esse objetivo com a adoção de um ambiente competitivo, atraindo capital humano e financeiro, condições essenciais para o funcionamento do ciclo virtuoso de desenvolvimento.

A oportunidade que me foi concedida para apresentação desta obra, cujas peculiaridades apontam solução inteligente para o constante progresso de nossas pequenas e grandes sociedades municipais, é merecedora de meu sincero agradecimento, pois, com ela, posso me tornar partícipe da construção de um mundo que precisa se tornar mais excelente.

Belo Horizonte, novembro de 2020.

Rodrigo Pacheco.
Senador da República.

INTRODUÇÃO

Imagine viver em uma região onde os serviços públicos atendem a população com excelência, um lugar no qual a educação promove a cidadania e a administração prioriza, com eficiência, quais áreas merecem investimentos. Um local que atrai a iniciativa privada, promove a geração de riquezas e onde todos contribuem para o progresso coletivo. Esses lugares existem: são as Cidades Excelentes! E, desde que as conhecemos, sonhamos em torná-las reais no Brasil.

Com a nossa internacionalização iniciada em 2003, tivemos a oportunidade de vivenciar a prestação de serviços públicos reconhecidos como referências mundiais, atuamos em cidades onde a esfera pública trabalha com eficiência para atender as necessidades da população. Foi, a partir dessas experiências, que nasceu, junto com a certeza de que a excelência é impulsionada pelo setor público, a metodologia das Cidades Excelentes.

Apresentamos neste livro a tradução desse conhecimento para a realidade brasileira e uma proposta de caminho para criar um ciclo virtuoso do desenvolvimento humano por meio do equilíbrio de cinco grandes pilares: Excelência Fiscal e Transparência, Educação, Saúde e Bem-estar, Infraestrutura e Mobilidade Urbana e Desenvolvimento Socioeconômico e Ordem Pública.

Um dos desafios nessa missão, evidenciados nos nossos trabalhos de apoio a administração pública, foi comprovar de maneira quantitativa a situação atual dos municípios e encontrar também referências para comparação. Na maioria dos casos, as informações de indicadores estavam dispersas e se apresentavam de maneira desestruturada, dificultando a geração de conhecimento e a sua aplicação gerencial na tomada de decisões.

Com o intuito de propiciar, de maneira fácil e acessível, uma análise progressiva e comparativa das gestões municipais, estudamos a fundo os índices públicos e chegamos a um total de 39 indicadores que representam a excelência e contemplam todos os 5.570 municípios[1] do Brasil.

Após anos de pesquisas e testes, com o uso de tecnologias como *big data* e *machine learning,* reunimos esses indicadores dos 5 pilares do ciclo virtuoso em uma única

---

[1] O Brasil é constituído por 5.568 municípios incluindo Brasília/DF e Fernando de Noronha/PE.

plataforma e criamos um índice consolidado: o IGMA (Índice de Gestão Municipal Aquila).

A plataforma IGMA é 100% *online* e será amplamente detalhada neste livro. Adicionalmente à essa ferramenta, apresentaremos também a metodologia d*os* 8 passos para que o gestor público, o cidadão e o empreendedor promovam a melhoria contínua da região onde vivem.

Toda gestão pública municipal deve seguir os 8 passos. Esse caminho em si impulsiona a melhoria da eficiência da máquina pública e da prestação de serviços à população, caminho essencial para o alcance da excelência.

O primeiro passo é a ambição, pois é preciso definir onde queremos chegar! Além disso, apenas com uma governança bem estabelecida, é possível direcionar os esforços do município rumo aos melhores resultados. A plataforma gerencial IGMA proporcionará as evidências necessárias para a priorização e a definição dos projetos chave. Assim, será elaborado o plano de trabalho que elevará a produtividade da máquina pública.

A gestão municipal precisa elevar a sua maturidade de gestão por meio da qualidade técnica dos seus gestores e servidores, dos seus processos e da sua tecnologia. Todos esses aspectos exigirão disciplina dos gestores públicos na busca pela melhoria contínua. Esses passos otimizam o retorno financeiro da prefeitura, aumentando a sua capacidade de investimento e a qualidade da prestação de serviço à população. Por fim, é fundamental que todo o caminho seja percorrido com muita transparência e engajamento da comunidade, promovendo continuamente o desenvolvimento humano local.

Ao final, a obra traz à tona o conceito de cidades do futuro, o destino inevitável das localidades que aliam o equilíbrio das Cidades Excelentes em sua missão de servir a sociedade e a inovação tecnológica das cidades inteligentes, melhorando, de maneira disruptiva, a prestação dos serviços sociais e a qualidade de vida da população.

Discorremos, também, sobre a importância da digitalização dos governos para a transformação das cidades como regiões de potencialidade empreendedora. Sabemos que os ambientes competitivos atraem investimentos da iniciativa privada, a qual percebe, naquelas localidades, uma boa oportunidade para a tomada de riscos e a consequente geração de riquezas. Estas se dão principalmente na forma de empregabilidade, aumento do consumo e arrecadação municipal.

Assim, trazemos neste livro o conhecimento sobre uma metodologia e uma ferramenta gerencial desenhada para o setor público, a qual entrega, de forma única, informações ricas e atuais para a melhor tomada de decisão das prefeituras em prol da sociedade. Afinal, a excelência vem do poder público e é por isso que todos querem viver nessas Cidades Excelentes. Elas detêm o autêntico poder de promover os mais valiosos ativos sociais: o desenvolvimento humano e a cidadania.

Narramos mais detalhadamente essa história de sonho e realidade nos próximos capítulos.

Siga conosco!

1
A origem

A ORIGEM

 ## O Aquila

O Aquila é uma consultoria brasileira que contribui para o desenvolvimento do país por meio do aprimoramento da gestão das organizações públicas e privadas, a partir da criação e aplicação de metodologias de gestão com foco na excelência e em resultados. Nosso portfólio conta com cerca de 640 clientes em todos os segmentos, 1.650 projetos realizados, 20 países atendidos, mais de 500 profissionais consultores, 7 livros publicados e quase 700 atestados de capacidade técnica por trabalhos desenvolvidos nas áreas pública e privada.

Ao longo de 20 anos de consultoria para o setor público, contribuímos com centenas de municípios do país. Iniciamos nossa atuação em prol de melhores resultados para a gestão pública municipal brasileira em 2001, quando colaboramos com a melhoria gerencial da cidade de Uberlândia (MG). A partir dessa inciativa, foram desenvolvidas as primeiras teses da gestão moderna da área pública.

A internacionalização dos nossos projetos a partir de 2003 possibilitou uma nova percepção para o nosso olhar naturalmente analítico. Quando começamos a viver no exterior, inicialmente onde nossos clientes estavam estabelecidos, constatamos que aquelas localidades dispunham de toda a infraestrutura necessária para o desenvolvimento humano.

Nossos consultores moraram em cidades de países como Luxemburgo, França, Suíça, Hungria, Inglaterra. Na Espanha, viveram em pequenos municípios ou *pueblos* com pessoas aparentemente satisfeitas com seu município, pois aquelas regiões lhe ofereciam tudo o que precisavam para desfrutarem de uma vida com qualidade.

Essa experiência nos fez quebrar paradigmas ao percebermos que é possível existir um serviço público excelente em qualquer município, independentemente do seu tamanho. De fato, é um campo que pode ser melhor analisado no Brasil, mas, no exterior, existem inúmeras cidades pequenas, médias e grandes que são excelentes.

Mas o nosso grande estímulo para desenvolvermos a metodologia do Aquila apresentada neste livro se deu em uma conversa aparentemente informal com Johnny Saad, presidente do Grupo Band. Ele nos desafiou a criar um método eficiente que tornasse possível avaliar o nível de desenvolvimento humano proporcionado pela gestão das prefeituras brasileiras. Em outras palavras, um recurso que permitisse avaliar os melhores exemplos de gestão municipal do país, ou seja, as nossas Cidades Excelentes.

Fomos além da teoria e sentimos na prática como a relação público-privada poderia influenciar o grau de excelência de uma cidade. Independentemente do porte da localidade ou da sua vocação econômica, buscamos compreender como o equilíbrio entre os setores público e privado era capaz de proporcionar qualidade de vida para a população.

Assim, realizamos uma ampla pesquisa avaliando contrapontos entre cidades internacionais e nacionais. Nos deparamos com um acentuado desnível em termos de excelência na prestação de serviços entre a realidade estrangeira e a nossa. Foi isso que nos instigou a ir além em um profundo trabalho de investigação e análises.

Aproveitamos para apresentar melhor o detalhamento desse percurso:

Figura 1: História do Aquila na Gestão Pública

De 2001 a 2003, iniciamos a consultoria em gestão pública. No mesmo período, os consultores do Aquila deram os primeiros passos em trabalhos de desenvolvimento de gestão fora do país.

Entre 2003 e 2011, realizamos projetos em vários municípios do país e demos início às comparações entre as cidades nacionais e as internacionais. Inicialmente, fizemos estudos comparativos entre cidades com um total de 15 a 20 mil habitantes. Além disso, a partir de 2014, realizamos pesquisas em 360 municípios brasileiros e 90 no exterior.

Em 2016, após estudos, pesquisas e anos de experiência com trabalhos na área pública, foi consolidado o conceito de Cidades Excelentes. No entanto, era preciso traduzir esse significado para a realidade brasileira, o que começou a ser feito no ano de 2017.

Em 2018, criamos a plataforma digital IGMA, inovadora e fundamentada em *data science* e inteligência artificial, para consulta e análise dos dados compilados de todos os municípios brasileiros.

Por fim, em 2020, consolidamos a metodologia Cidades Excelentes aplicada à gestão dos municípios brasileiros.

Foi a partir dessa trajetória que chegamos às conclusões apresentadas ao longo deste livro.

Por que municípios?

Um dos primeiros debates que estabelecemos foi a reflexão do por quê município. Chegamos a pensar: *não seria melhor debater uma esfera mais ampla como os governos estaduais ou o federal?* No entanto, entendemos que é a partir do município que o indivíduo se constitui politicamente como um cidadão e se relaciona com os demais entes federados. É na municipalidade que o sujeito mais interage com o setor público.

Todo investimento e toda prestação de serviço pública acontece e/ou impacta diretamente a realidade de um município e dos seus respectivos munícipes.

Independentemente do tamanho do município ou da origem dos recursos públicos, é importante frisar que todo investimento bem direcionado promove a qualidade de vida da população de uma cidade. Por exemplo, ao se aplicar uma verba para a melhoria da infraestrutura de uma rodovia federal, os municípios que são ladeados por tal estrada também são positivamente impactados.

Imagine: as escolas frequentadas pelos jovens e crianças estão no município. Uma universidade, independente sob qual gestão se encontra, está em um município. As vias de transporte, sejam elas ruas asfaltadas ou rodovias que cortam o país, também estão em algum município. Portanto, o município é o contato direto, é a relação mais próxima entre o cidadão e o poder público.

Sendo assim, o Brasil é a soma de 5.570 municípios, dos quais 26 são capitais estaduais. Estão computados nesse número o Distrito Federal, território autônomo composto por regiões administrativas e pela capital federal, e Fernando de Noronha[2].

---

[2] O Distrito Federal e Fernando de Noronha foram contemplados para a nossa contabilização geral de municípios brasileiros, totalizando o número de 5.570. Mas, para efeitos de comparação, esses territórios não são considerados nos cálculos do IGMA, devido às especificidades político-administrativas.

Na tabela abaixo, apresentamos percentualmente a dimensão populacional dos municípios brasileiros:

Municípios brasileiros por faixa populacional

Tamanho Populacional	Nº de Municípios	%
Até 50 mil	4.893	87,8%
De 50 a 100 mil	351	6,3%
De 100 a 200 mil	171	3,1%
De 200 a 400 mil	92	1,7%
De 400 a 700 mil	35	0,6%
De 700 a 1 milhão	11	0,2%
Acima de 1 milhão	17	0,3%
Total Geral	5.570	100%

Tabela 1: Munícipios por faixa.
Fonte: Plataforma IGMA

O município é um território político com autonomia administrativa, que corresponde a uma divisão do Estado ou unidade federativa. A prefeitura é o órgão público responsável pela sua gestão. Geralmente, um município possui zonas rurais e outras urbanizadas, que chamamos de cidades ou distritos, os quais são delimitados por um perímetro urbano.

Assim, um município pode abranger várias cidades. Geralmente, o nome do município é o mesmo da cidade principal, onde a prefeitura é sediada. As outras áreas, sejam rurais ou cidades menores, não possuem autonomia política suficiente para se emancipar e são administradas pela mesma gestão municipal.

O conceito de município diz respeito à ocupação social, ou seja, à extensão de pessoas impactadas pelas políticas públicas, enquanto o de cidade trata da delimitação territorial por meio de divisas.

Apesar das diferenças conceituais, para simplificar a narrativa da nossa metodologia neste livro, utilizaremos os termos cidade e município como sinônimos.

 ## Desafios

Após as eleições, ao iniciar o mandato de gestão, frequentemente os novos prefeitos se deparam com três desafios em comum. O primeiro deles é relacionar as promessas e vontades do seu plano de governo às reais necessidades do município, cumprindo os limites mínimos de gastos orçamentários previstos constitucionalmente. O segundo é saber priorizar e aplicar os recursos disponíveis, sejam eles financeiros, orçamentários ou de equipe. E, por fim, os gestores municipais precisam de boas referências em administração pública, a fim de analisarem melhor seus próprios percursos e entenderem como podem melhorar nos pontos necessários.

Para ultrapassar essas adversidades, os prefeitos necessitam acessar informações ricas e precisas para a tomada de decisão correta. Essas informações, entretanto, nem sempre estão disponíveis a tempo e de forma adequada, causando atrasos e desperdícios.

Esse contexto impede que os gestores municipais desfrutem de uma visão sistêmica da realidade da maioria das cidades brasileiras, o que, por consequência, prejudica a priorização e a adoção de projetos e de políticas públicas de maior eficácia. O cenário também contribui para a falta de transparência no planejamento da administração municipal e na aplicação dos recursos disponíveis.

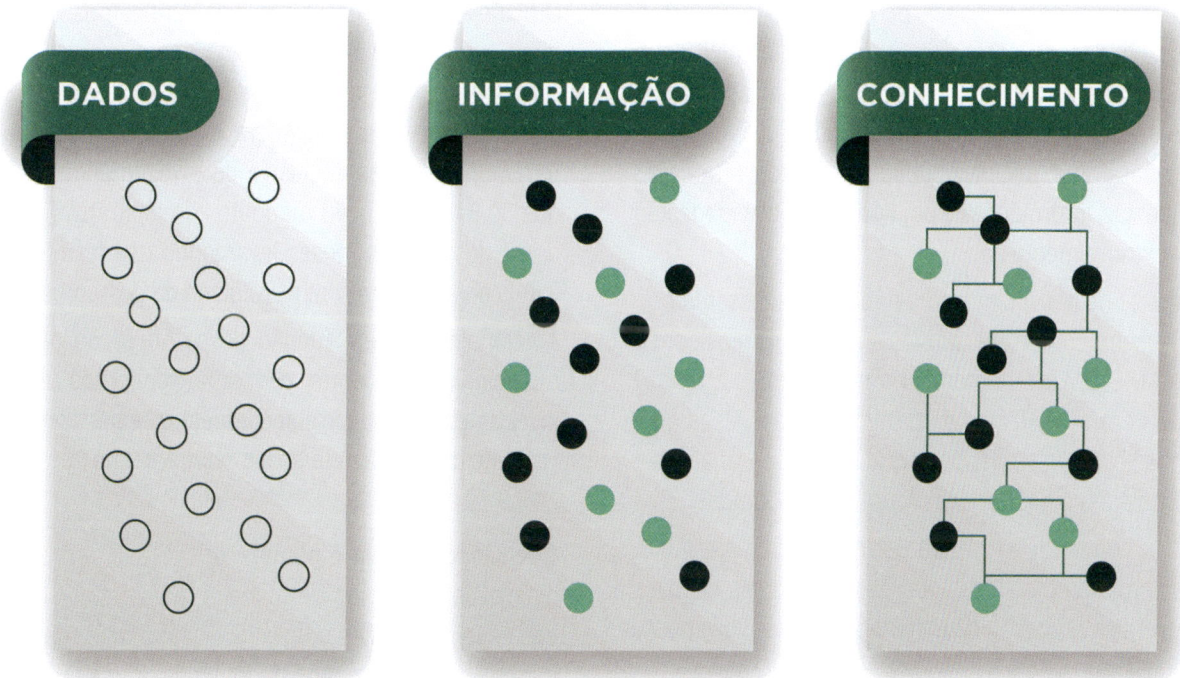

Figura 2: Diferença entre os termos *Dados, Informação e Conhecimento*.

Conforme *Cambridge International Examinations* (2015):

Dados: se referem, normalmente, ao dado "bruto" - uma coleção de textos, números e símbolos sem nenhum significado. Dado, portanto, para ter significado ou transmitir uma mensagem, deve ser processado, associado ou fornecido com um contexto.

Informação: Informação é o resultado do processamento e sistematização dos dados, possibilitando que eles possam ser usados em um contexto e tenham significado. Informação são dados que têm significado.

Conhecimento: é adquirir e lembrar um conjunto de fatos ou usar as informações para resolver problemas. É o resultado da reunião de informações que permite o alcance de outro nível de interpretação da realidade, favorecendo a elaboração do saber, de ideias e até de experiências que apenas a informação não seria capaz de gerar.

Outra situação característica do cenário brasileiro é a impossibilidade de comparar as gestões municipais e gerar referências de melhores práticas para as cidades com pontos a desenvolver. Isso significa que, apesar de 5.570 aparatos municipais públicos distintos, a troca de experiências, informações e políticas entre as cidades do país é extremamente baixa.

Imagine se os nossos gestores públicos pudessem comparar desempenho e indicadores entre municípios com o mesmo PIB *per capita*[3], tamanho populacional e renda? Mesmo com a existência de particularidades, essa simples possibilidade abriria um leque de opções, análises e reflexões acerca das políticas municipais adotadas.

Assim, a comparação correta permite que se possa conhecer projetos e políticas públicas municipais capazes de acelerar o processo de melhoria do desenvolvimento humano local.

Apesar das peculiaridades regionais, existem cidades com estruturas de educação e saúde, além de políticas e processos locais definidos, os quais podem ser compartilhados com as demais.

Então, como dito anteriormente, um dos grandes desafios foi: viabilizar a análise de cidades comparáveis e a consequente troca de experiências entre os municípios.

Ao levarmos os princípios técnicos de gestão para a esfera pública, disseminamos os conceitos de **aprendizado a partir dos erros** e da **importância do planejamento**.

O planejamento é essencial, pois verificamos que os órgãos públicos no Brasil sofrem com a perda de tempo – e consequente atraso no prazo de execução – para compreenderem e analisarem a situação municipal até tomarem decisões, inclusive de investimentos. Sempre que se inicia um novo mandato administrativo, os servidores despendem meses levantando os mesmos dados locais para elaborar um novo plano de gestão.

Adicionalmente, em função dessa alteração da gestão municipal, pode ocorrer descontinuidade nos planos de investimentos e reformulações estruturais. Com isso, a visão de longo prazo pode ser comprometida.

Quem não planeja é planejado! O Brasil tem a oportunidade de monitorar, de maneira mais efetiva, a gestão dos seus municípios e fazê-los trocar 5.570 experiências entre si. Existem muitos dados, mas pouca informação. São muitos gestores, mas pouca eficácia. Os recursos são escassos e não há espaço para o desperdício!

....

Desperdício: ação ou efeito de desperdiçar, de não aproveitar da maneira como deveria; falta de proveito; perda. Despesa exagerada; gasto excessivo. Tudo aquilo que não se aproveita ou agrega valor.

---

[3] Produto Interno Bruto dividido pelo tamanho da população daquele local.

O que é excelência?

Diferentemente do que muitos pensam, excelência não significa perfeição e sim a busca pela melhoria nas pequenas coisas, diariamente. É descobrir e pôr em prática a resposta para a seguinte pergunta: *qual é o melhor resultado a ser alcançado ao menor custo e a partir dos recursos que possuo?*

"Somos o que repetidamente fazemos. A excelência, portanto, não é um feito, mas um hábito", disse Will Durant referindo-se a Aristóteles. Em japonês, a palavra *Kaizen* significa melhoria contínua. Conforme *Oxford Languages*[4], a etimologia do termo *excelência* nos leva a significados como "o que se eleva e se sobressai; superior; distinto".

Assim, compreendemos a excelência não como um fim a ser alcançado, mas como um processo constante e que está ao alcance de todos. Nesse sentido, entendemos o quão fundamental seria que a metodologia Cidades Excelentes traduzisse a dinamicidade característica da melhoria contínua.

A excelência na gestão pública municipal acontece, portanto, quando a prefeitura entrega resultados de destaque a partir do menor custo e dos recursos disponíveis, servindo como uma referência de boas práticas para as demais cidades. No município, tais ações refletem na eficácia e na eficiência dos serviços prestados e, consequentemente, na qualidade de vida da população.

Quando a excelência vem do setor público, são criadas as condições necessárias para o desenvolvimento local e incentivo à iniciativa privada. Esta, por sua vez, precisa elevar muito o nível da prestação do seu serviço quando a população tem acesso a um gratuito e de qualidade. Imagine como seria a realidade das escolas e hospitais privados no Brasil, se o país apresentasse um acesso universal e de qualidade a todos os cidadãos. Isso exigiria que a iniciativa privada gerasse mais valor, a ponto de justificar que o cidadão cogite dispender algum recurso para aquela prestação de serviço. Todo esse contexto gera uma melhoria contínua no município, impactando diretamente na qualidade de vida da população, que passa a ter acesso a mais opções de serviços e cada vez melhores.

Depois de entender o que seria a excelência no setor público, nosso passo seguinte foi descobrir e compreender essas Cidades Excelentes mundo afora.

A excelência vem do setor público

A partir de tudo o que vivenciamos e estudamos pelo mundo, nossa primeira constatação é de que **a excelência vem do setor público.** Tal afirmativa é sustentada pelos seguintes aspectos observados:

1. O poder público é o representante do povo e, por isso, em seu propósito de servir a sociedade, deve ser a referência de excelência, entendendo e atendendo os cidadãos em todas as suas necessidades, de forma a promover a qualidade de vida da população.

2. É papel da administração pública promover uma gestão eficiente dos recursos disponíveis, maximizando a sua capacidade de investimento, para financiar o avanço da estrutura dos pilares do ciclo virtuoso de desenvolvimento humano.

---

[4] OXFORD UNIVERSITY PRESS. Oxford Languages, 2021. Disponível em: <https://languages.oup.com/>.

3. Cabe à gestão pública criar condições regulatórias, políticas de investimento e prover o setor privado de segurança pública e jurídica, a fim de fomentar um ambiente dinâmico, seguro e consistente para a atração de novos negócios e a consequente geração de riquezas.

4. Além desse papel legislativo, o poder público deve exercer a fiscalização dos serviços prestados e oferecidos à população em termos legais, de qualidade e de prazo de execução.

Essa é, portanto, a fundamentação do princípio de que a excelência vem do setor público.

A primeira ação para o progresso de uma gestão é conhecer os principais gargalos locais. De acordo com a teoria das restrições, não adianta melhorar o que já está bom. Deve-se desenvolver os pontos que estão em descompasso com os demais e nivelá-los para avançarem juntos e em harmonia rumo à excelência.

Em outras palavras, o gestor público não deve trabalhar apenas o que já funciona. Seus esforços devem ter foco na melhoria das áreas mais desafiadoras. Por isso, é importante entender que **o desenvolvimento humano acontece quando há equilíbrio na gestão**. Os pilares que apresentamos nessa metodologia são universais e seriam capazes de orientar a busca pela excelência em todos os municípios do Brasil.

Compreendemos melhor a importância desse conceito quando imaginamos, por exemplo, que um deputado federal cria uma emenda partidária para investimento em saúde em um determinado município. Mas, ao analisarmos a cidade, percebemos que a saúde pública está indo bem e o problema local é a infraestrutura.

Temos, aqui, um exemplo hipotético, mas que já vimos acontecer inúmeras vezes pelo país e que reforça a importância do direcionamento correto das verbas municipais e das políticas públicas. Afinal, os recursos são finitos e precisam ser priorizados para aquilo que trará mais resultado para a população. Esse é o conceito de excelência!

Acompanhamos a experiência de uma prefeitura no interior de Minas Gerais que havia planejado investir recursos para a realização de uma obra em uma escola. Conhecendo a metodologia Cidades Excelentes, a equipe administrativa levantou os dados do município e constatou que seus indicadores críticos estavam, na verdade, vinculados à mobilidade urbana.

A partir dessa informação, o gestor público fez uso da política de transparência e realizou uma audiência pública com a população local. Na oportunidade, a prefeitura apresentou a identificação do real problema e justificou que a principal necessidade pública seria em mobilidade urbana, propondo em votação a transferência do recurso para a construção de uma nova avenida com rotatória no centro da cidade, a qual foi aprovada pela maioria.

Nesse caso, o prefeito direcionou corretamente os recursos disponíveis para um investimento público e desenvolveu o pilar que apontava maior deficiência, promovendo o equilíbrio daquela gestão. Assim, por meio do conhecimento de um método, o qual orienta a gestão para o desenvolvimento humano, aliado a informações rápidas e de qualidade, a prefeitura tomou uma decisão estratégica adequada para a promoção de uma cidade excelente.

A busca pela cidade excelente

A partir da nossa vivência no exterior, nos perguntamos: *O que é uma cidade excelente?*

É uma cidade que atrai o que há de melhor. As pessoas querem viver nela. As empresas querem estar lá. Não importa a sua extensão geográfica ou onde ela esteja, é uma cidade que provê seus habitantes satisfatoriamente.

Uma cidade é excelente, principalmente, quando percebemos que tudo funciona adequadamente:

- a população é bem instruída, porque recebeu educação e conhecimento;
- é uma localidade onde se percebe a aplicação das riquezas que gera;
- possui eficiência fiscal e investe os recursos adequadamente;
- o sistema de saúde atende os indivíduos nas suas necessidades;
- existe infraestrutura adequada e o desenvolvimento socioeconômico em crescimento contínuo;
- a renda per capita é crescente e a cidade não é violenta.

Esse é o nosso conceito de cidade excelente. São municípios que podem ser comparados com cidades de referência, por possuírem características que lhes dão vanguarda e, quando combinadas, são capazes de gerar um alto nível de desenvolvimento humano e qualidade de vida para sua população.

Isso nos remete a fala do sociólogo Domenico De Masi[5], em uma palestra que realizou para consultores e convidados do Aquila, em 2015. Ele enfatizou o grande sucesso de cidades pequenas do Brasil que poderiam servir de exemplo para o mundo inteiro. Mesmo diante de um quadro de desigualdades, alguns municípios se diferenciavam em iniciativas sociais, como a oferta de escolas com alto nível de alfabetização, inclusive com brasileiros que são destaque em olimpíadas nacionais e internacionais.

Esse pensamento endossa a nossa ideia de que, no Brasil, habita um povo rico em potencial criativo, o qual, se estimulado e incentivado, pode construir um novo cenário de progresso econômico e desenvolvimento humano e social para além das grandes capitais. A metodologia Cidades Excelentes e a plataforma IGMA surgem como ferramentas práticas nesta jornada de transformação da gestão pública municipal brasileira.

Ao longo desta obra, provamos como as Cidades Excelentes são possíveis e reais, inclusive com a descrição de casos nacionais.

Ao final do livro, trouxemos alguns relatos de consultores do Aquila que muito nos serviram para enriquecer a compreensão do que concebemos como excelência em diferentes cidades do mundo. São percepções subjetivas e sinceras, partindo do ponto de vista de brasileiros que puderam comparar o sistema e os serviços públicos de cidades do exterior com as nacionais, inclusive positivamente.

---

[5] Sociólogo e professor italiano que se tornou famoso pela elaboração do conceito de ócio criativo. É também palestrante e autor de diversos livros. Em 2010, tornou-se cidadão honorário da cidade do Rio de Janeiro (RJ).

A importância do desenvolvimento humano

Se a excelência vem do setor público, podemos entender as Cidades Excelentes como aquelas que proporcionam a melhor qualidade de vida para os seus cidadãos. Por isso, é tão relevante compreendermos o conceito de desenvolvimento humano, o qual está intimamente relacionado ao de cidade excelente.

O Programa das Nações Unidas para o Desenvolvimento (PNUD) é a agência líder da rede global de desenvolvimento da Organização das Nações Unidas (ONU), que combate principalmente a pobreza e trabalha em prol do desenvolvimento humano. Ou seja, se preocupa com as pessoas, suas oportunidades e suas capacidades.

É um foco de atuação diferente da ótica do crescimento econômico, pois considera que o bem-estar social é pautado pelos recursos ou pela renda que uma comunidade é capaz de gerar. O olhar do desenvolvimento humano transfere esse foco da receita (que passa a ser um meio) para o ser humano (que se torna um fim).

Esse é o princípio que gerou um dos indicadores mais conhecidos e aplicados no mundo, o IDH - Índice de Desenvolvimento Humano. Ele considera 3 dimensões básicas para medir o progresso a longo prazo: renda, educação e saúde.

A formulação do IDH teve o objetivo de complementar a mensuração do PIB *per capita*, que leva em consideração apenas a dimensão econômica do desenvolvimento. Esse contraponto permitiu ampliar a perspectiva sobre o conceito de desenvolvimento humano.

Na dimensão saúde, o cálculo do IDH elege a expectativa de vida como fator plausível para avaliar a longevidade saudável das populações. O índice de alfabetização de adultos e os níveis de escolarização da comunidade em geral são os aspectos considerados para a dimensão educação. Por fim, para analisar a renda, o índice observa o padrão de vida populacional, a partir do PIB *per capita*.

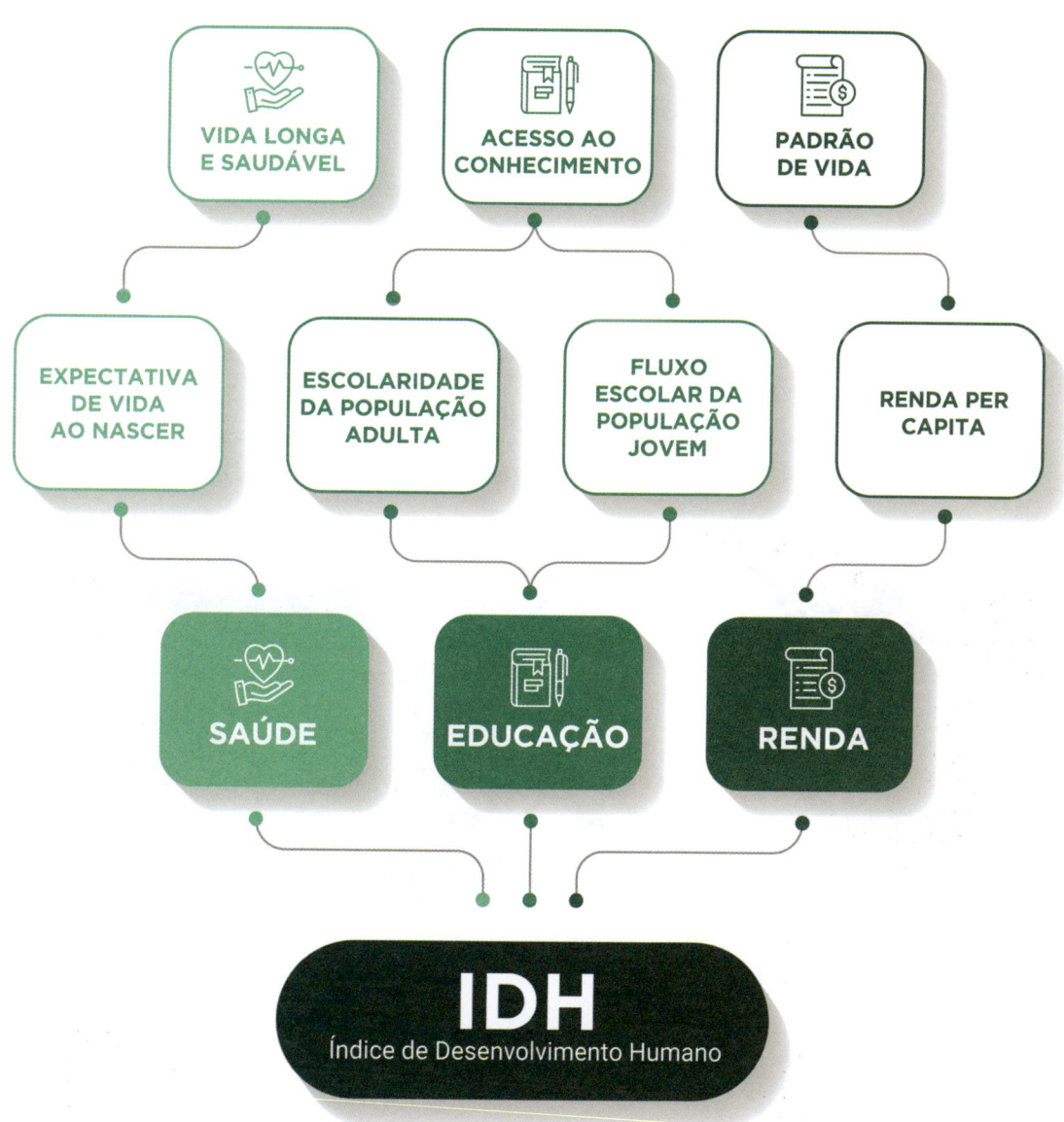

Figura 3: Composição do IDH.

A contagem do IDH pondera uma média entre essas 3 dimensões, que possuem o mesmo peso, e chega a resultados que variam de 0 a 1. Quanto mais próxima de 1 a nota chegar, maior é o desenvolvimento humano de uma localidade.

A ONU divide os países nas seguintes categorias, de acordo com os seus respectivos IDH, conforme tabela ao lado.

IDH	Nota
Muito Alto	Acima de 0,800
Alto	Entre 0,700 e 0,799
Médio	Entre 0,550 e 0,699
Baixo	Abaixo de 0,549

Tabela 2: Classificação do IDH de acordo com a ONU.

Confira no mapa abaixo a situação do IDH no mundo.

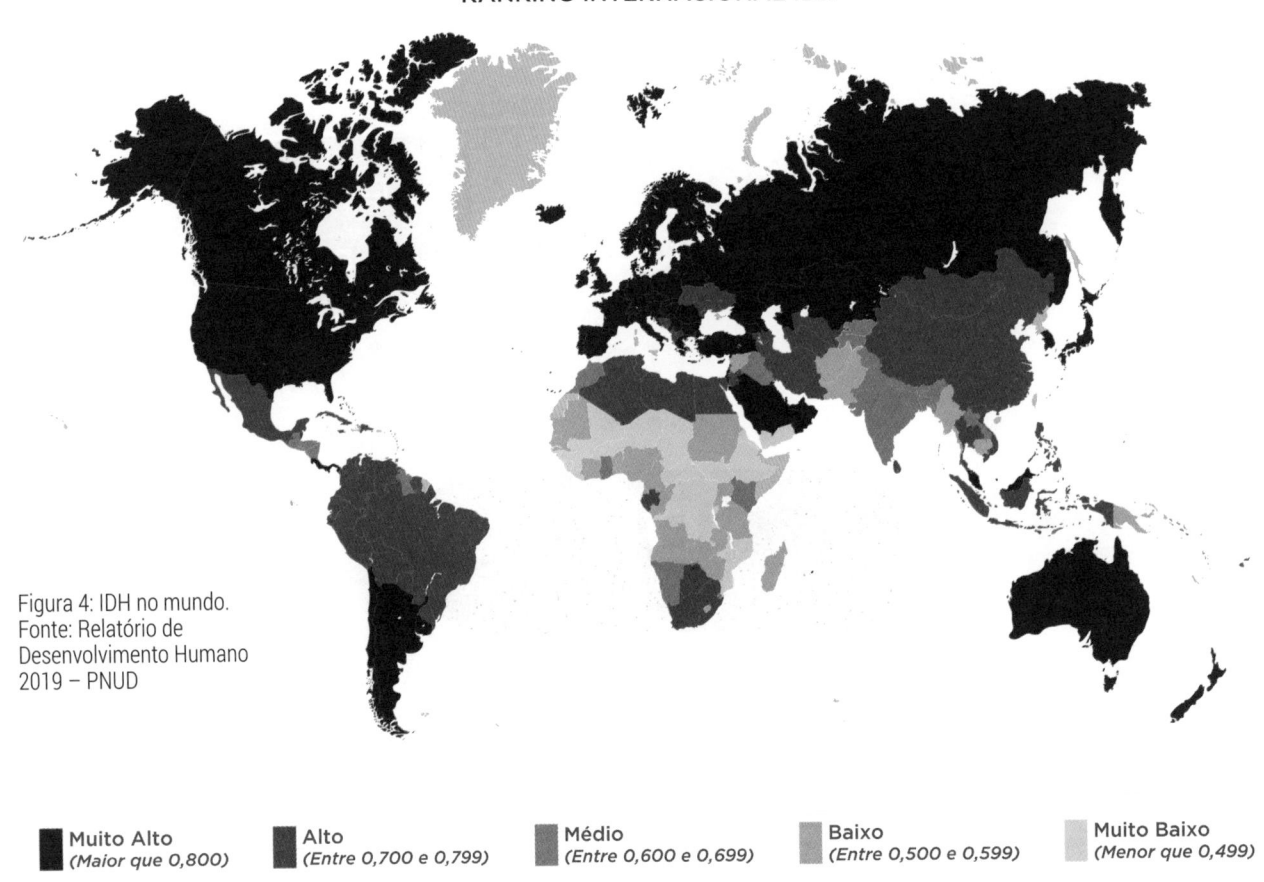

Figura 4: IDH no mundo.
Fonte: Relatório de Desenvolvimento Humano 2019 – PNUD

A seguir, conheça a série histórica do Brasil:

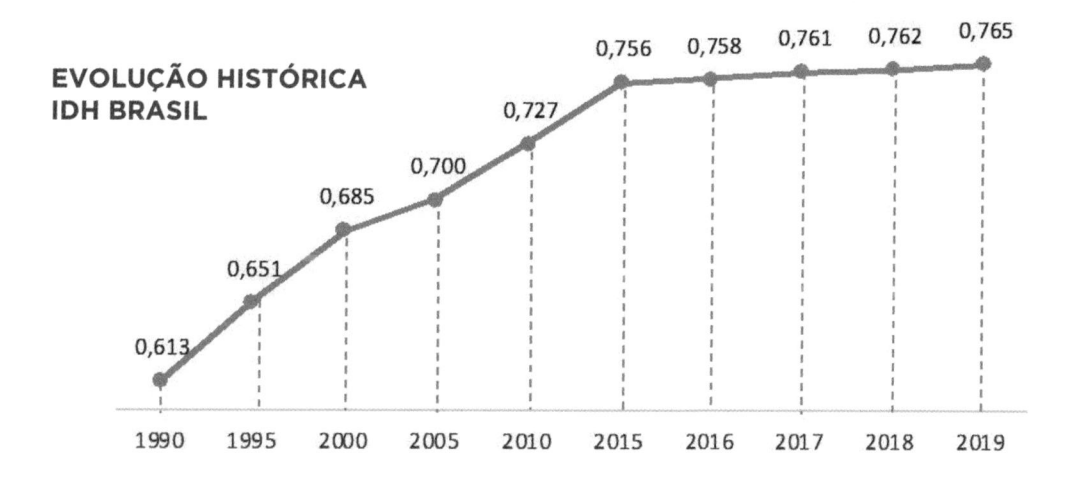

EVOLUÇÃO HISTÓRICA IDH BRASIL

Ano	1990	1995	2000	2005	2010	2015	2016	2017	2018	2019
IDH	0,613	0,651	0,685	0,700	0,727	0,756	0,758	0,761	0,762	0,765

IDH = Longevidade + Riqueza + Educação

Figura 5: Série Histórica IDH do Brasil
Fonte: Relatório de Desenvolvimento Humano – PNUD

O índice do Brasil, entre 1990 e 2015, avançou 23% impulsionado pela estabilização da nossa economia e o desenvolvimento social. Entretanto, a partir de 2015, o nosso IDH vem apresentando um crescimento tímido e, inclusive, no último relatório de desenvolvimento Humano de 2019 (PNUD), o país perdeu 5 posições no ranking, apesar de uma leve melhora no índice.

O IDH é um índice reconhecido e adotado mundialmente e a sua metodologia funciona como a fotografia de um momento. Ou seja, seus números permitem identificar o nível de desenvolvimento humano do local na circunstância temporal de realização da pesquisa.

No entanto, esse dado, por si só, ainda não abrange todos os indicadores que um prefeito precisa conhecer e dominar para enfrentar os desafios com os quais se depara ao assumir a gestão municipal.

Nesse sentido, vale destacar que o IDH e o IGMA estão inter-relacionados, pois correspondem em algumas estatísticas que adotam. Apesar do IGMA ir além do que se calcula no IDH, a melhora daquele índice repercute, consequentemente, na deste.

Por tratarmos de desenvolvimento humano, seguimos firmes na identificação do que as Cidades Excelentes têm em comum para proporcionar um bom IDH aos seus cidadãos. É o que abordaremos a seguir.

A metodologia Cidades Excelentes

Ao traduzir esse conhecimento de forma estrutural, o Aquila compreendeu que uma cidade excelente deve estar em equilíbrio para promover serviços eficientes à sua população. É exatamente o que denominamos de **Ciclo Virtuoso de Desenvolvimento Humano**, o qual permite à gestão municipal analisar as condições adequadas e necessárias para melhorar a qualidade de vida regional a longo prazo.

Como vimos anteriormente, a excelência está na busca constante e nas conquistas contínuas de otimizações na prestação dos serviços público, seja na geração e aplicação de recursos, na infraestrutura instalada, no desenvolvimento socioeconômico, nas condições de saúde ou na educação dos cidadãos.

MELHORIA ESTRUTURAL IDH

- Educação
- Saúde e Bem-estar
- Infraestrutura e Mobilidade Urbana
- Desenvolvimento Socioeconômico e Ordem Pública
- Eficiência Fiscal e Transparência

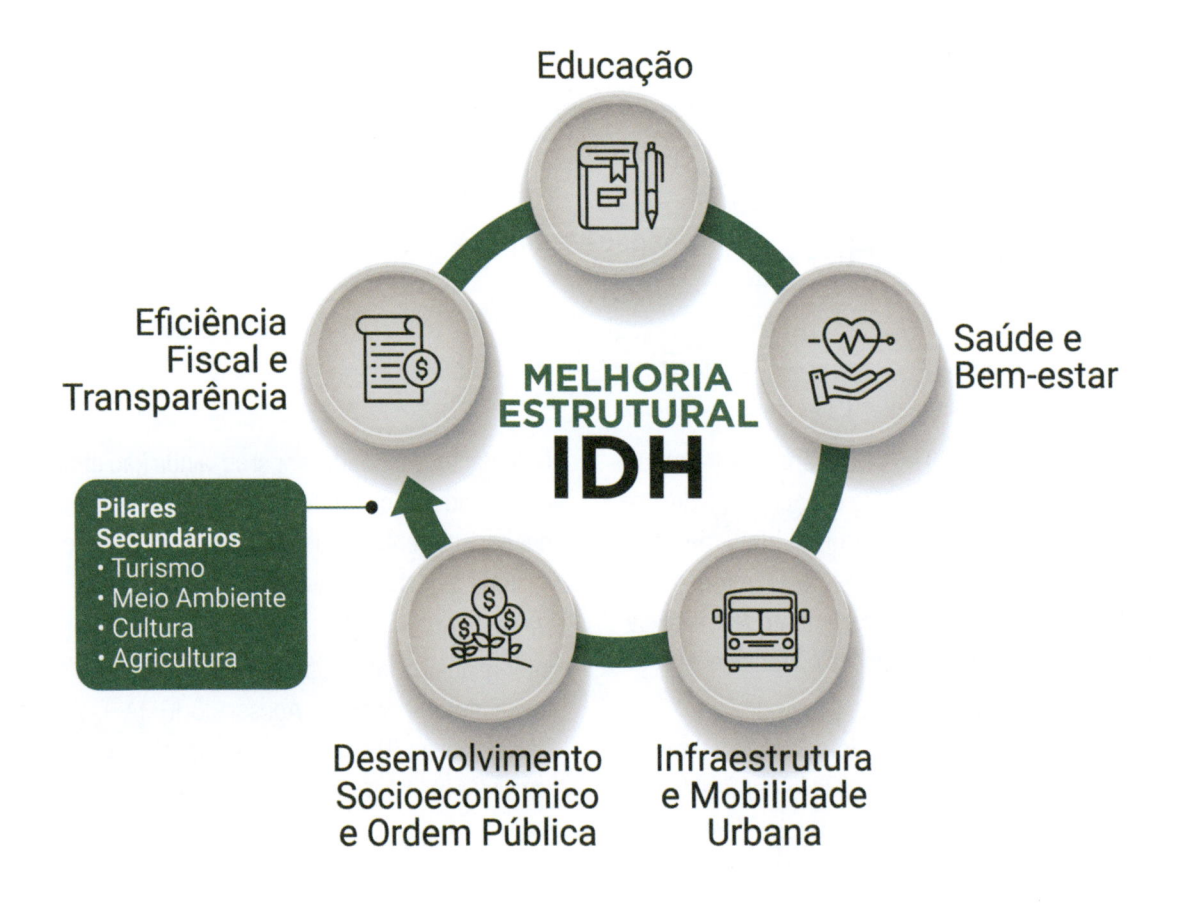

Pilares Secundários
- Turismo
- Meio Ambiente
- Cultura
- Agricultura

Figura 6: Ciclo Virtuoso de Desenvolvimento Humano.

Uma cidade que pratica a excelência da gestão do desenvolvimento humano da sua população a longo prazo promove o equilíbrio desse ciclo virtuoso, o qual é caracterizado pela atuação interdependente dos cinco pilares formativos da metodologia Cidades Excelentes.

Nas Cidades Excelentes, todos os pilares funcionam e se retroalimentam. Se um deles não funcionar, a cidade não será excelente. Conheça-os:

Pilar 1 Eficiência Fiscal e Transparência

É o pilar essencial para essa engrenagem operar, pois, a partir dele, geram-se os recursos para transformar a cidade. O bom gestor é aquele que cuida do seu município e, consequentemente, atrai pessoas para viver ali. Ele promove o interesse da população pela gestão da cidade, por meio de uma comunicação eficiente e transparente, estreitando o relacionamento entre os cidadãos e os órgãos públicos.

Primeiramente, uma cidade é excelente por conta da sua eficiência fiscal e transparência. Quanto mais eficiente for a máquina pública, maior será a sua capacidade de promover investimentos e serviços de qualidade à população a um menor custo. Quanto maior for a autonomia fiscal de um município, mais ele estará em movimento e investindo no desenvolvimento local.

Esse fator tem relação direta com a capacidade municipal de gerar e administrar riquezas, ou seja, de transferi-las para a população e comunicar onde e por que os recursos públicos foram investidos. O cidadão deve perceber e acompanhar as melhorias contínuas da sua região. Esse é o ponto de partida do ciclo virtuoso, o qual sinaliza a capacidade da localidade de manter uma tendência positiva de melhoria nos seus índices de desenvolvimento humano.

Pilar 2 Educação

Legalmente, os municípios brasileiros devem destinar 25% dos seus recursos para esse pilar. Nas Cidades Excelentes, o sistema educacional funciona muito bem.

No Brasil, a Lei de Diretrizes e Bases (LDB 9394/96), que estabelece os princípios da educação e a responsabilidade dos governos em relação à educação escolar pública garantida pela Constituição Federal, afirma que:

> *Art. 2º A educação, dever da família e do Estado, inspirada nos princípios de liberdade e nos ideais de solidariedade humana, tem por finalidade o pleno desenvolvimento do educando, seu preparo para o exercício da cidadania e sua qualificação para o trabalho.*

Assim, a educação, enquanto um direito fundamental de todos, promove o desenvolvimento da autonomia e do senso crítico, além de aprimorar habilidades e competências humanas. Ela também é o principal recurso para formar cidadãos comprometidos com as instituições das suas cidades e dos seus países, exercendo os valores democráticos que estabelecem a vida em sociedade. Dessa forma, uma administração pública municipal que investe em educação provê as oportunidades ideais para melhorar a qualidade de vida coletiva.

Pilar 3 Saúde e Bem-estar

A saúde é outro direito humano amplamente difundido. É compreendida como o recurso mais importante para o desenvolvimento econômico, social e pessoal - assim como uma das mais relevantes dimensões para a qualidade de vida. Legalmente, hoje, os municípios brasileiros devem destinar, ao menos, 15% dos seus recursos para esse pilar.

É também dever do governo, por meio de políticas públicas, garantir o acesso igualitário da população aos serviços desse tema, promovendo o desenvolvimento saudável e harmonioso de cada cidadão.

Pilar 4 Infraestrutura e Mobilidade Urbana

Quanto melhor for a infraestrutura local de uma cidade, maiores serão as suas atividades econômicas e a consequente geração de riquezas. Uma realidade traduzida tanto como vantagem competitiva para quem já está ali, quanto como um excelente atrativo para investimentos privados provenientes de outras localidades. É um cenário que resulta em uma maior produção de receitas para a administração pública investir em melhorias sociais, ou seja, retroalimentando o ciclo virtuoso de desenvolvimento humano.

Esse fato reforça o princípio de que a excelência vem do setor público, o responsável pela criação desse ambiente. Essa é a razão de o primeiro pilar, Eficiência Fiscal e Transparência, ser o essencial do ciclo virtuoso, enquanto os 4 demais pilares são estruturais.

Pilar 5 Desenvolvimento Socioeconômico e Ordem Pública

O último pilar proporciona a geração de riqueza local, uma vez que cria as condições para o desenvolvimento da iniciativa privada, atraindo mais empresas e mais empregos.

Somado a baixas taxas de violência e de desigualdade social, esse quadro completa o sistema harmônico de uma cidade excelente, impulsionando a capacidade de eficiência fiscal e de transparência da cidade com a aplicação dos recursos captados.

É importante mencionar que a vocação econômica dos municípios pode afetar a relevância de setores como a agropecuária ou o turismo na construção do ciclo virtuoso de desenvolvimento humano, assim como algumas outras iniciativas e atuações municipais que podem trazer à tona pilares secundários, como cultura e meio ambiente. Todavia, entendemos que os 5 pilares do método traduzem de maneira clara as questões que tendem à melhoria ou à piora na promoção de qualidade de vida para a população.

Dessa forma, nasce a metodologia Cidades Excelentes. Com a definição desses 5 grandes pilares, os quais, interagindo em equilíbrio, constituem um município capaz de promover o desenvolvimento humano local continuamente.

No próximo capítulo, vamos conhecer os fundamentos e as ações da ferramenta criada pelo Aquila para permitir, de forma inédita, a análise e a comparação do ciclo virtuoso de desenvolvimento em todos os municípios do Brasil: a plataforma IGMA.

2
A criação da plataforma IGMA

A CRIAÇÃO DA PLATAFORMA IGMA

Aplicando no Brasil

Compreendemos o conceito de Cidades Excelentes, mas, ainda assim, tínhamos o desafio de materializar a teoria, em termos práticos, para a realidade dos municípios brasileiros, com a ambição de nortear a gestão pública em busca da excelência.

Para tanto, seria necessário traduzir por meio de indicadores o que seria uma Cidade Excelente. Por isso, fizemos uma ampla pesquisa na busca de métricas, estatísticas e parâmetros que melhor representassem os 5 pilares do ciclo virtuoso de desenvolvimento humano.

Primeiramente, definimos algumas premissas para esse estudo. Deveríamos trabalhar com informações que traduzissem uma leitura qualitativa das cidades do Brasil, por meio de parâmetros mensuráveis. Assim, a fim de trazer confiabilidade e atualidade aos dados, decidimos adotar fontes públicas para consulta. Isso quer dizer que o Aquila reuniu e organizou dados existentes, não os criou. Além disso, os materiais coletados deveriam contemplar todos os 5.570 municípios brasileiros.

O período de pesquisa durou cerca de 1 ano. Após analisarmos milhões de dados de todo o Brasil e mais de 200 indicadores, selecionamos os 39 que melhor representam os pré-requisitos de uma Cidade Excelente, conforme detalhado na figura abaixo.

Com isso, conseguimos consolidar e atribuir um índice para cada um dos 5 pilares do ciclo virtuoso de desenvolvimento humano, assim como traduzir em um único número o indicador que mede o nível de excelência de um município: o IGMA.

EFICIÊNCIA FISCAL TRANSPARÊNCIA

- % de endividamento
- Autonomia fiscal
- Capacidade de investir
- Investimento *per capita*
- Resultado fiscal
- Índice de transparência
- Aderência ao Plano de Contas

EDUCAÇÃO

- Analfabetismo (15 anos ou mais)
- Expectativa de Anos de Estudo
- Taxa de abandono (anos finais EF)
- Taxa de abandono (anos iniciais EF)
- Gasto com educação por aluno (IDEB)
- Resultado IDEB Anos Finais EF
- Resultado IDEB Anos Iniciais EF
- Distorção Idade-Série EF
- Acesso à educação infantil - creche

SAÚDE E BEM-ESTAR

- Cobertura estratégica Saúde da Família
- Expectativa de vida ao nascer
- Nº de leitos hospitalares (SUS) por mil habitantes
- Nº de profissionais (SUS) por mil habitantes
- Proporção de internações sensíveis a atenção básica - ISAB
- Taxa de mortalidade infantil

IBEU — ÍNDICE DE BEM-ESTAR URBANO

DENATRAN — Departamento Nacional de Trânsito

IBGE — Instituto Brasileiro de Geografia e Estatística

siconfi — Tesouro Nacional

DATASUS — Departamento de Informática do SUS

INEP — Instituto Nacional de Estudos e Pesquisas Educacionais Anísio Teixeira

SNIS

MPF — Ministério Público Federal

MAPA DA VIOLÊNCIA

Atlas do Desenvolvimento Humano no Brasil

INFRAESTRUTURA E MOBILIDADE URBANA

- Condições ambientais urbanas
- Condições habitacionais
- Infraestrutura urbana
- Serviços coletivos urbanos
- Abastecimento de água
- Frotas de veículos por habitante
- Deslocamento casa-trabalho

DESENVOLVIMENTO SOCIOECONÔMICO E ORDEM PÚBLICA

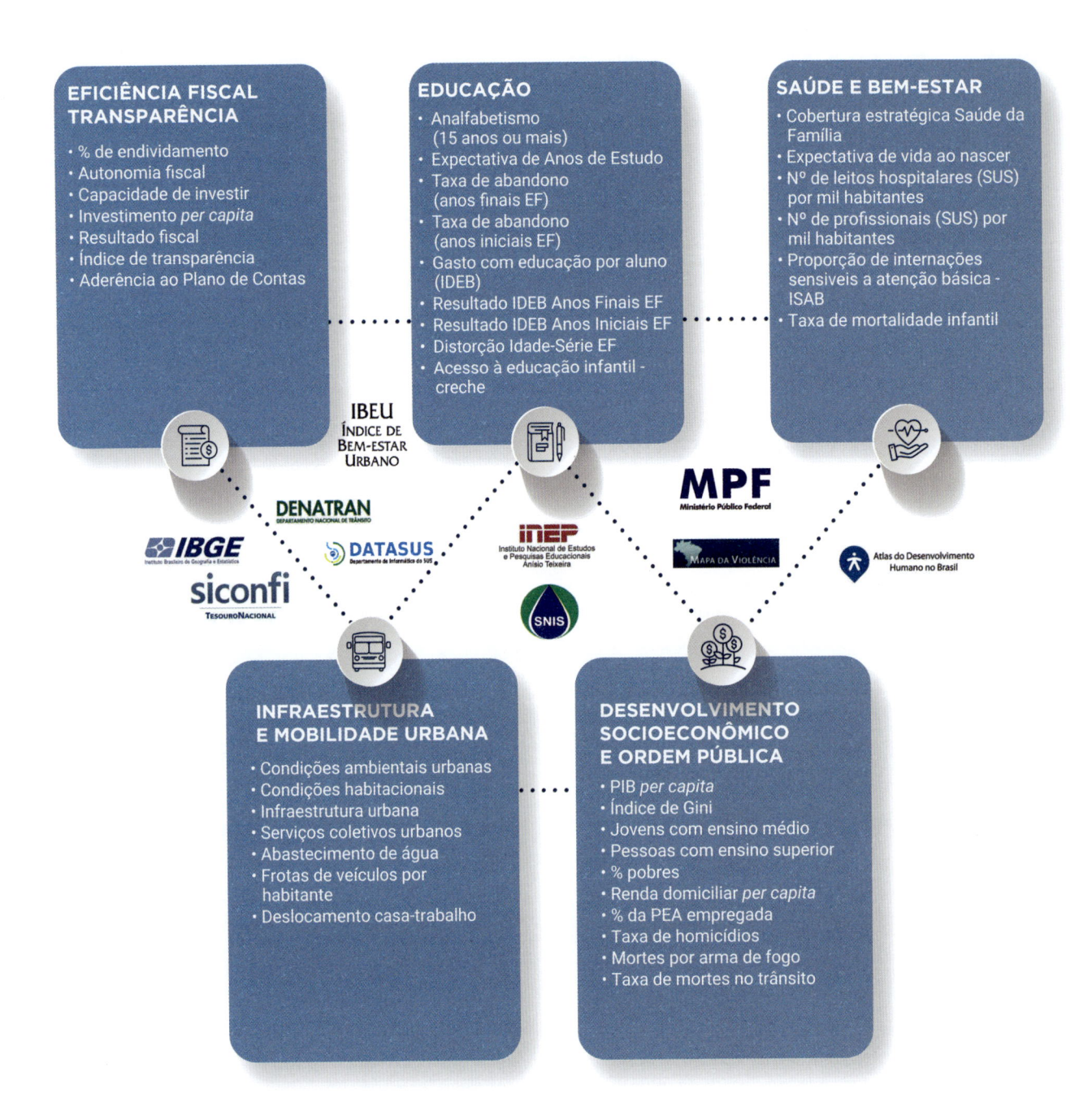

- PIB *per capita*
- Índice de Gini
- Jovens com ensino médio
- Pessoas com ensino superior
- % pobres
- Renda domiciliar *per capita*
- % da PEA empregada
- Taxa de homicídios
- Mortes por arma de fogo
- Taxa de mortes no trânsito

Figura 7: 39 indicadores distribuídos nos 5 pilares do ciclo virtuoso de desenvolvimento humano e as suas fontes de dados.

Plataforma IGMA: uma bússola para a gestão municipal

Com o desafio de tratar os dados produzidos por diversas fontes e analisar as informações das populações dos municípios do Brasil, a fim de gerar e compartilhar conhecimento em gestão pública, foi preciso consolidar e relacionar uma quantidade considerável de dados.

Dessa forma, reafirmando que a excelência deveria nascer no setor público e motivados por fazer acontecer essa mudança na realidade brasileira por meio da nossa metodologia, demos origem a uma plataforma exclusiva para o desenvolvimento da gestão municipal no Brasil.

A plataforma conta com o índice consolidado por município (IGMA), com a pontuação por pilar e o detalhamento dos 39 indicadores selecionados. Ela é *online* e atualizada sistematicamente a partir das fontes de informação públicas, permitindo, assim, o acesso aos dados em tempo real. Ou seja, sempre que um novo dado oficial é publicado, a ferramenta também é atualizada. Daí vem a sua natureza dinâmica e atual.

Permitindo o cruzamento de informações de finanças, transparência, educação, saúde, infraestrutura e desenvolvimento socioeconômico dos municípios brasileiros, a plataforma possibilita correlações e conclusões mais específicas em prol do desenvolvimento das cidades do país.

Os dados sempre estiveram à disposição da sociedade, mas não havia se imaginado a possibilidade de combiná-los sob tal nível de complexidade e, ainda mais, pontuar e comparar cidades a partir dos indicadores oficiais de gestão pública. Esse é o grande diferencial disruptivo da plataforma IGMA.

Para além da disponibilização de dados e das análises estratégicas, foi possível propiciar para as prefeituras economia de tempo para o diagnóstico da cidade, bem como a facilidade de identificar boas práticas em termos de gestão municipal. Um prefeito saberá, então, em quais pilares da metodologia Cidades Excelentes deverá focar o seu plano gestor e, assim, assumir prioridades condizentes com as necessidades da população.

Proporcionar análises ricas e objetivas entre cidades comparáveis era uma questão fundamental para o nosso desafio, permitindo interpretações mais profundas e claras sobre o desempenho administrativo de um município frente à realidade de um país de proporção continental, como é o caso do Brasil.

Apesar de ser possível com a plataforma IGMA ordenar os melhores desempenhos em gestão pública das cidades, nosso objetivo não era criar um ranking estático. O foco era proporcionar uma visão sistêmica que pudesse ser detalhada e, ao mesmo tempo, apresentasse o registro atualizado do quão excelente é um município. Vale lembrar que esse resultado é consequência da gestão municipal atual e, também, das antecessoras, já que vários indicadores são estruturais e, para alcançarem melhores resultados, precisam de tempo e de políticas públicas adequadas às necessidades locais.

A ferramenta IGMA foi criada, portanto, com um olhar municipal, mas com a intenção de promover uma visão sistêmica das cidades do Brasil, permitindo que um gestor público ou privado, seja nos níveis municipal, estadual ou federal, acesse informações de qualidade e em tempo hábil para a tomada de decisão.

Assim, o Aquila busca engajar a população e os gestores municipais na busca pela melhoria do serviço público e o consequente ganho de qualidade de vida da população.

Para tornar isso possível, em uma única fonte de consulta, a transformação dos dados disponíveis em informações relevantes e geração de análises ricas para a tomada de decisão, utilizamos os conceitos de *big data*, *machine learning* e análises preditivas.

Figura 8: Plataforma IGMA.
Fonte: igma.aquila.com.br

Big data

O *big data* é um conjunto de dados caracterizado por grande volume, geralmente não suportado em plataformas e bancos de dados tradicionais. Esse volume exige muita capacidade de processamento e é utilizado para se obter análises e *insights* para problemas e oportunidades antes impossíveis de serem obtidos pelas empresas.[6]

Ele é um recurso importante utilizado na construção da plataforma IGMA, pois gera valor para a gestão ao favorecer a tomada de decisão, à medida que permite congregar informações, analisar e exibir comparações de forma rápida e completa.

É essa ferramenta que garante consistência e praticidade no processamento do número crescente de dados. Didaticamente, podemos compreender esse conceito ao observarmos os seus 5 Vs:

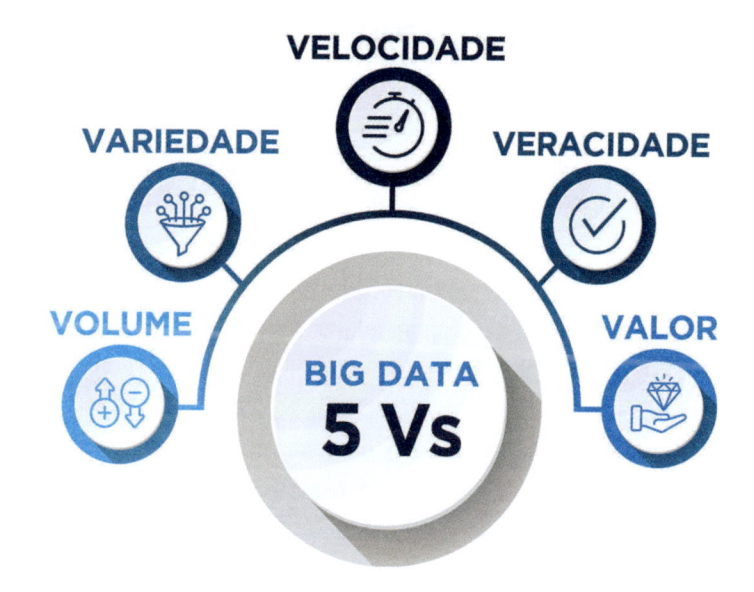

Figura 9: As 5 características do Big Data.

- **Volume**: quantidade de dados gerados por segundo, estruturados ou não, com os quais o *big data* lida;
- **Variedade**: complexidade originada pela quantidade de dados e de fontes, aparentemente sem relações, que oferece mais possibilidades para a produção de informação útil;
- **Velocidade**: agilidade no processamento dos dados para favorecer a tomada de decisão em tempo hábil;
- **Veracidade**: autenticidade; a confiabilidade dos dados é um fator imprescindível para a utilidade do *big data*;
- **Valor**: relevância; informação útil é aquela gerada para o contexto, necessidade e pessoas certas tomarem decisões que agregam valor.

Com isso, a plataforma consegue reunir as informações mais atuais dos 5.570 municípios brasileiros e, o mais importante, traduzir, com velocidade, qual é a situação de cada região de acordo com o conceito de Cidades Excelentes.

Ao mapear constantemente a realidade de cada município do país, conseguimos comparar, com segurança, qualquer dado nacional contemplado na ferramenta.

---

[6] https://www.oracle.com/br/big-data/what-is-big-data/

Machine learning

Uma tecnologia que adotamos juntamente com a de *big data* foi a de *machine learning*, a qual pode ser compreendida como "aprendizagem de máquina", em português. O cerne dessa ideia está na compreensão de que as máquinas, em decorrência do grande volume de dados que processam, têm a capacidade de desenvolver uma inteligência própria e de aprender a funcionar sozinhas, ou seja, a partir da experimentação, podem ser programadas para aprender com as iterações* realizadas.

Essa situação não nos é alheia. Basta percebermos as recomendações de conteúdo que plataformas de *streaming* de áudio ou vídeo nos sugerem, com base no histórico de títulos acessados. Isso é *machine learning*: algoritmos[7] realizam análises estatísticas, por meio da identificação de padrões de dados e conexões, a fim de oferecer respostas mais precisas.

Foi por isso que também empregamos essa tecnologia para a elaboração da plataforma IGMA. Existem diferenças de contexto socioeconômico e culturais entre as regiões do Brasil, dessa forma precisávamos demonstrar que, mesmo sob essas distinções, ao comparar municípios com aspectos em comum, tendemos a encontrar mais semelhanças do que diferenças.

Nosso algoritmo passou a considerar, então, características relevantes para a comparação dos municípios:

- PIB *per capita*;
- arrecadação das prefeituras;
- tamanho populacional;
- localização;

A partir da iteração desses dados, a plataforma indica quais municípios brasileiros são mais parecidos, bem como compara o seu desempenho em todos os seus indicadores, sugerindo quais são os seus pontos fortes (índices com melhor resultado) e quais são as suas restrições.

---

[7] Sequências de regras, raciocínios ou operações que, quando aplicadas a um número de dados, possibilita a solução de problemas.

* *Iteração*: processo de resolução de uma equação mediante operações em que sucessivamente o objeto de cada uma é o resultado da que a precede.

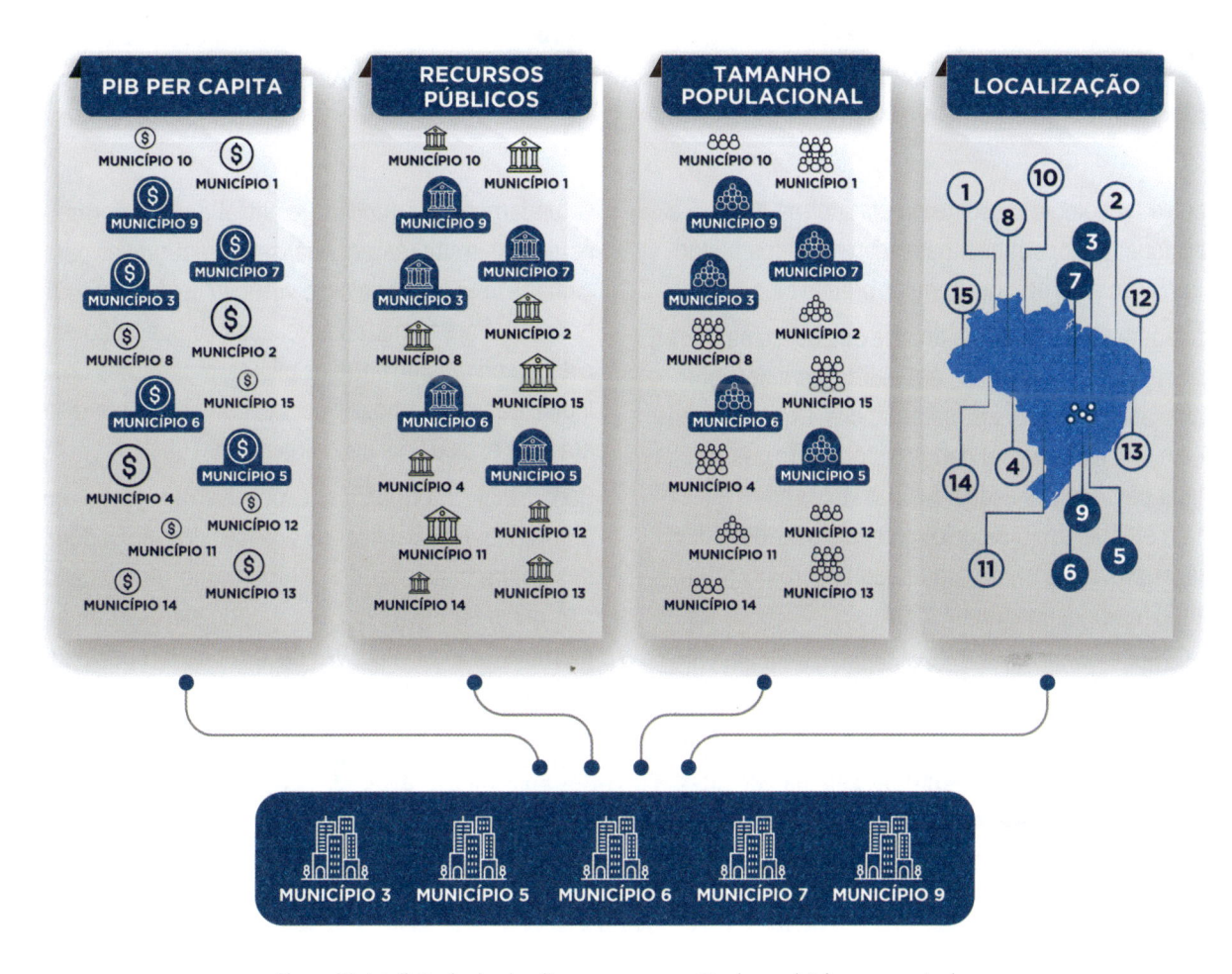

Figura 10: Inteligência do algoritmo para a sugestão de municípios comparáveis.

É assim que podemos aferir quais são os projetos, as políticas públicas e a infraestrutura disponíveis e necessários para promover as melhorias na região avaliada.

A plataforma IGMA permite que o município seja comparado com cidades próximas ou não. É nesse momento que a ferramenta rompe barreiras geográficas e consegue, de forma única, evidenciar as semelhanças e as diferenças que estão para além do que a percepção projetada apenas sob o ponto de vista local e unilateral oferece sobre os municípios.

O uso de *machine learning* somado ao fator velocidade, inerente ao conceito de *big data*, torna o IGMA uma a plataforma gerencial com informações municipais completas e atualizadas para todos os municípios do país.

Análises Preditivas

Uma outra tecnologia presente na plataforma IGMA é a possibilidade de construção, baseada em dados históricos e variáveis externas, de modelos preditivos.

A modelagem preditiva é uma análise que busca padrões não conhecidos, baseando-se em hipóteses e descobertas embasadas em modelos matemáticos. Como o nome indica, é o processo de tirar dados históricos (o passado), identificar padrões nos dados que são vistos por meio de alguma metodologia (o modelo) e depois usar o modelo para fazer previsões sobre o que acontecerá no futuro, marcando novos dados (*DEAN*, 2014).

Dessa forma, levando-se em consideração os dados históricos dos indicadores do município, além de variáveis externas, a análise preditiva permite a construção de um modelo que projeta cenários futuros, seja na educação, saúde, infraestrutura e segurança, e, com base nesses cenários, realizar planos diretores e planejamentos de longo prazo para os municípios.

O Índice IGMA

O fundamento da função gerencial da plataforma IGMA está em permitir realizar análises comparativas para direcionar e impulsionar o ciclo virtuoso de desenvolvimento humano. Para tornar possível essa comparação entre as cidades ou mesmo entre os pilares, projetamos um único índice capaz de traduzir dados, compará-los e dispô-los em uma escala final que varia de 0 a 100.

Com essas informações, é possível ao gestor público aprofundar e estratificar as análises dos indicadores que sustentam cada pilar do seu município, identificando assim quais são as restrições e onde ele deve atuar para promover a excelência. No decorrer do tempo, é possível também avaliar a evolução histórica dos índices.

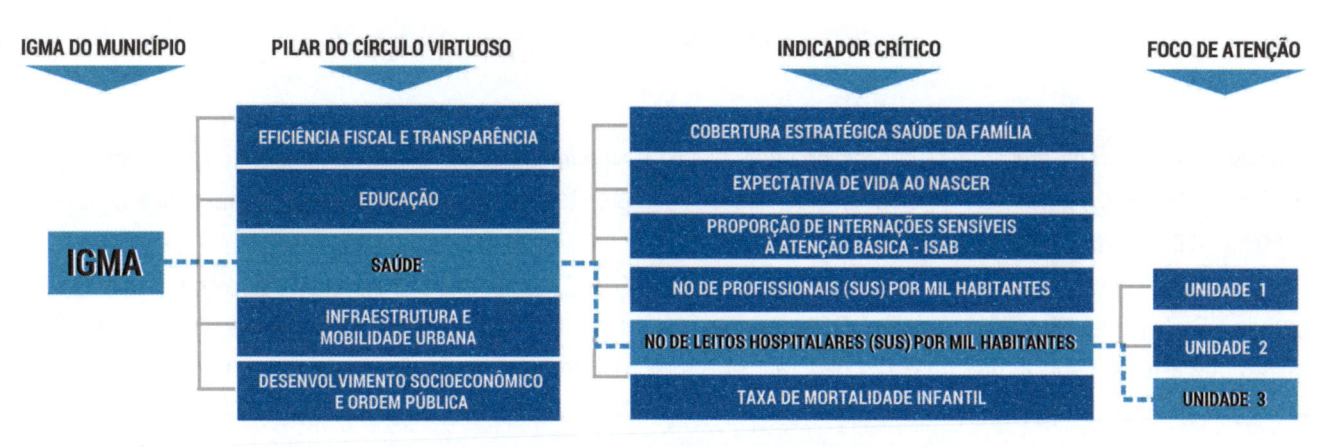

Figura 11: Exemplo de estratificação de um indicador.

Ao equiparar municípios, é possível identificar a existência de boas práticas e verificar em quais setores há o melhor desempenho, quais prioridades devem ser elencadas e quais áreas necessitam de mais investimentos ou transferência de recursos.

Idealmente, as comparações devem ser realizadas entre as cidades que possuem características estruturais semelhantes, para permitir uma análise mais equânime.

É importante salientar que quando a plataforma apresenta um município com a **melhor pontuação do Brasil**, não significa que aquela cidade é a melhor de todas ou que possui a gestão mais perfeita do país. A classificação IGMA aponta que, em termos de ciclo virtuoso de desenvolvimento humano, aquela **é uma cidade com as melhores condições atuais para manter um equilíbrio gerencial a longo prazo, promovendo a melhoria contínua dos 5 pilares de uma cidade excelente e o desenvolvimento humano da população local**.

O parâmetro comparativo para a referência é a pontuação mais alta alcançada por uma cidade (do Brasil, no momento da consulta) dentro das margens do próprio indicador. Ou seja, para reproduzir os índices, o algoritmo parametriza os melhores desempenhos dos municípios brasileiros.

Então, o IGMA de uma cidade representa como ela está, em termos de ciclo virtuoso de desenvolvimento humano, em comparação aos demais municípios do Brasil. A escala que varia de 0 a 100 situa-se em uma das 4 categorias ou níveis desse ciclo:

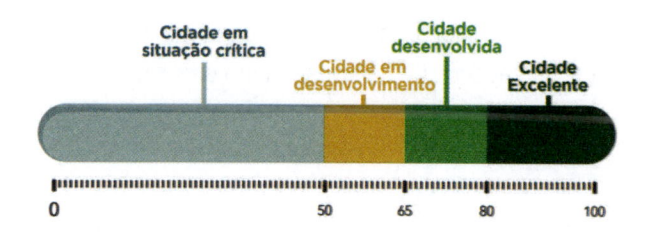

Figura 12: Níveis de classificação dos municípios segundo as notas de 0 a 10.

De acordo com a escala da metodologia, quanto mais próximo de 100 for o índice da cidade, mais excelente ela é e, quanto mais próxima de 0, mais crítica ela é. O resultado considera a realidade do momento. Ou seja, o município *está* excelente ou *está* crítico. Isso porque o cenário da gestão municipal não é estático e a pontuação da plataforma IGMA apresenta a situação da cidade no momento da consulta.

Vejamos valores de referência do IGMA:

- Superior a 80: revela que os indicadores da cidade desempenham entre os melhores do país. Assim, ela é classificada como "excelente".
- Entre 65 e 80: para o padrão brasileiro, em geral essas são cidades possuem 1 ou 2 pilares críticos e os demais têm bom desempenho. São denominadas como "desenvolvidas".

- Entre 50 e 65: o município apresenta pilares com notas intermediárias ou estes possuem grandes variações entre si, apresentando pontuações muito boas e outras críticas. A sua classificação é "em desenvolvimento".
- Inferior a 50: municípios são qualificados como estando em "situação crítica". Eles apresentam baixo desempenho na maioria dos pilares e, geralmente, possuem menos capacidade de investimento e de prestação de serviço, não conseguindo promover o desenvolvimento humano na localidade de forma sustentável.

Você sabia que, para além dos gestores públicos, o IGMA também é uma ferramenta gerencial fundamental para a sociedade civil e a iniciativa privada?

Entenda o porquê logo a seguir.

A quem interessa

Ao permitir uma visão sistêmica da região, a metodologia Cidades Excelentes, juntamente com a plataforma IGMA, colabora com os 3 principais *players* de desenvolvimento de uma cidade: a sociedade civil, principal impactada pela iniciativa pública; o poder público, que passa a dispor de uma fonte organizada de informações para gerenciar o município de forma eficaz; e a iniciativa privada, para a sua tomada de decisões.

Figura 13: 3 players beneficiados com a metodologia.

Sociedade civil: hoje, as informações disponibilizadas publicamente pelas prefeituras contribuem para que os cidadãos apenas percebam a realidade da sua cidade, o que não é suficiente para que eles averiguem criticamente a gestão municipal.

O Brasil tem avançado na divulgação das informações públicas, principalmente por meio dos portais da transparência. No entanto, ainda não está no patamar ideal, haja vista que esses dados divulgados estão descentralizados ou possuem uma compreensão complexa.

Assim, a plataforma IGMA beneficia a população, que passa a ter acesso aos dados de gestão da sua cidade de forma clara, simples, centralizada e organizada, facilitando o acompanhamento do desenvolvimento do seu município. A comunidade passa a compreender por qual motivo a sua região está pior ou melhor do que uma cidade vizinha comparável, por exemplo.

É uma prestação de serviço em prol do desenvolvimento da região. A população terá subsídios para fiscalizar e cobrar políticas públicas necessárias para o progresso da sua cidade.

Poder público: comparar cidades é um recurso da plataforma IGMA essencial para um município conhecer o que outro, com características equivalentes às suas, desempenha como boas práticas de gestão pública. Ou seja, permite a comparação e o compartilhamento das experiências, incluindo o aprendizado de como investir devidamente os recursos nas áreas sociais que mais necessitam de melhorias.

O gestor também pode realizar uma autoavaliação, por meio de referências do desempenho da sua própria gestão, já que os 39 indicadores detalham de forma específica onde estão os gargalos para o desenvolvimento do município.

A plataforma IGMA está alinhado com índices internacionais adotados por instituições como a Organização Mundial da Saúde (OMS) e a Organização das Nações Unidas (ONU).

Iniciativa privada: empresas buscam se instalar em cidades com infraestrutura adequada, que não sejam burocráticas ou lhe concedam benefícios fiscais e onde seus colaboradores possam contar com bons sistemas de saúde e de educação (o que impacta na mão-de-obra corporativa), baixos índices de violência e menos desigualdade social.

Os recursos da ferramenta possibilitam à iniciativa privada tomar as melhores decisões de investimento: onde ela deseja se instalar e onde fomentará o seu produto ou serviço de acordo com as cidades que abraçam seu perfil de público consumidor.

A plataforma também é útil, inclusive, para empresas que estão alocadas em um município e desejam concretizar suas ações em responsabilidade social empresarial. Tendo o conhecimento de quais áreas da gestão municipal necessitam de mais recursos para desenvolvimento, a iniciativa privada pode ser primorosa nos seus resultados de sustentabilidade junto à comunidade.

Ao disseminar a metodologia Cidades Excelentes e a solução gerencial IGMA, esta obra se justifica como uma contribuição social para a educação cidadã, política e de gestão para a população e os *players* dos setores público e privado nacionais.

Retrato Brasileiro

A plataforma IGMA reúne de forma estruturada 39 indicadores dos 5.570 municípios brasileiros. O avanço e utilidade está em entender e detalhar as realidades de cada uma das cidades brasileiras, de forma a compreender os principais gargalos que as impedem de prestar um serviço de excelência a população. Ao mesmo tempo, a plataforma permite uma visão sistêmica e organizada de qual é a realidade do nosso país, por meio das suas cidades.

É nesse sentido que, antes de detalharmos os pilares do IGMA, vamos apresentar algumas perspectivas sistêmicas dos municípios brasileiros, as quais foram elaboradas a partir da plataforma e suportadas pelas tecnologias do *big data* e *machine learning*.

Análise do município

Conforme explorado neste capítulo, a plataforma IGMA possibilita o diagnóstico completo do município. A seguir apresentamos um modelo, a fim de exemplificar essa análise. Os dados são reais, apesar dos nomes dos municípios terem sido substituídos.

A cidade exemplo selecionada está na região Centro-Oeste.

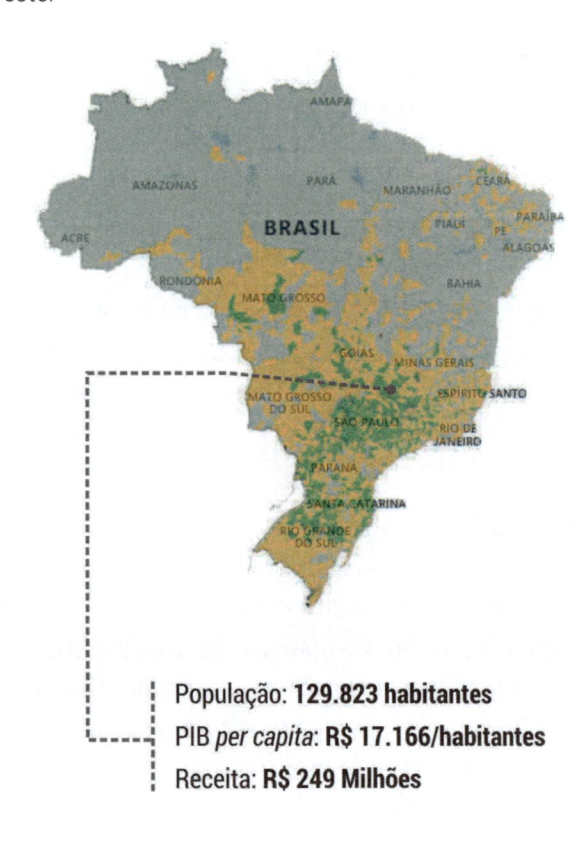

População: **129.823 habitantes**
PIB *per capita*: **R$ 17.166/habitantes**
Receita: **R$ 249 Milhões**

Figura 14: Características da cidade exemplo.

Analisando o IGMA, essa cidade está classificada como "em desenvolvimento", com um índice de 52,87. Como ponto de destaque positivo encontra-se o pilar educação, o único no nível "desenvolvido", com um resultado de 69,16. Como pontos de atenção, destacamos os pilares de saúde e bem-estar e infraestrutura e mobilidade urbana, os quais estão no nível "crítico", com pontuações abaixo de 50.

RESULTADO POR PILAR

- IGMA: 52,87
- EFICIÊNCIA FISCAL E TRANSPARÊNCIA: 51,95
- EDUCAÇÃO: 69,16
- SAÚDE E BEM-ESTAR: 46,02
- INFRAESTRUTURA E MOBILIDADE URBANA: 47,2
- DESENVOLVIMENTO SOCIOECONÔMICO E ORDEM PÚBLICA: 50,04

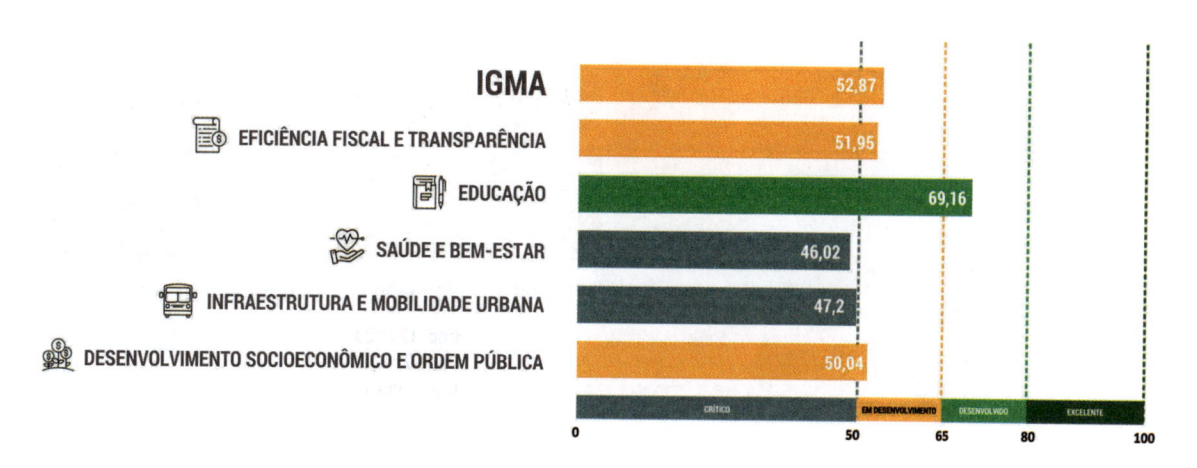

Faixas: CRÍTICO (0–50) | EM DESENVOLVIMENTO (50–65) | DESENVOLVIDO (65–80) | EXCELENTE (80–100)

Figura 15: Resultado do IGMA da cidade exemplo por pilar.

Comparando com as demais cidades do Brasil, a cidade está na posição 2.026 de 5.570 municípios.

POSIÇÕES NOS RANKINGS

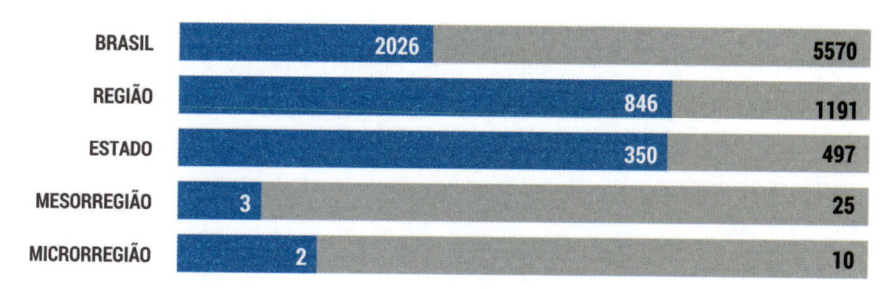

Ranking	Posição	Total
BRASIL	2026	5570
REGIÃO	846	1191
ESTADO	350	497
MESORREGIÃO	3	25
MICRORREGIÃO	2	10

Figura 16: Posição da cidade exemplo em relação aos demais municípios do Brasil.

Para entender melhor as necessidades e oportunidades do município, o algoritmo o comparou com outras cinco cidades com características semelhantes, quais sejam: população, arrecadação e PIB *per capita*.

COMPARAÇÃO COM OUTROS MUNICÍPIOS

	CIDADE 1	CIDADE 2	EXEMPLO	CIDADE 3	CIDADE 4	CIDADE 5
Índice	61,38	56,99	52,87	50,68	49,05	39,95
Pop	110.290	103.074	129.823	140.577	123.684	102.701
PIB	15.567	15.624	17.166	17.566	19.526	18.819
R.B	230 MM	251 MM	249 MM	245 MM	277 MM	234 MM

*PIB per capita; R.B: = Receita Bruta

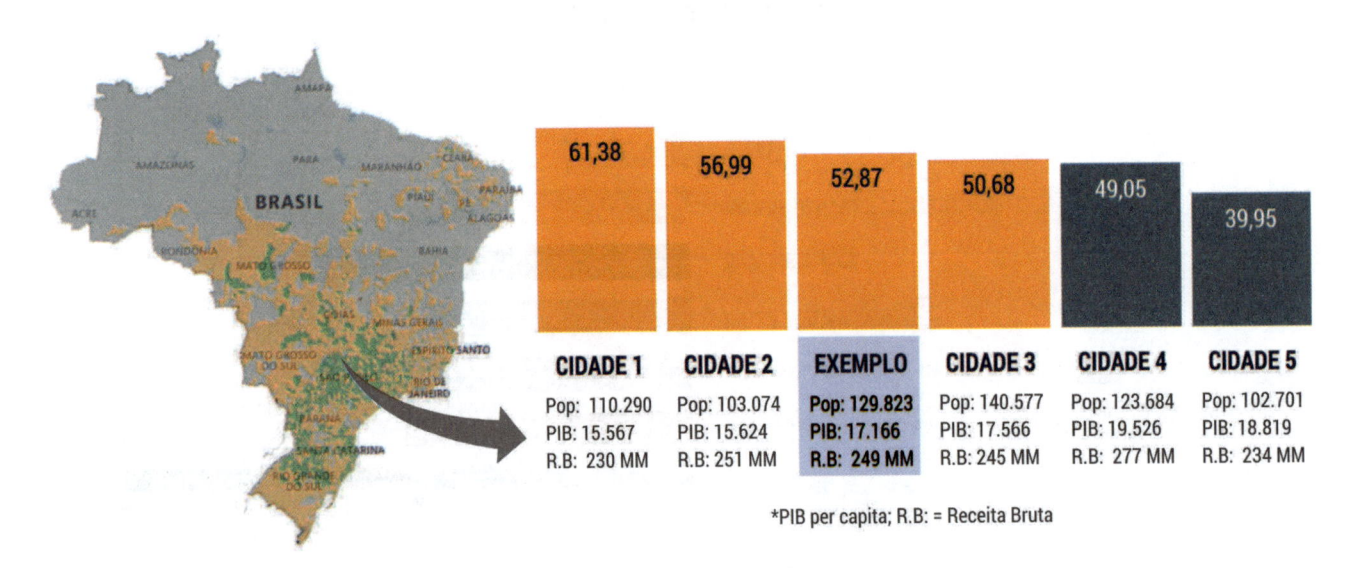

Figura 17: Comparativo com 5 cidades com características estruturais semelhantes.

A cidade exemplo está em 3º lugar em relação aos demais municípios selecionados para a comparação.

Ao desdobrar por pilar, nota-se que, além do foco em saúde e bem-estar e infraestrutura e mobilidade urbana, pilares classificados como "críticos" na cidade exemplo, vemos que há também a oportunidade de trabalhar com o pilar eficiência fiscal e transparência, identificado com o menor desempenho em relação aos demais municípios da análise.

A educação continua sendo o ponto de destaque positivo, podendo a cidade exemplo, inclusive, ser fonte de boas práticas para os demais municípios.

Cidade	IGMA	Fiscal	Educação	Saúde	Infra	Desenvolvimento
Cidade 1	61,38 🟠	71,04 🟢	69,67 🟢	51,34 🟠	52,30 🟠	62,55 🟠
Cidade 2	56,99 🟠	54,23 🟠	65,30 🟢	71,84 🟢	50,88 🟠	42,69 ⚫
Exemplo	52,87 🟠	51,95 🟠	69,16 🟢	46,02 ⚫	47,20 ⚫	50,04 🟠
Cidade 3	50,68 🟠	56,06 🟠	46,15 ⚫	55,89 🟠	54,29 🟠	41,03 ⚫
Cidade 4	49,05 ⚫	53,25 🟠	54,60 🟠	40,04 ⚫	45,99 ⚫	51,37 🟠
Cidade 5	39,95 ⚫	44,68 ⚫	44,45 ⚫	44,23 ⚫	30,72 ⚫	35,65 ⚫
Posição por pilar da cidade exemplo, comparada com as demais cidades	3	5	2	4	4	3

Figura 18: Comparativo por pilar com as 5 cidades.

A seguir, avaliaremos cada um dos pilares e seus respectivos indicadores.

Indicador	Cidade 1	Cidade 2	Cidade 3	Cidade 4	Cidade 5	Exemplo	# Posição
% de endividamento (%) ⇩	24,13	0,88	2,42	35,67	38,66	2,81	3
Autonomia fiscal (Número) ⇧	0,25	0,14	0,25	0,24	0,11	0,39	1
Capacidade de investir (%) ⇧	12,25	15,04	2,7	13,16	3,09	7,35	4
Investimento per capita (R$ por habitante) ⇧	145,76	46,83	128,5	88,82	72,8	46,89	5
Resultado fiscal (%) ⇧	8,14	9,61	0,14	6,39	-6,74	4,23	4
Índice de transparência (Nota) ⇧	197,56	183,19	213,33	142,14	224,09	180,09	5
Aderência ao Plano de Contas (Homologada e Pendente) ⇧	1	0	1	0	1	1	1

Tabela 3: Comparativo dos indicadores do pilar eficiência fiscal e transparência.

É possível observar que a cidade exemplo possui a maior autonomia fiscal nessa análise comparativa, ou seja, ela é a mais independente de transferências intergovernamentais. Era de se esperar, com isso, que ela tivesse um resultado melhor nos indicadores capacidade de investir e investimento *per capita*. No entanto, não é o que está ocorrendo. Vejamos.

A cidade exemplo tem baixa capacidade de investir, já que apenas 7,35% das receitas correntes sobram após a cobertura das despesas com pessoal e custeio da amortização e juros da dívida. Ao compará-la com os outros 5 municípios, vemos que ela está na 4ª posição nesse indicador em relação aos demais e que a melhor performance é mais que dobro do seu resultado.

Esse cenário pode ser uma das causas para o baixo investimento *per capita*. A cidade exemplo investe apenas R$ 46,89 por habitante, resultado distante do *benchmark* de R$ 145,76 (cidade 1).

Logo, há uma oportunidade clara de melhoria de eficiência da gestão pública da cidade exemplo.

Outro ponto de atenção é o indicador índice de transparência, pois a cidade exemplo está na 5ª posição. Apesar da cidade exemplo estar com o indicador de aderência ao plano de contas adequado, o município pode ter tido problemas, por exemplo, com a qualidade e veracidade das informações contábeis e fiscais apresentadas ou com o excesso de retificações. Todos os aspectos envolvidos nesse indicador serão aprofundados no próximo capítulo.

Como ponto positivo vale destacar o indicador de autonomia fiscal, haja vista que de cada R$ 1 real de transferências intergovernamentais, o município consegue gerar de receita própria R$ 0,39, valor significativamente superior às demais cidades da comparação.

Indicador	Cidade 1	Cidade 2	Cidade 3	Cidade 4	Cidade 5	Exemplo	# Posição
Analfabetismo 15 anos ou mais (%) ⇩	6,08	23,36	17,57	8,61	9,12	7,88	2
Expectativa de Anos de Estudo (Anos) ⇧	9,29	9,49	9,26	10,25	8,76	9,44	3
Taxa de abandono anos finais Ensino Fundamental (%) ⇩	1	1,1	1,9	1,6	3,2	0	1
Taxa de abandono anos iniciais Ensino Fundamental (%) ⇩	0,2	0	1,1	0,2	1,2	0,20	2
Gasto com educação por aluno por IDEB (R$) ⇩	1.179,73	1.107,06	1.079,23	1.291,39	1.079,98	912,06	1
Resultado IDEB Anos Finais Ensino Fundamental (Nota) ⇧	4,9	5,1	4,7	4	4,1	5,10	1
Resultado IDEB Anos Iniciais Ensino Fundamental (Nota) ⇧	6,2	5,7	5,4	5,4	5	6,30	1
Distorção Idade-Série Ensino Fundamental (%) ⇩	4,9	8,7	29,9	16,7	19,5	7,60	2
Acesso a educação infantil - creche (%) ⇧	49,4	42,46	36,56	30,82	31,16	33,62	4

Tabela 4: Comparativo dos indicadores do pilar educação.

Na educação, a cidade exemplo apresenta um desempenho consistente na maioria dos indicadores. O indicador que apresenta maior oportunidade de melhoria, comparado com os demais municípios, é o acesso à educação infantil, que cobre 33,62% das crianças na faixa etária, enquanto o *benchmark* do grupo é de 49,40%.

Indicador	Cidade 1	Cidade 2	Cidade 3	Cidade 4	Cidade 5	Exemplo	# Posição
Cobertura estratégia Saúde da Família (%) ⇧	65,95	100	93,78	51,06	85,11	83,82	4
Expectativa de vida ao nascer (Anos) ⇧	76,88	73,48	72,69	76,14	73,66	74,30	3
Número de leitos hospitalares (SUS) por mil habitantes (Número por mil habitantes) ⇧	0,34	1,95	2,05	0,48	1,16	3,13	1
Número de profissionais da saúde por mil habitantes (Número por mil habitantes) ⇧	11,79	15,03	17,78	9,84	17,65	12,09	4
Proporção de internações sensíveis a atenção básica - ISAB (%) ⇩	26,4	20,13	21,08	31,67	35,04	34,16	5
Taxa de mortalidade infantil (Número por mil habitantes) ⇩	7,45	8,77	16,75	12,52	18,68	16,92	5

Tabela 5: Comparativo dos indicadores do pilar saúde e bem-estar.

Verificando os indicadores de saúde e bem-estar da cidade exemplo, são identificadas as seguintes oportunidades de melhorias:

- Redução das internações sensíveis a atenção básica;
- Redução da taxa de mortalidade infantil;
- Aumento da cobertura estratégia Saúde da Família, que pode até ser uma das causas da alta proporção de internações sensíveis a atenção básica.

O número de leitos por habitante é o melhor indicador da cidade exemplo, sendo, inclusive, o *benchmark* nessa comparação. No entanto, a quantidade de profissionais da saúde por habitantes não está com um resultado tão satisfatório, o que pode indicar que há uma carência de serviços médicos no município ou que esteja ocorrendo evasão desses profissionais.

E, por último, percebe-se que a expectativa de vida ao nascer está 2,5 anos menor que o melhor resultado da comparação.

Indicador	Cidade 1	Cidade 2	Cidade 3	Cidade 4	Cidade 5	Exemplo	# Posição
Condições ambientais urbanas (%) ⇧	84,79	71,96	71,7	84,96	70,87	90,32	1
Condições habitacionais (%) ⇧	82,65	86,4	88,2	87,62	69,4	85,78	4
Infraestrutura urbana (%) ⇧	61,78	56,35	48,8	50,64	44,82	53,39	3
Serviços coletivos urbanos (%) ⇧	91,87	67,62	77,33	69,45	60,71	71,87	3
Abastecimento de água (%) ⇧	80,3	85,33	100	90,84	0	93,90	2
Frotas de veículos por habitante (Número por habitante) ⇩	0,46	0,51	0,41	0,61	0,24	0,52	5
Deslocamento casa trabalho em menos de 1 hora (%) ⇧	93,68	97,35	95,42	92,1	94,45	75,41	6

Tabela 6: Comparativo dos indicadores do pilar infraestrutura e mobilidade urbana.

No pilar infraestrutura e mobilidade urbana, o indicador mais crítico está relacionado ao tempo que a população gasta no trânsito para o deslocamento casa-trabalho. Na cidade exemplo, 25% da população dispende mais que 1 hora nesse trajeto, ao contrário das demais cidades em que menos de 5% dos habitantes gastam esse tempo.

Os destaques desse pilar são: tratamento de esgoto, coleta de lixo, arborização e abastecimento de água.

Indicador	Cidade 1	Cidade 2	Cidade 3	Cidade 4	Cidade 5	Exemplo	# Posição
PIB per capita (R$ por habitante) ⇧	15.566,54	15.624,21	17.565,52	19.525,95	18.818,50	17.166,28	4
Indice de gini da renda domiciliar per capita (Número) ⇩	0,48	0,54	0,59	0,56	0,59	0,42	1
Jovens entre 18 e 20 anos que completaram o ensino médio (%) ⇧	49,36	34,33	27,84	47,94	21,93	36,57	3
Pessoas com 25 anos ou mais que completaram o ensino superior (%) ⇧	8,72	4,92	9,47	12,07	5,88	5	5
Porcentagem de pobres na população (%) ⇩	7,92	24,31	26,72	12,16	36,6	7,02	1
Renda domiciliar per capita (R$ por habitante) ⇧	661,02	426,08	480,22	716,2	364,12	535,17	3
% da população economicamente ativa empregada (%) ⇧	39,04	36,01	36,33	28,16	26,59	27,23	5
Taxa de homicídios (Homicídios por 100 mil habitantes) ⇩	19,12	17,56	38,63	28,78	28,62	48,59	6
Taxa de homicídios por arma de fogo (Homicídios por arma de fogo por 100 mil habitantes) ⇩	17,3	11,71	30,76	15,62	15,79	36,05	6
Taxa de Mortes no Trânsito (Mortes no trânsito por 100 mil habitantes) ⇩	5,46	25,37	15,74	27,96	14,8	11,76	2

Tabela 7: Comparativo dos indicadores do pilar desenvolvimento socioeconômico e ordem pública.

Analisando o pilar desenvolvimento socioeconômico e ordem pública, destacamos como ponto positivo o menor índice de GINI da cidade exemplo em relação à demais. Isso demonstra que ela possui uma menor desigualdade na distribuição de renda domiciliar *per capita*.

Ademais, outro destaque é o % de pobres na população, o qual possui um resultado de 7%, abaixo das outras cidades da comparação. No entanto, apesar disso, o PIB *per capita* e a renda *per capita* estão intermediários na comparação.

Quando olhamos o % de pessoas que completaram o ensino superior e também o ensino médio, pode-se haver um questionamento se a população está sendo preparada para o mercado de trabalho, já que ambos os indicadores estão abaixo da média em relação aos demais municípios comparados.

Como principais pontos negativos, estão os indicadores relacionados à ordem pública, quais sejam: taxa de homicídios e taxa de homicídios por arma de fogo.

Em resumo, verificamos que o município exemplo apresenta como maior ponto de atenção, nesse momento, a qualidade da sua gestão pública. O mesmo possui uma elevada autonomia fiscal, ou seja, geração de recursos próprios, mas que, em geral, não está sendo convertida em maiores investimentos para a população. Em segundo plano, também há oportunidades nos demais pilares. Na educação, o município é destaque positivo e apresenta bons resultados, sendo sua principal restrição o acesso a educação infantil, ainda na ordem de 33%. A saúde chama atenção pela baixa cobertura de estratégia de saúde da família, que possivelmente pode estar impactando nos resultados negativos de mortalidade infantil e internações sensíveis a atenção básica. Quanto ao pilar de infra estrutura, o foco deve estar em melhorar a qualidade do deslocamento da população casa-trabalho. E, por fim, quanto ao desenvolvimento socioeconômico, o grande desafio está na redução das taxas de homicídio.

As análises apresentadas exemplificam a importância do município olhar internamente para os seus próprios parâmetros e entender quais indicadores e, consequentemente, aspectos do ciclo virtuoso possuem mais oportunidades de melhoria para alcance da excelência.

Além disso, conforme demonstrado no exemplo apresentado, é importante também agregar à análise o comparativo com outros municípios, a fim de identificar valores de referência. Ao compararmos as cidades sugeridas pelo algoritmo, conseguimos mensurar os problemas comuns, gargalos e boas práticas.

É, portanto, por meio de análises como essas que o município consegue saber onde ele se encontra e o quão distante ele está da excelência. E, a partir disso, traçar o caminho para o alcance de melhores resultados.

Análise de uma região

Além de possibilitar o diagnóstico completo do município, a plataforma IGMA permite que sejam realizadas avaliações por região. Dependendo do objetivo e do que se quer extrair, devemos partir para a análise levando em consideração as questões regionais e geográficas.

Como exemplo, fenômenos ambientais regionais podem exercer grande influência em relação ao desenvolvimento econômico local, como a formação geológica, que propicia o desenvolvimento de atividades extrativistas, ou à fauna, a flora e o clima, que favorecem o agronegócio.

Neste item, exploraremos uma análise por mesorregião[8]

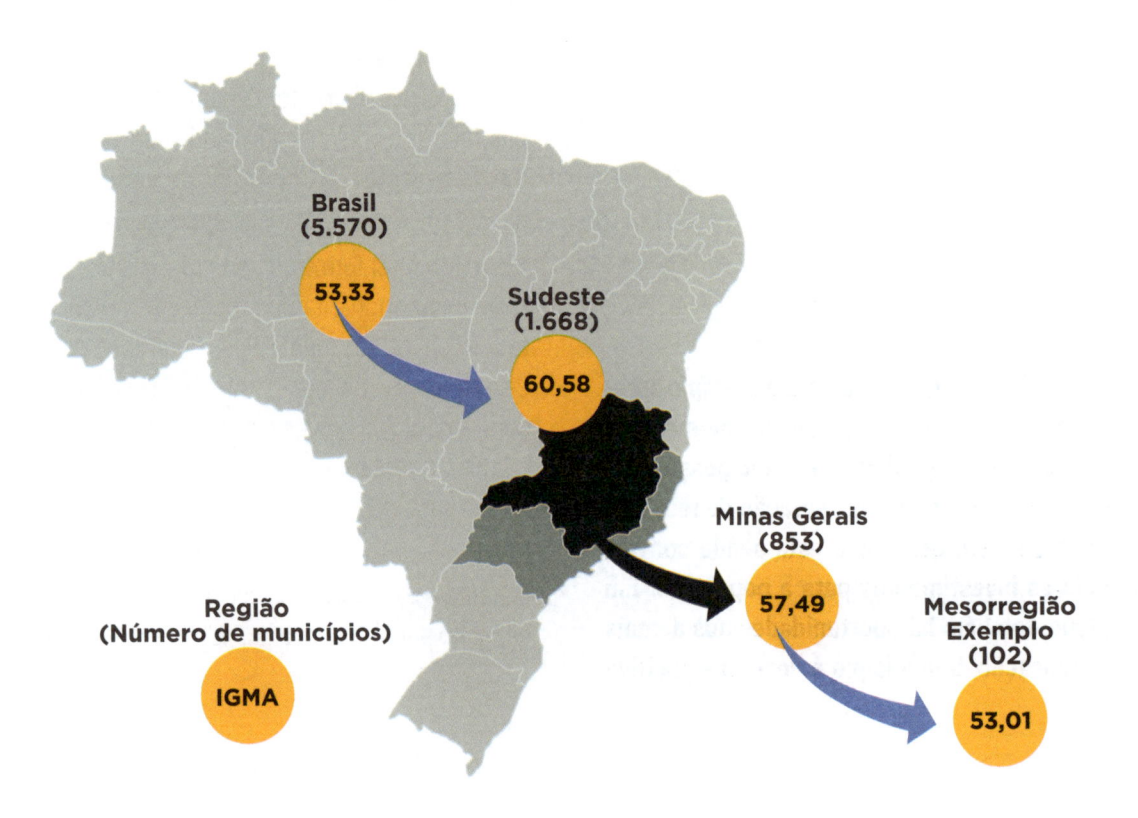

Figura 19: Mesorregião analisada.

---

[8] Unidade territorial com características físicas, econômicas e sociais homogêneas e que resulta do agrupamento de microrregiões, mas é menor que o estado ou macrorregião.

A mesorregião exemplo possui 102 municípios, os quais apresentam, em média, um IGMA de 53,01.

IGMA	53,01
EFICIÊNCIA FISCAL E TRANSPARÊNCIA	59,63
EDUCAÇÃO	47,07
SAÚDE E BEM-ESTAR	54,74
INFRAESTRUTURA E MOBILIDADE URBANA	55,50
DESENVOLVIMENTO SOCIOECONÔMICO E ORDEM PÚBLICA	48,12

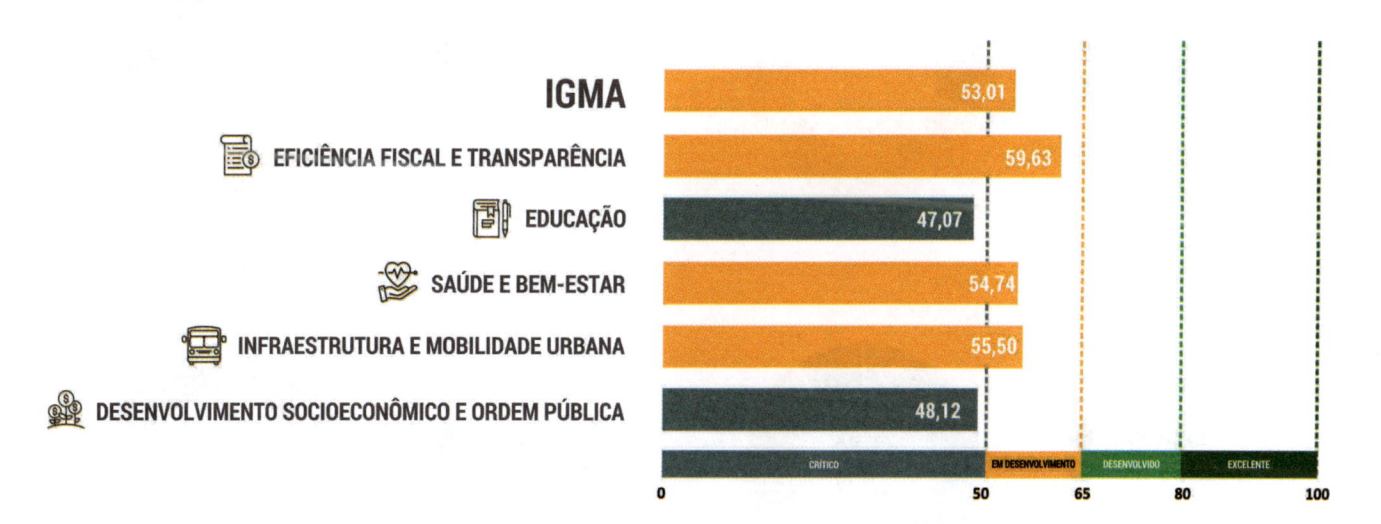

Faixas: CRÍTICO (0–50) | EM DESENVOLVIMENTO (50–65) | DESENVOLVIDO (65–80) | EXCELENTE (80–100)

Figura 20: Resultado do IGMA da mesorregião exemplo por pilar.

Ao desdobrar o IGMA em seus pilares, observa-se que os municípios dessa região estão, de forma geral, "críticos" em educação e desenvolvimento socioeconômico e ordem pública.

Como o pilar educação exerce forte influência sobre o desenvolvimento socioeconômico, o cenário apresentado pode indicar uma necessidade de melhoria da educação básica da região.

Segue, abaixo, um cenário geral da situação dos municípios dessa mesorregião em relação ao IGMA em cada um dos Pilares.

IGMA

Nº MUNICÍPIOS

- Excelente: 0
- Desenvolvido: 2
- Em desenvolvimento: 70
- Crítico: 30

29% / 2% / 69%

EFICIÊNCIA FISCAL E TRANSPARÊNCIA

Nº MUNICÍPIOS

- Excelente: 0
- Desenvolvido: 33
- Em desenvolvimento: 53
- Crítico: 15

15% / 33% / 52%

EDUCAÇÃO

Nº MUNICÍPIOS

- Excelente: 0
- Desenvolvido: 10
- Em desenvolvimento: 37
- Crítico: 55

10% / 36% / 54%

SAÚDE E BEM-ESTAR

Nº MUNICÍPIOS

- Excelente: 0
- Desenvolvido: 18
- Em desenvolvimento: 53
- Crítico: 31

30% / 18% / 52%

INFRAESTRUTURA E MOBILIDADE URBANA

Nº MUNICÍPIOS

- Excelente: 0
- Desenvolvido: 15
- Em desenvolvimento: 56
- Crítico: 31

30% / 15% / 55%

DESENVOLVIMENTO SOCIOECONÔMICO E ORDEM PÚBLICA

Nº MUNICÍPIOS

- Excelente: 0
- Desenvolvido: 4
- Em desenvolvimento: 39
- Crítico: 59

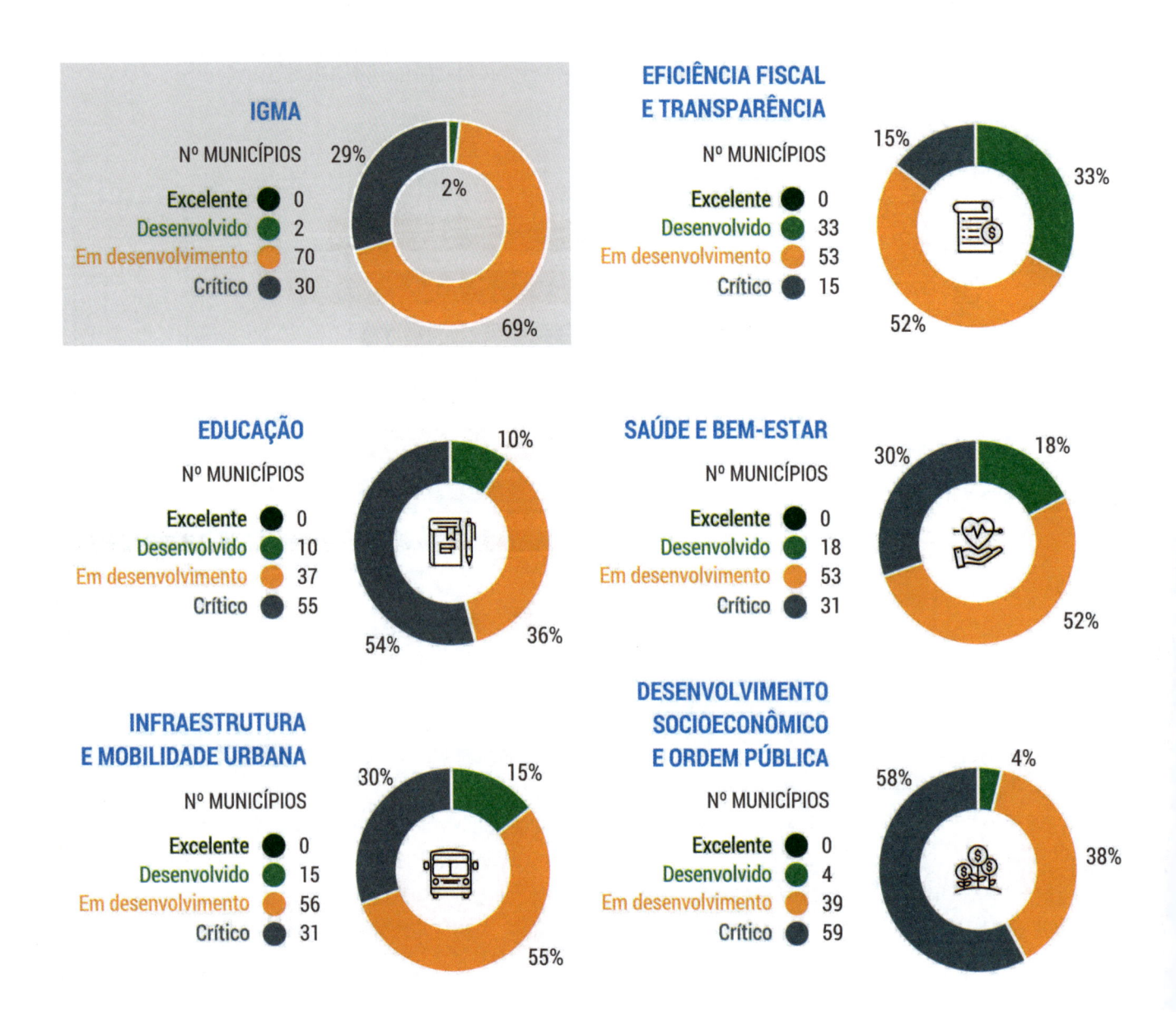

58% / 4% / 38%

Figura 21: Situação dos municípios da mesorregião exemplo em cada um dos pilares.

O pilar de eficiência fiscal, como a melhor nota da região, apresenta o menor percentual de municípios em situação crítica, somente 15% das administrações.

No meio do caminho, 30% dos municípios não conseguem oferecer serviços de saúde e infraestrutura em nível de excelência para seus cidadãos.

E, evidenciando os pilares com a performance mais baixa, educação e desenvolvimento socioeconômico apresentam mais da metade dos municípios da região em situação crítica.

Depois de todas as análises, é possível elaborar um plano estruturado e mais eficaz para atuação na região.

- 12 cidades não necessitam de maiores intervenções.
- 60 cidades possuem um ou dois pilares em situação crítica e, por isso, poderiam ser contempladas em um projeto ou política específicos do governo.
- Há 30 municípios com mais de 3 pilares críticos e precisam de maior apoio, investimentos diretos e até um plano de melhoria estrutural dos serviços e vocação econômica local.

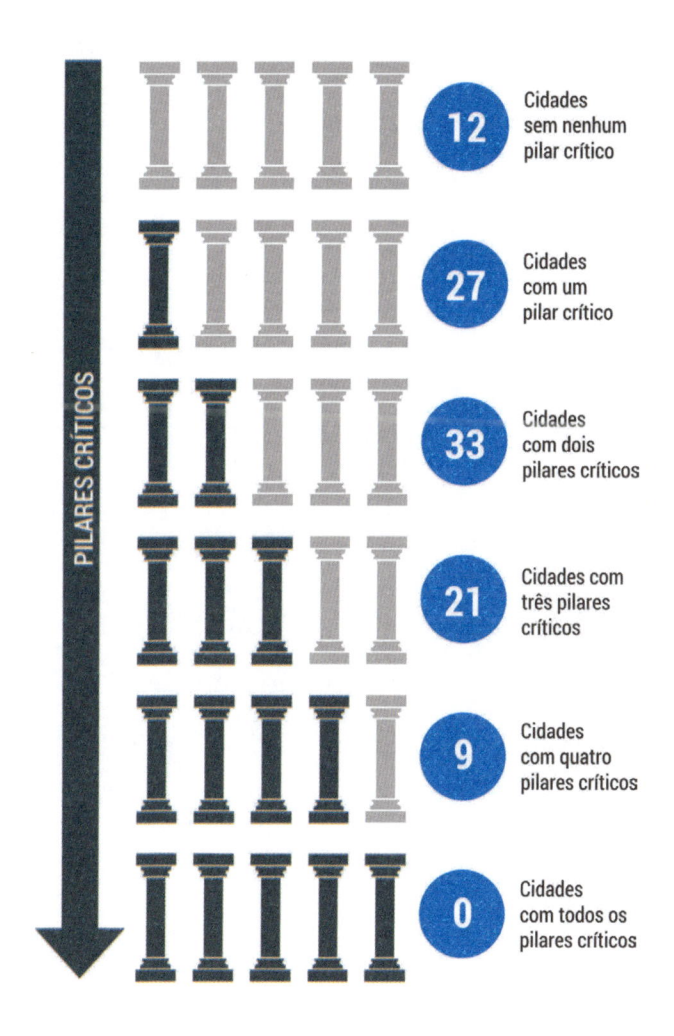

Figura 22: Situação dos municípios da mesorregião exemplo.

3
Os 5 pilares do ciclo virtuoso de desenvolvimento humano

OS 5 PILARES DO CICLO VIRTUOSO DE DESENVOLVIMENTO HUMANO

Conforme debatemos anteriormente, o caminho para chegarmos até a metodologia das Cidades Excelentes foi longo e cheio de desafios. Selecionar, organizar e correlacionar, de forma sistêmica, indicadores críticos para os municípios, e que traduzissem a engrenagem do ciclo virtuoso de desenvolvimento humano, foi um desses enormes desafios. Tudo isso foi concretizado formalmente com a construção da Plataforma IGMA.

Neste capítulo iremos nos dedicar à tradução dos 5 pilares do ciclo para a realidade brasileira, a partir de uma reflexão sobre cada um dos 39 indicadores que os sustentam.

Debateremos, dessa forma, os seus conceitos, a importância e a conexão com o próprio ciclo, buscando compreender como cada um deles pode nos direcionar na busca das cidades excelentes. Adicionalmente, também apresentaremos alguns resultados desses mesmos indicadores na realidade brasileira.

Figura 23: Pilares do Ciclo Virtuoso de Desenvolvimento Humano

Pilares Secundários
- Turismo
- Meio Ambiente
- Cultura
- Agricultura

MELHORIA ESTRUTURAL IDH
- Educação
- Saúde e Bem-estar
- Infraestrutura e Mobilidade Urbana
- Desenvolvimento Socioeconômico e Ordem Pública
- Eficiência Fiscal e Transparência

Como a própria representação gráfica do ciclo virtuoso busca demonstrar, apresentaremos como os 5 pilares são interdependentes e estão estrategicamente ordenados para fazerem girar essa engrenagem, de forma harmônica, rumo ao desenvolvimento humano.

Veremos o motivo de eficiência fiscal e transparência ser compreendida como o pilar essencial do ciclo, capaz de retirar da inércia toda essa engrenagem, impulsionando-a positivamente. Além disso, entenderemos como os demais 4 pilares, que são estruturais, podem se beneficiar da ruptura promovida por intermédio do primeiro pilar. E, por fim, como o pilar 5 exercerá a função de retroalimentar a força motriz do ciclo, promovendo o desenvolvimento contínuo das cidades e dos seus cidadãos.

Dessa forma, também se tornará clara a visão de que a plataforma IGMA seja, nesse processo, a grande bússola para os gestores públicos, a ferramenta capaz de nortear suas decisões e ações rumo às cidades excelentes.

Vamos explorar, agora, os 39 indicadores contemplados na plataforma, os quais estão distribuídos entre os 5 pilares monitorados pela plataforma IGMA.

Pilar 1 Eficiência Fiscal e Transparência

Enquanto os demais pilares IGMA são considerados estruturais, eficiência fiscal e transparência é reconhecido como o pilar essencial para o ciclo virtuoso de desenvolvimento humano de uma cidade excelente. Isso porque ele representa a força motora inicial que faz girar, de maneira equilibrada e interdependente, a engrenagem cíclica de prosperidade composta por todos os 5 pilares.

A interpretação desse pilar pode assumir duas vertentes. A primeira diz respeito à qualidade dos gastos públicos, ou seja, à prestação do melhor serviço de acordo com os recursos disponíveis. A segunda está relacionada à maximização dos interesses dos *cidadãos*. E, da junção dessas duas vertentes, depreende-se a missão dos agentes públicos: a de satisfazer as necessidades ditadas pela sociedade, prezando sempre pela racionalização máxima no uso do recurso público.

Sabemos que os gestores públicos se deparam, diariamente, com o desafio de atender demandas variadas e quase infinitas, contando, porém, com recursos bastante restritivos. *Então, como entregar os resultados esperados, mesmo diante desse contexto de tamanhas restrições?*

Dessa forma, é imprescindível promover a ampliação da capacidade da gestão pública municipal de gerar e administrar, com transparência, recursos financeiros, a fim de atender às necessidades locais.

Um dos movimentos rumo à melhoria desse pilar seria, então, a busca de uma arrecadação tributária eficiente, evitando a evasão fiscal e aumentando o montante recebido, sem, necessariamente, elevar os impostos.

Além disso, deve haver a preocupação constante com a gestão dos recursos disponíveis, principalmente de repasses advindos das esferas estadual e federal.

Do ponto de vista fiscal, é dever da prefeitura gerir bem os recursos, administrando receitas e despesas, promovendo a capacidade de investimento no próprio município. Gestores públicos devem, portanto, otimizar as despesas correntes (as que fazem a administração pública girar), de maneira a fomentar os investimentos em projetos que melhoram a estrutura disponível para atender a população.

Dessa forma, o principal desafio de eficiência fiscal é eliminar os potenciais desperdícios existentes na prefeitura, a fim de possibilitar a liberação de mais recursos para aplicação nos processos que geram mais valor ao cidadão. Esses investimentos estão normalmente ligados aos demais pilares.

Nesse processo de melhoria da gestão dos recursos financeiros da prefeitura, duas premissas devem ser observadas:

1) Redução dos desperdícios, sem a diminuição do nível de serviço prestado à população;

2) Aumento da arrecadação, sem, necessariamente, aumento dos impostos.

Já a transparência diz respeito à necessidade e à qualidade da comunicação entre a sociedade civil e os gestores públicos, no trato da coisa pública.

O processo democrático pressupõe que haja clareza e acesso amplo e irrestrito por parte da sociedade sobre as decisões e ações dos gestores públicos. Os cidadãos devem e precisam exercer esse tipo de controle, a fim de garantir:

- alinhamento entre as decisões e as ações dos gestores públicos e as demandas reais da sociedade;

- qualidade e eficiência dessas mesmas decisões, representadas, tanto pelos serviços públicos ofertados quanto pelos resultados das próprias contas públicas.

A transparência se materializa por meio da clareza e da frequência com a qual uma gestão municipal apresenta seus números, ações, resultados e indicadores para a população.

Mecanismos concretos como um portal de transparência, audiências públicas, informativos ou, ainda, reuniões com grupos de representantes da sociedade civil, são formas de tornar este processo efetivo.

Adicionalmente, a percepção de que o município siga um bom caminho, com contas saudáveis, aderindo a projetos de longo prazo e vislumbrando um planejamento regional de melhorias potencializa, tanto a percepção de valor em viver naquela localidade, por parte do cidadão, quanto a confiança, por parte da iniciativa privada, para investir.

As cidades que não promovem a melhoria do ciclo de desenvolvimento podem até mesmo sofrer redução do tamanho de sua população, ao longo do tempo, bem como do número de empresas instaladas. O desafio de fazer o ciclo acontecer passa a ser, dessa forma, a garantia da própria existência do município.

Esses são, portanto, os motivos pelos quais "Eficiência Fiscal e Transparência" é declarada como o primeiro e essencial pilar, o ponto de partida para o ciclo virtuoso de desenvolvimento humano.

Explore, agora, por meio da plataforma IGMA, os municípios brasileiros que ocupam as primeiras posições no pilar eficiência fiscal e transparência.

Os indicadores que compõem atualmente esse pilar são:

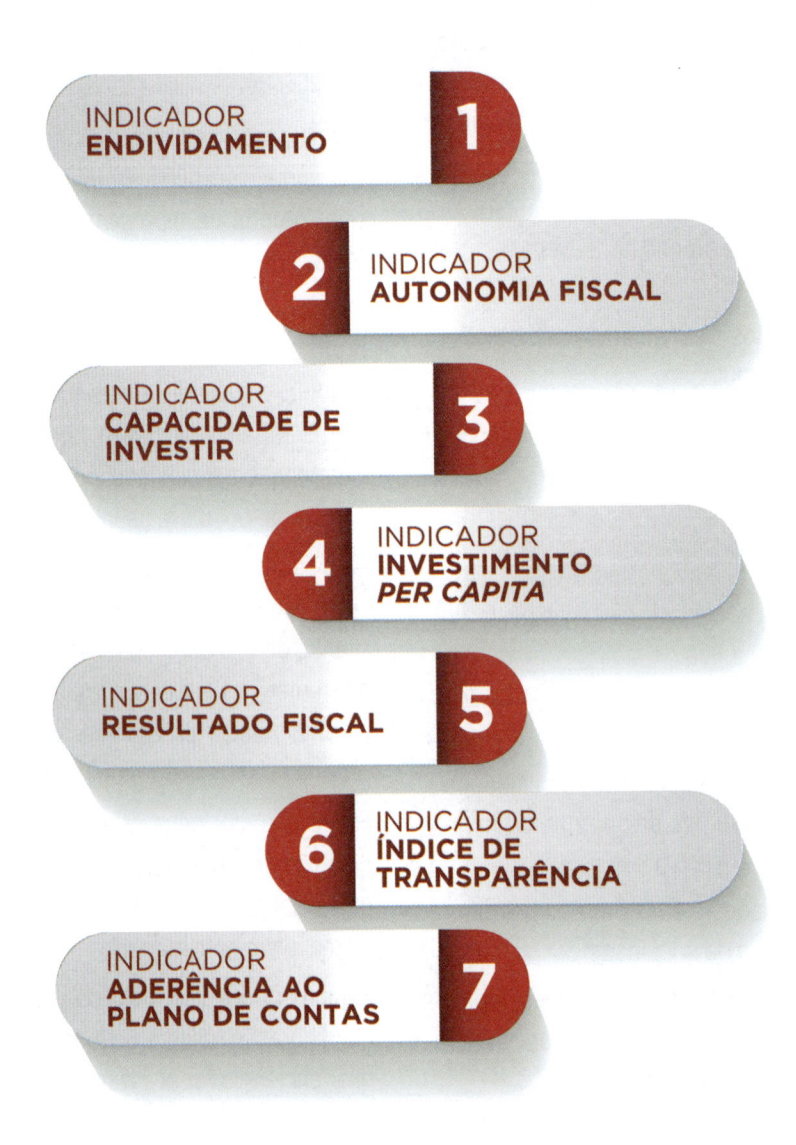

1. INDICADOR ENDIVIDAMENTO
2. INDICADOR AUTONOMIA FISCAL
3. INDICADOR CAPACIDADE DE INVESTIR
4. INDICADOR INVESTIMENTO *PER CAPITA*
5. INDICADOR RESULTADO FISCAL
6. INDICADOR ÍNDICE DE TRANSPARÊNCIA
7. INDICADOR ADERÊNCIA AO PLANO DE CONTAS

Figura 24: Indicadores que compõem o pilar da Eficiência Fiscal e Transparência.

Vamos conhecê-los agora?

Indicador
Endividamento (%)

O endividamento (%) corresponde à dívida consolidada líquida do município sobre a sua receita corrente anual líquida. Sendo que a primeira corresponde ao total de dívidas do município, subtraídas as suas disponibilidades de caixa. Em outras palavras, o indicador avalia o grau de comprometimento da receita anual líquida frente a esses compromissos financeiros.

Por exemplo, quando o indicador é de 50%, indica que o município precisaria poupar metade da sua receita anual para quitar seu endividamento, o que já corresponde a um cenário extremamente desafiador. Da mesma forma, quando esse número atinge patamares superiores a 100%, indica a necessidade de poupança superior a um período fiscal completo.

Vale mencionar que, pela lei de responsabilidade fiscal, fica limitado o comprometimento com endividamento a um patamar máximo de 120% da receita líquida anual.

O endividamento pode ser positivo, dentro dos limites já mencionados, quando utilizado para promover melhorias estruturais de longo prazo: infraestrutura de mobilidade urbana, saneamento básico, unidades de ensino e de saúde. Por outro lado, o endividamento pode ser um sinal de má gestão dos recursos públicos quando se faz necessário para atender às necessidades de despesas correntes do município: folha de pessoal, pagamentos previdenciários, entre outros compromissos fiscais do dia a dia.

Atualmente, 2.599 (47%) municípios brasileiros encontram-se com algum tipo de endividamento. A grande maioria deles, 2.229, possui endividamento entre 0 e 50%. Entre 50% e 100%, temos 309 municípios. Por fim, há uma pequena parcela de 61 municípios com um comprometimento superior a um ano fiscal completo.

% DE CIDADES ENDIVIDADAS

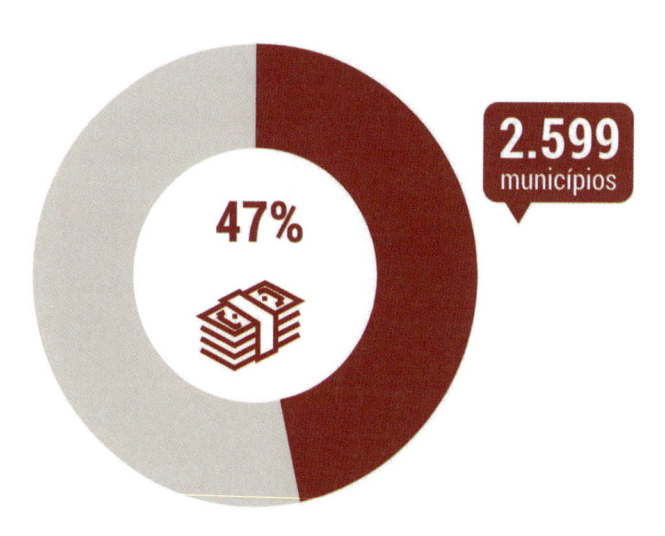

47%

2.599 municípios

Figura 25: Nível de endividamento dos municípios brasileiros (excluindo 454 municípios sem dados). Fonte: SICONFI (2019), extraído da plataforma IGMA em janeiro/2021.

Indicador
Autonomia fiscal

A autonomia fiscal mede a relação do total de receitas próprias do município sobre o total de receitas provenientes de transferências intergovernamentais.

A primeira é aquela proveniente dos tributos locais, como IPTU (Imposto sobre a Propriedade Predial e Territorial Urbana), ISS (Imposto sobre Serviços de Qualquer Natureza) e ITBI (Imposto sobre Transmissão de Bens e Imóveis). Uma característica importante desse tipo de receita para o município é o fato de que a sua destinação é de livre decisão da administração pública local. Por isso, a utilização do termo autonomia.

Já as receitas de transferências intergovernamentais, em geral, são carimbadas, tendo destino público previamente especificado, como o FUNDEB (Fundo de Manutenção e Desenvolvimento da Educação Básica e de Valorização dos Profissionais da Educação) para a educação. E, quando não aplicadas em sua totalidade, são devolvidas à sua respectiva fonte de origem.

Portanto, esse indicador mede quantos reais de receitas próprias o município é capaz de gerar para cada um real (R$ 1,00) de transferências intergovernamentais recebidas.

Um município com autonomia fiscal R$ 0,20, por exemplo, indica que, para cada R$ 1,00 de receita de transferências recebidas, ele gera R$ 0,20 centavos de receita própria. Nesse caso, o município exerce poder de decisão sobre apenas 16,7% da sua receita total.

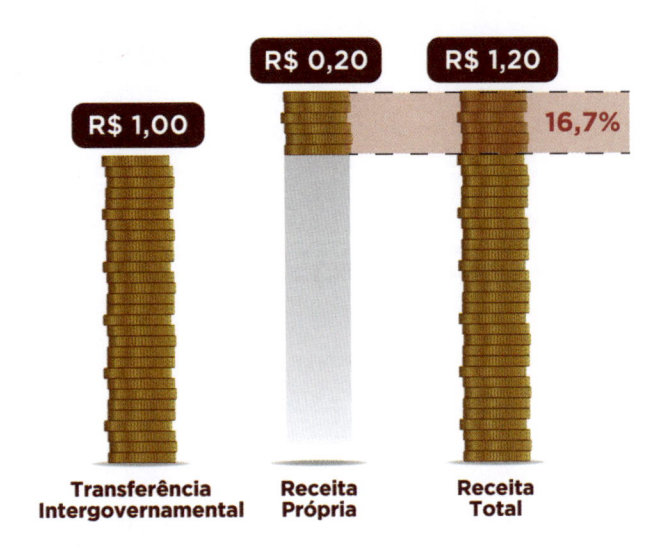

Figura 26: Exemplo de uma relação entre receitas de transferências governamentais e próprias.

Quanto mais dependente for o município dos demais entes federados, maior será a sua dificuldade de tomar decisões locais para atender às demandas dos cidadãos. Na contramão, quanto maior a autonomia, mais liberdade o gestor público terá, do ponto de vista orçamentário, para aplicar os recursos disponíveis no atendimento dessas necessidades.

Adicionalmente, é possível afirmar que uma maior autonomia fiscal pode implicar diretamente na capacidade da cidade em fazer girar o ciclo virtuoso de desenvolvimento humano, pois significa elevar a capacidade de direcionamento dos recursos, de maneira precisa, para atender às demandas da sociedade, tendo em vista que a gestão municipal é quem está mais próxima do cidadão.

Como veremos adiante, o pilar de desenvolvimento socioeconômico do município é peça chave para o aumento da capacidade de geração de riqueza local e, consequentemente, da autonomia.

No Brasil, a média de autonomia fiscal dos municípios é de R$ 0,13, ou seja, para cada R$1,00 de transferências governamentais, os municípios brasileiros, em média, geram R$ 0,13 de receitas próprias. Isso representa uma relação de 1:8, demonstrando o tamanho da dependência orçamentária dos municípios brasileiros.

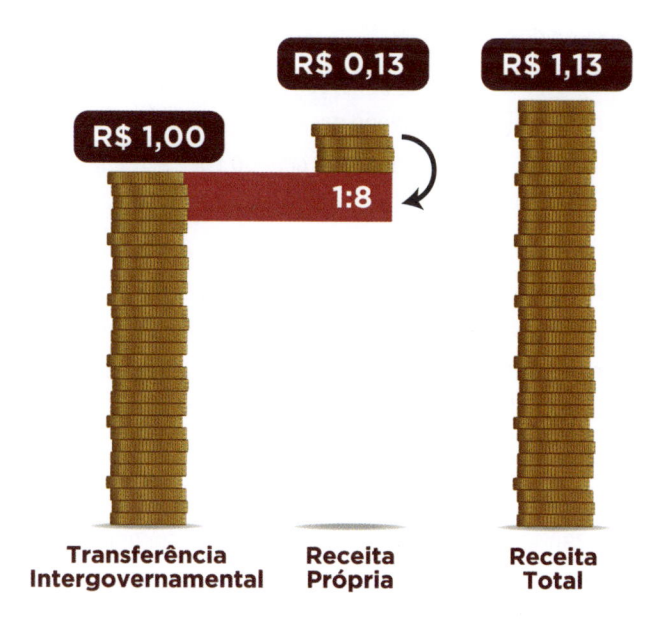

Figura 27: Relação entre receitas de transferências governamentais e próprias. Fonte: SICONFI (2019), extraído da plataforma IGMA em janeiro/2021.

Indicador
Capacidade de investir

Capacidade de investir mede a parcela disponível da receita corrente após o pagamento das despesas correntes (custeio da máquina pública). Essa diferença corresponde ao montante que sobra para realizar investimentos e/ou gerar poupança.

Entende-se por investimento gastos relacionados a melhoria da estrutura ofertada à população, como reformas, pavimentação de vias, modernização de equipamentos e construção de infraestrutura.

Investir é aplicar capital com a expectativa de recolher benefícios futuros. Quando pensamos em cidades, essa possibilidade se traduz na geração de valor para a população local, a partir da oferta de serviços e da construção de estruturas voltados para os aspectos de desenvolvimento humano.

Quanto maior a capacidade de investimento público do município, mais eficiente é a sua administração, pois esta utiliza, proporcionalmente, uma menor parcela das verbas disponíveis para seu funcionamento, liberando mais recursos para aplicação na estrutura instalada do município.

A elevada capacidade de investimento, no longo prazo, tem impactos diretos e indiretos para a população, uma vez que, além dos benefícios já citados, esse cenário atrai a iniciativa privada que acelera esse processo com novos investimentos e geração de empregos.

No sentido contrário, um município sem capacidade de investir utiliza todos os recursos públicos disponíveis para custear apenas seu funcionamento, sem promover melhorias estruturais à população. No longo prazo, não promove uma melhoria contínua do IDH, premissa fundamental da metodologia cidades excelentes.

Das 5.570 cidades do Brasil, 87% (4.827) possuem capacidade de investir positiva, ou seja, conseguem direcionar alguma quantidade de recursos para investimentos. A grande maioria das administrações municipais brasileiras investem entre 0% e 10%. Em contrapartida, temos 508 (9%) municípios que não conseguem investir nada do orçamento, ou seja, todos os recursos são utilizados com despesas correntes para manutenção do dia a dia.

MUNICÍPIOS POR FAIXA DE CAPACIDADE DE INVESTIR

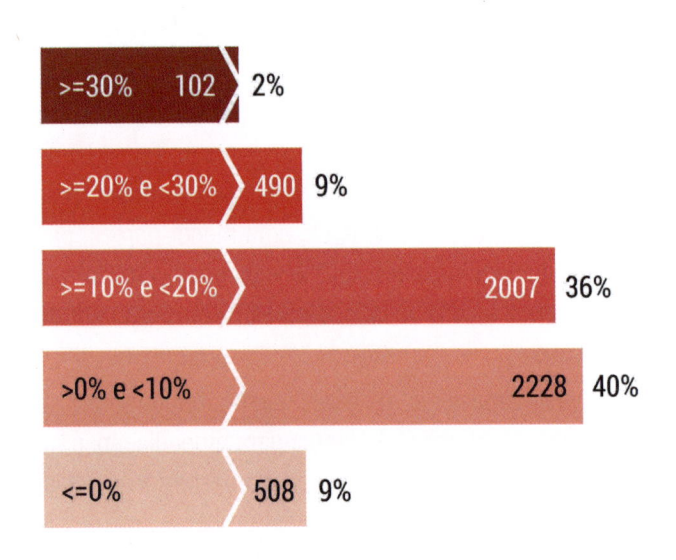

Faixa	Quantidade	%
>=30%	102	2%
>=20% e <30%	490	9%
>=10% e <20%	2007	36%
>0% e <10%	2228	40%
<=0%	508	9%

* 235 municípios sem dados (4%).

Figura 28 Capacidade de investir dos municípios. Fonte: SICONFI (2019), extraído da plataforma IGMA em janeiro/2021.

Indicador
Investimento *per capita*

O indicador de investimento *per capita* calcula o total de recursos empregados em investimentos municipais, dividido pelo total de habitantes da localidade. Ele ajuda a avaliar a efetiva atuação do município na promoção do desenvolvimento humano para a sua população.

Como já falamos anteriormente, investimento corresponde aos gastos aplicados em melhorias estruturais e de longo prazo e, quanto mais alto for o seu nível por habitante, potencialmente, melhores serão os resultados observados.

Imagine, por exemplo, um orçamento familiar de R$1.000 para investir em educação para duas pessoas e o mesmo valor para 4 pessoas. *Em qual cenário você acredita que a família conseguirá produzir melhores resultados para cada pessoa?*

No primeiro, são R$ 500 por pessoa, no segundo, R$ 250. Parece claro que o primeiro cenário apresenta melhores condições para promoção da educação dessas pessoas. Assim também acontece com os investimentos. Por isso, é importante monitorarmos simultaneamente a capacidade de investir e seu respectivo valor *per capita*.

Utilizando um exemplo prático, sem citar nominalmente os municípios, podemos avaliar dois cenários onde as capacidades nominais de investimento são muito semelhantes, mas com populações e, consequentemente, investimentos *per capita* muito distintos.

INVESTIMENTO *PER CAPITA*

Município A × **Município B**

	Investimento	
R$ 9.676.500		R$ 9.916.259
28.463	População	102.728
R$ 340	$/habitante	R$ 97

Figura 29: Exemplo comparativo do investimento *per capita* de dois municípios.

Apresentamos, a seguir, o *status* dos municípios brasileiros de acordo com a sua capacidade de investir (%) e o investimento *per capita*:

Em média, quanto maior a capacidade de investir (%) do município brasileiro, maior é o investimento *per capita* realizado. Os municípios que investem mais de 30% do seu orçamento, chegam a incrível marca de R$ 461,17/habitante, 132% acima daqueles municípios que investem menos de 10% do orçamento.

CAPACIDADE DE INVESTIR X INVESTIMENTO *PER CAPITA*

Capacidade de investir	Investimento *per capita* médio
Maior que 30%	R$ 461,17
Entre 20% e 30%	R$ 295,85
Entre 10% e 20%	R$ 247,82
Entre 0% e 10%	R$ 198,07

Figura 30: Capacidade de investir x Investimento *per capita*. Fonte: SICONFI (2019), extraído da plataforma IGMA em janeiro/2021. Retirados os dados extremos.

Metade dos municípios brasileiros investem menos de R$ 159,70/ habitante. Existe um grupo de 184 (3,4%) municípios que investe mais de R$ 750 por cidadão e está entre as melhores performances do país. De modo geral, a variação de investimento *per capita* no país fica entre R$ 0,12 até R$ 3.319,11, considerando apenas aqueles municípios que apresentam algum nível de investimento.

INVESTIMENTO *PER CAPITA*

ATÉ R$ 250	ENTRE R$ 250 E R$ 750	R$ 750 OU MAIS
3.787 CIDADES	1.363 CIDADES	184 CIDADES

Figura 31: Investimento *per capita* no Brasil. Fonte: SICONFI (2019), extraído da plataforma IGMA em janeiro/2021. 236 municípios sem dados.

Indicador
Resultado fiscal

O resultado fiscal avalia a capacidade do município de poupar, frente ao cumprimento de todas as suas obrigações. Esse indicador mede, percentualmente, o quanto da receita total do município é economizada após o pagamento de todos os gastos: despesas correntes e investimentos.

De forma simples, o indicador evidencia se o município gasta mais do que arrecada.

Diferentemente da capacidade de investir, que mede o percentual de recursos aplicado em investimentos, nesse caso, o objetivo é avaliar, de fato, o que sobra após todos os compromissos assumidos pelo município.

Quanto maior o seu resultado, mais dinheiro sobra para a administração pública. Esses recursos podem ser utilizados para a quitação de dívidas, investimentos em exercícios futuros ou simplesmente para compor o caixa da administração local.

Por outro lado, quanto menor for seu resultado, inclusive, se ele for negativo, indica que o município assumiu mais compromissos, sem a contrapartida da receita. O que implicaria na utilização do saldo em caixa ou possível endividamento.

A saúde fiscal do município é fator preponderante para um governo eficiente e eficaz no cumprimento da sua missão de servir o cidadão. O equilíbrio das contas públicas possibilita a aplicação planejada dos recursos nos demais pilares do ciclo virtuoso de desenvolvimento humano, promovendo a melhoria contínua da vida da população.

No Brasil, cerca de metade dos municípios brasileiros – 50,4% – apresentam um resultado fiscal entre 0% e 10%. Do outro lado, existem 1.299 (23%) municípios com resultado fiscal negativo, ou seja, que gastaram mais do que receberam. Por isso, encontram-se em desequilíbrio fiscal, já que não conseguiram fechar as suas contas do último ano. *Você sabe o resultado fiscal da sua cidade?*

RESULTADO FISCAL

Negativo	Entre 0% e 10%	10% ou mais
👎	$	$ $
1.299 cidades	2.808 cidades	1.227 cidades

Figura 32: Indicador Resultado Fiscal no Brasil. Fonte: SICONFI (2019), extraído da plataforma IGMA em janeiro/2021. 236 municípios sem dados.

Indicador
Índice de transparência

A Secretaria do Tesouro Nacional (STN) avalia a consistência da informação recebida por meio do Sistema de Informações Contábeis e Fiscais do Setor Público Brasileiro, SICONFI, e calcula uma pontuação final de desempenho de cada um dos entes, a partir de 4 dimensões:

> **Dimensão I – Gestão da Informação:** reúne as verificações que analisam o comportamento do ente federativo no envio e manutenção das informações no Siconfi. Ex.: envio de todas as declarações, envios no prazo, quantidade de retificações, entre outras.
>
> **Dimensão II - Informações Contábeis:** compreende as verificações que avaliam os dados contábeis recebidos em relação à adequação às regras do Manual de Contabilidade Aplicada ao Setor Público - MCASP, consistência entre os demonstrativos etc.
>
> **Dimensão III - Informações Fiscais:** agrupa as verificações pertinentes à análise dos dados fiscais contidos nas declarações. Ex.: Adequação às disposições do Manual de Demonstrativos Fiscais - MDF, consistência entre demonstrativos, entre outras.
>
> **Dimensão IV - Informações Contábeis x Informações Fiscais:** efetua o cruzamento entre os dados contábeis e fiscais, avaliando principalmente a igualdade de valores entre demonstrativos diferentes.

Fonte: Secretaria do Tesouro Nacional (STN).

Na plataforma IGMA, utilizamos a pontuação da análise nacional que contempla todos os municípios da federação, exceto Fernando de Noronha/PE e Brasília/DF. Quanto maior a nota da pontuação, melhor a qualidade e consistência dos dados fiscais e contábeis enviados ao SICONFI.

Essa avaliação é de suma importância, pois busca padronizar e estruturar a qualidade das informações financeiras dos diversos municípios pelo Brasil, insumos básicos para a maioria dos órgãos reguladores e portais de transparência.

Não obstante, é também inerente ao conceito de transparência que a sociedade civil, pagadora de impostos, tenha acesso à informação de como os recursos públicos estão sendo aplicados.

NÚMERO DE CIDADES POR FAIXA DE NOTA DO RANKING NACIONAL

Nota do Ranking Nacional	Número de cidades
90 a 150	635
150 a 175	360
175 a 200	987
200 a 225	2359
225 a 250	1227

Figura 33: Índice de Transparência nos municípios do Brasil. Fonte: STN (2019), extraído da plataforma IGMA em janeiro/2021. 2 municípios sem dados.

As notas dos municípios no ranking nacional variaram entre 92,66 à 247,72. Apenas 1.227 (22%) dos municípios apresentaram nota entre 225 e 250. A grande parte, 2.359 (42%), encontra-se na faixa de 200 a 225 pontos. Atualmente, 17,8% dos municípios, ou seja, 995, apresentaram uma nota de transparência em um nível de até 175.

Indicador
Aderência ao plano de contas

A Secretaria do Tesouro Nacional – STN – avalia a aderência municipal ao plano de contas homologado, apontando, simplesmente, quais municípios ATENDEM ou NÃO ATENDEM as recomendações dentro do prazo.

O Plano de Contas aplicado ao Setor Público (PCASP), editado pela Secretaria do Tesouro Nacional, promove a compreensão e a transparência dos registros contábeis brasileiros, tornando a contabilidade pública uma fonte confiável com informações completas, claras e atualizadas para a população.

Ao padronizar registros, detalhar contas públicas e estruturar o controle orçamentário, financeiro e patrimonial, o PCASP favorece a cidadania participativa, aumenta o grau de confiança pública no governo e facilita o seu próprio planejamento de gestão.

Esse indicador é complementar ao índice de transparência.

No Brasil, 3.199 (57%) municípios encontram-se aderentes ao plano de contas recomendado pela Secretaria do Tesouro Nacional.

% DE CIDADES ADERENTES AO PLANO DE CONTAS

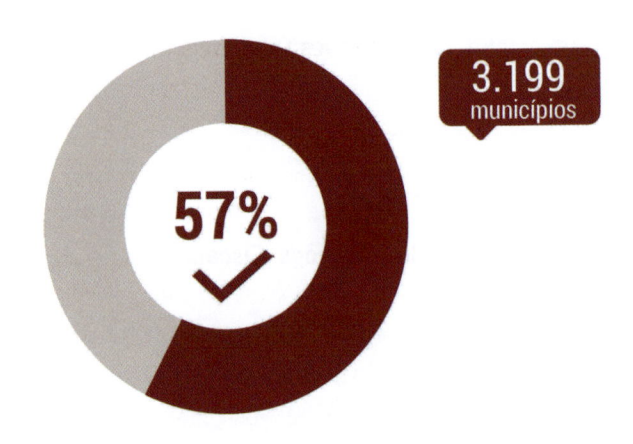

57% — 3.199 municípios

Figura 34: Aderência ao Plano de Contas pelos municípios brasileiros. Fonte: SICONFI (2019), extraído da plataforma IGMA em janeiro/2021. 180 municípios sem dados.

ESTUDO DE CASO

A importância da autonomia fiscal e financeira dos municípios brasileiros

O indicador autonomia fiscal, contemplado pelo pilar eficiência fiscal e transparência, divide as receitas próprias do município pelas suas receitas de transferência. Quanto menor for esse número, mais dependente de verbas externas será o município. Neste estudo de caso, entenderemos um pouco mais qual a importância desse indicador no desenvolvimento local, bem como qual é a realidade do Brasil.

Relembrando, receitas próprias são aquelas provenientes dos tributos locais, como IPTU (Imposto sobre a Propriedade Predial e Territorial Urbana), ISS (Imposto sobre Serviços de Qualquer Natureza) e ITBI (Imposto sobre Transmissão de Bens e Imóveis), cuja destinação é de livre decisão da administração pública local.

Já as receitas de transferências intergovernamentais, em geral, são carimbadas, tendo destino público previamente especificado, como o FUNDEB (Fundo de Manutenção e Desenvolvimento da Educação Básica e de Valorização dos Profissionais da Educação) para a educação. E, quando não aplicadas em sua totalidade, são devolvidas à sua respectiva fonte de origem.

Em média, a autonomia fiscal dos municípios brasileiros, hoje, é de 0,13. Ou seja, a cada R$1,00 que recebem de transferências, as cidades só conseguem gerar R$0,13 de receita própria. É uma dependência de elevada proporção, ou seja, de quase 1 para 8!

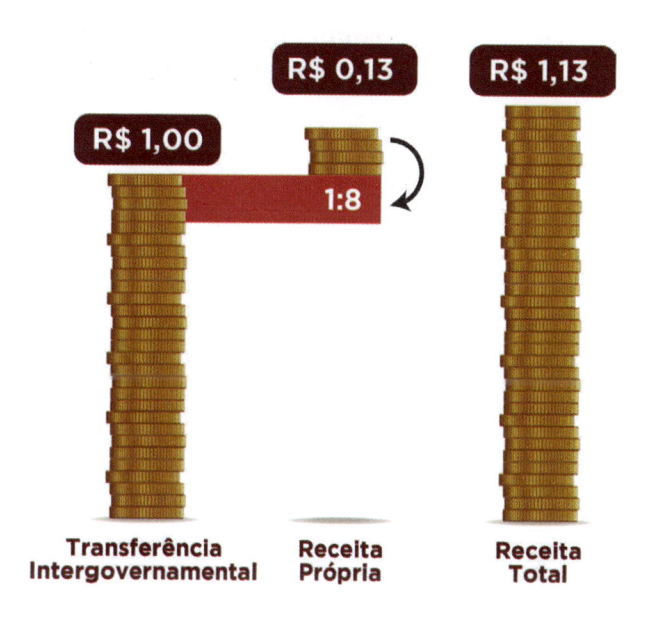

Figura 35: Relação entre receitas de transferências governamentais e próprias. Fonte: SICONFI (2019), extraído da plataforma IGMA em janeiro/2021.

Até aqui, já havíamos explicado anteriormente. Agora, entenderemos um pouco mais acerca dessa realidade entre os municípios brasileiros.

FAIXAS DE AUTONOMIA

Atualmente, a grande maioria dos municípios brasileiros está com uma autonomia inferior a R$ 0,10, corroborando com a baixa média nacional. Por outro lado, há um seleto grupo de 499 municípios com independência financeira de R$ 0,30 ou mais, o que representaria ao menos 23% da receita total do município.

NÚMERO DE CIDADES POR FAIXA DE AUTONOMIA FISCAL

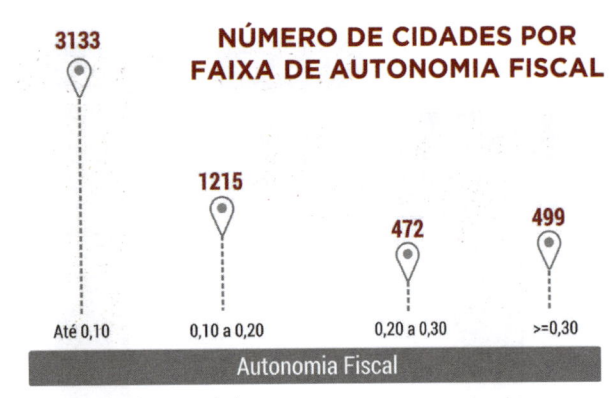

- 3133 — Até 0,10
- 1215 — 0,10 a 0,20
- 472 — 0,20 a 0,30
- 499 — >=0,30

* 251 municípios sem dados.

Figura 36: Autonomia fiscal nos municípios do Brasil. Fonte: SICONFI (2019), extraído da plataforma IGMA em janeiro/2021.

O que esses 499 municípios têm em comum? Quando analisamos pela plataforma IGMA, eles apresentam um elevado resultado do pilar de desenvolvimento socioeconômico, o 5º pilar do nosso ciclo virtuoso de desenvolvimento. Enquanto eles apresentam uma nota média do pilar de 66,84, a média nacional de 52,11.

Mais a frente, entenderemos os indicadores por trás desse pilar, mas desde já fica uma forte evidência da força do ciclo virtuoso, em que a evolução do último pilar retroalimenta a geração de receitas no município.

ESTADOS

Quando observamos essa dependência dos municípios nos limites estaduais, tentamos enxergar em quais os estados os municípios têm maior independência para prover à sua população.

Nesse sentido, utilizamos uma medida estatística denominada mediana. Ela indica em qual patamar metade dos municípios se encontram abaixo. Ela é uma boa medida para evitar que casos extremos atrapalhem a interpretação do número consolidado.

MEDIANA DA AUTONOMIA FISCAL DOS MUNICÍPIOS POR ESTADO

Estados	Mediana* da Autonomia Fiscal dos Municípios do Estado	Relação de Dependência**
SP	0,17	1:6
MS	0,16	1:6
RJ	0,15	1:6
MT	0,15	1:7
SC	0,14	1:7
PR	0,13	1:8
RS	0,11	1:9
ES	0,09	1:11
RO	0,09	1:12
GO	0,09	1:12
MG	0,08	1:13
SE	0,07	1:14
AC	0,06	1:16
AP	0,06	1:18
CE	0,06	1:18
PA	0,06	1:18
TO	0,05	1:19
PE	0,05	1:19
BA	0,05	1:20
RN	0,05	1:22
RR	0,04	1:25
PI	0,04	1:26
MA	0,04	1:26
AL	0,04	1:28
PB	0,03	1:32
AM	0,03	1:32

* Metade dos municípios do Estado apresentam uma autonomia fiscal inferior a esse patamar.
** A relação de dependência indica qual é a proporção entre receitas próprias e de transferências. Quanto maior essa relação, mais dependente de recursos de terceiros é o município.

Tabela 8: Mediana da autonomia fiscal dos municípios por Estado. Fonte: SICONFI (2019), extraído da plataforma IGMA em janeiro/2021.

Em geral, as cidades mais dependentes encontram-se no estado do Amazonas. A cada R$ 1,00 que recebem, 50% delas são capazes de gerar, no máximo, R$ 0,03 de receita própria. Ou seja, mais da metade dos municípios amazonenses geram menos de 3% de receitas próprias. É uma proporção de dependência de até 1 para 32!

Os municípios do estado de SP são os mais independentes do país. Metade das cidades do estado possuem uma autonomia de até R$ 0,17. A cada R$ 1,00 que recebem, eles conseguem gerar até R$ 0,17 de receita própria. Trata-se de uma proporção média aproximada de 1 para 6.

Os governos estaduais não possuem interferência direta nesses resultados, afinal a política tributária do país passa pelo próprio pacto federativo. Todavia, essa tabela ajuda a mostrar quais regiões do país, as administrações locais têm mais força para trilhar o caminho das cidades excelentes.

SITUAÇÃO IGMA

Por fim, quando analisamos a performance de autonomia fiscal pela situação geral do IGMA, encontramos uma surpreendente realidade.

Primeiro, importante separarmos o país em dois grandes grupos: IGMA em situação crítica (abaixo de 50) e demais.

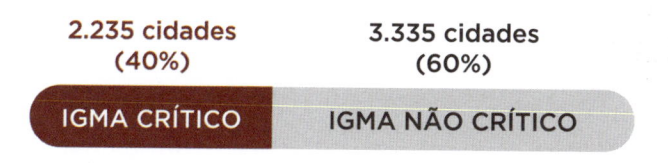

Figura 37: Classificação dos municípios com IGMA crítico e não crítico. Fonte: Plataforma IGMA extraído em janeiro/2021.

Observe que há, nesse momento, 2.235 municípios com nota IGMA inferior a 50 e, portanto, têm dificuldades em prover serviços de excelência e investimentos a sua população local. Essas localidades geram preocupação e nós vamos entender o porquê.

Quando examinamos a autonomia fiscal, aqueles considerados críticos apresentam uma autonomia fiscal pelo menos 2,8 vezes menor do que os não críticos. Atualmente, os primeiros geram apenas R$0,06 para cada R$1,00 de transferência intergovernamental, enquanto um município não crítico gera R$0,17 de receita própria.

Figura 38: Relação entre receitas de transferências governamentais e próprias. Fonte: SICONFI (2019), extraído da plataforma IGMA em janeiro/2021.

Os municípios críticos são muito mais dependentes das transferências. A longo prazo, isso implica num distanciamento cada vez maior entre essas cidades, ou seja, entre as realidades brasileiras.

Os municípios com menor autonomia fiscal enfrentam desafios administrativos na missão de servir os cidadãos, pois possuem menos capacidade de investimento, são mais endividados e lidam com dificuldades para fechar as contas com *superávit* fiscal. *Vamos ver como?*

Falando em investimento, a média nacional de investimento dos municípios brasileiros no ano de 2019 foi de apenas 9,74% da receita corrente. Esse número, por si só, já merece atenção, pois o nível de investimento das cidades contribui para a avaliação da qualidade das suas contas, ao evidenciar a sua capacidade de honrar os compromissos correntes e ainda de poupar para investir.

Quando diferenciamos os municípios críticos dos que não são, os primeiros apresentam a média de 5,49%, enquanto os segundos, de 12,27%. De tudo que eles gastam no ano, os municípios críticos só investem em melhorias, como reformas e obras, cerca de 5%.

Observe que a capacidade de investimento dos municípios não críticos é o dobro dos demais, acentuando o distanciamento entre eles. O cenário indica que estamos diante de um país dividido, com realidades distintas e que tende a se agravar ao longo do tempo.

Dessa forma, as administrações municipais acabam não conseguindo assumir iniciativas locais, pois grande parte dos seus orçamentos, quando suficientes, já estão engessados com verbas de transferência, haja vista que, conforme citado anteriormente, esses recursos têm destino certo, são fiscalizados e, quando não usados, têm que ser devolvidos. O produto final são cidades que enfrentam elevada dificuldade financeira e oferecem baixa prestação de serviços aos cidadãos, principalmente aquelas que já se encontram em situação mais crítica que o restante do país.

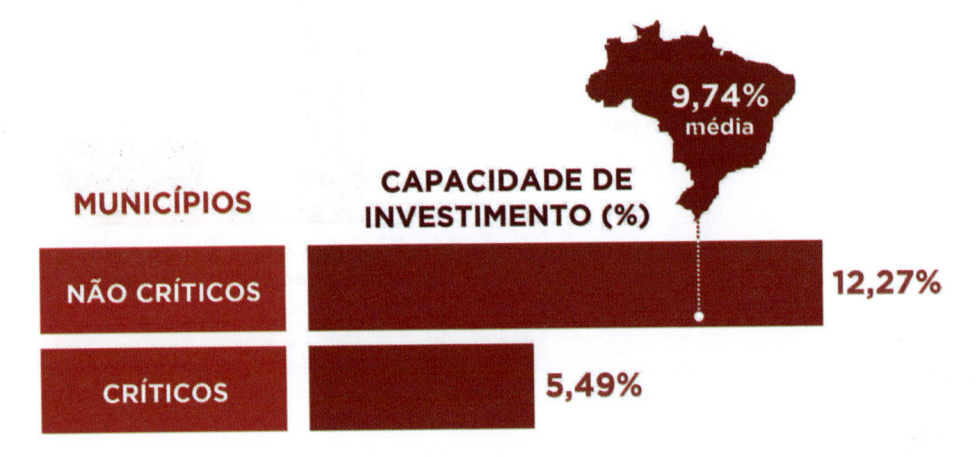

*Retirados os dados extremos.

Figura 39: Capacidade de Investimento dos municípios críticos e não críticos.
Fonte: SICONFI (2019), extraído da plataforma IGMA em janeiro/2021..

Pilar 2 Educação

Todos os seres humanos têm direito à educação. A educação será gratuita, pelo menos nos graus elementares e fundamentais... A educação será orientada no sentido do pleno desenvolvimento da personalidade humana e do fortalecimento do respeito pelos direitos humanos e pelas liberdades fundamentais. A educação promoverá a compreensão, a tolerância e a amizade entre todas as nações e grupos raciais ou religiosos, e coadjuvará as atividades das Nações Unidas em prol da manutenção da paz. (Trecho Art. 26 da Declaração Universal de Direitos Humanos)

Formalmente descrita no Artigo 26 da Declaração Universal de Direitos Humanos, a educação é uma garantia fundamental que implica diretamente no desenvolvimento de uma nação, além da promoção da capacidade das populações no exercício completo de suas cidadanias.

O pilar educação, quando bem trabalhado, cria condições favoráveis para que os demais direitos humanos da Declaração Universal também sejam cumpridos, fomentando aspectos essenciais da vida em sociedade, como o combate à pobreza, a promoção da saúde, a redução da violência e a proteção ao meio ambiente.

O acesso ao conhecimento é vital, portanto, para o desenvolvimento humano, individual e em sociedade. Sem dúvidas, para ser excelente, uma cidade deve oferecer educação de qualidade aos seus cidadãos, a fim de que os mesmos contribuam ativamente para o avanço do município.

No Brasil, a gestão municipal é responsável por oferecer serviços de ensino da educação infantil à fundamental.

Esse *é o ponto de partida do processo educacional do cidadão, permitindo a criação de bases sólidas para o progresso das pessoas e, consequentemente, da cidade.*

Dessa forma, esse eixo busca mensurar a capacidade do município em exercer esse papel de garantir, de forma eficiente, a todas as crianças e jovens, uma educação básica de qualidade.

A própria Constituição brasileira prevê que 25% da receita municipal, resultantes de impostos e transferências, sejam aplicados para a manutenção e o desenvolvimento da Educação:

"Título VIII
Da Ordem Social

Capítulo III
Da Educação, da Cultura e do Desporto

Seção I
Da Educação

Art. 212. *A União aplicará, anualmente, nunca menos de dezoito, e os Estados, o Distrito Federal e os Municípios vinte e cinco por cento, no mínimo, da receita resultante de impostos, compreendida a proveniente de transferências, na manutenção e desenvolvimento do ensino."*

Contudo, um dos maiores desafios dos gestores municipais é melhorar os resultados do ensino frente aos recursos disponíveis. A grande questão não é somente o quanto investir, mas a maximização dos resultados esperados. Em geral, não faltam projetos de investimento no setor, por outro lado, ainda há pouca evidência de debates em torno da eficiência desses mesmos gastos.

Sabemos que os municípios têm a responsabilidade de gerir a qualidade do ensino, dos materiais didáticos e do aprendizado dos alunos. Porém, o que não encontramos ainda, de uma forma estruturada e sistêmica, são debates em torno de comparações de resultados que sejam capazes, por exemplo, de estender a todos os municípios as boas práticas e os métodos de sucesso. Ou, por outro lado, evitar os erros comuns.

Teremos a oportunidade de aprofundar essa discussão quando fizermos avaliação de cada um dos indicadores do pilar. E veremos como a solução gerencial IGMA faz a diferença para esse debate.

Você pode acessá-la agora a partir do QR Code abaixo e conhecer os municípios brasileiros que se destacam nas primeiras posições no pilar Educação.

Nas próximas páginas, vamos abordar detalhadamente cada um dos indicadores que compõem esse pilar.

- 8 INDICADOR ANALFABETISMO
- 9 INDICADOR EXPECTATIVA DE ANOS DE ESTUDO
- 10 INDICADOR TAXA DE ABANDONO ANOS FINAIS ENSINO FUNDAMENTAL
- 11 INDICADOR TAXA DE ABANDONO ANOS INICIAIS ENSINO FUNDAMENTAL
- 12 INDICADOR RESULTADO IDEB ANOS FINAIS DO ENSINO FUNDAMENTAL
- 13 INDICADOR RESULTADO IDEB ANOS INICIAIS DO ENSINO FUNDAMENTAL
- 14 INDICADOR DISTORÇÃO IDADE-SÉRIE ENSINO FUNDAMENTAL
- 15 INDICADOR ACESSO À EDUCAÇÃO INFANTIL
- 16 INDICADOR GASTOS COM EDUCAÇÃO POR ALUNO POR PONTO DO IDEB

Figura 40: Indicadores que compõem o Pilar Educação.

Vamos conhecê-los agora?

Indicador
Analfabetismo
(15 anos de idade ou mais)

O indicador mede o percentual de analfabetos com 15 anos ou mais em relação à população dessa mesma faixa etária do município.

É considerado analfabeto, pelo IBGE, "aqueles que não são capazes de ler ou escrever nem ao menos um bilhete simples no idioma que conhecem; aqueles que sabiam ler e escrever, mas esqueceram; os que apenas assinam o próprio nome; e aqueles que se declaram *sem instrução* ou que declaram possuir menos de um ano de instrução".

O analfabetismo em jovens e adultos impacta, individualmente, na aprendizagem, na educação, nas chances de empregabilidade e nas oportunidades de inclusão social. Coletivamente, os efeitos repercutem na produtividade e na competitividade local. Em geral, a iniciativa privada necessita e busca por regiões com uma maior disponibilidade de mão de obra instruída.

Por fim, o terceiro relatório global sobre Aprendizagem e Educação de Adultos - GRALE III, lançado pela UNESCO (Organização das Nações Unidas para a Educação, a Ciência e a Cultura), informou que dois terços dos Estados-membros da Organização concordaram que iniciativas de alfabetização ajudam a promover valores democráticos, coexistência pacífica e solidariedade.

Embora a taxa de analfabetismo no Brasil venha apresentando queda nos últimos 4 anos (2016 a 2019), ainda existem no Brasil cerca de 11 milhões (6,6%) de pessoas com 15 anos ou mais que são analfabetas, ou seja, não são capazes de ler e escrever nem ao menos um bilhete simples.

EVOLUÇÃO ANUAL DA TAXA DE ANALFABETISMO

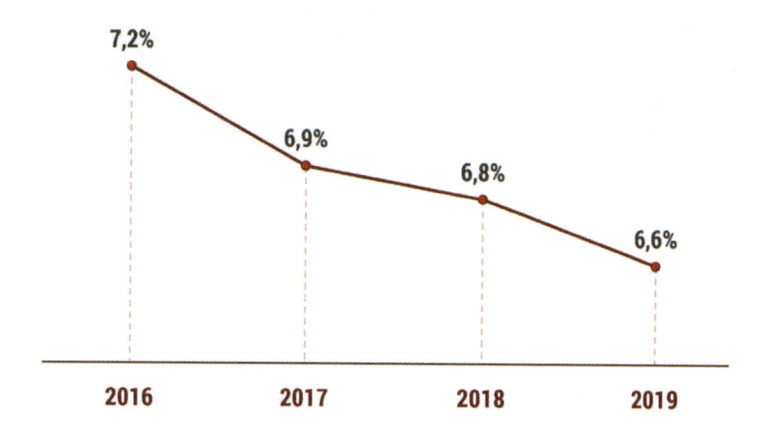

2016	2017	2018	2019
7,2%	6,9%	6,8%	6,6%

Figura 41: Evolução da taxa de analfabetismo no Brasil. Fonte: IBGE - Pesquisa Nacional por Amostra de Domicílios (PNAD) Anual.

Indicador
Expectativa de anos de estudo

A expectativa de anos de estudo é o número médio de anos de estudo que uma geração de crianças que ingressa na escola deverá completar ao atingir 18 anos de idade, se os padrões atuais se mantiverem ao longo de sua vida escolar.

Quanto maior o resultado, em média, mais escolarizado é aquele grupo de cidadãos.

Do ponto de vista do ciclo virtuoso de desenvolvimento humano, seja para o indivíduo ou para a localidade, segundo estudo da UNESCO, "um ano extra de escolaridade aumenta a renda individual em até 10%. Cada ano adicional de escolaridade aumenta a média anual do PIB em 0,37%".

Ainda, segundo estudo do IPEA, a educação tem impacto direto na redução dos homicídios. Para cada 1% a mais de jovens entre 15 e 17 anos nas escolas, há uma diminuição de 2% na taxa de assassinatos nos municípios.

Por fim, vale pontuar que as estatísticas disponíveis sobre anos de estudo são aplicáveis para diversos grupos etários, a serem definidos de acordo com o objetivo da análise. A seguir, traremos um breve retrato da média de anos de estudo entre jovens de 15 a 17 anos, uma vez que eles já superaram a fase para completarem o ensino fundamental, cuja responsabilidade é do município.

O número médio de anos de estudo das pessoas do grupo de idade de 15 a 17 anos, no Brasil, passou de 9,0 anos, em 2016, para 9,2 anos, em 2019. A região Sudeste apresenta a maior média nacional, atualmente em 9,5 anos, e as regiões Norte e Nordeste a menor média de 8,8 anos, uma diferença de 7,9%.

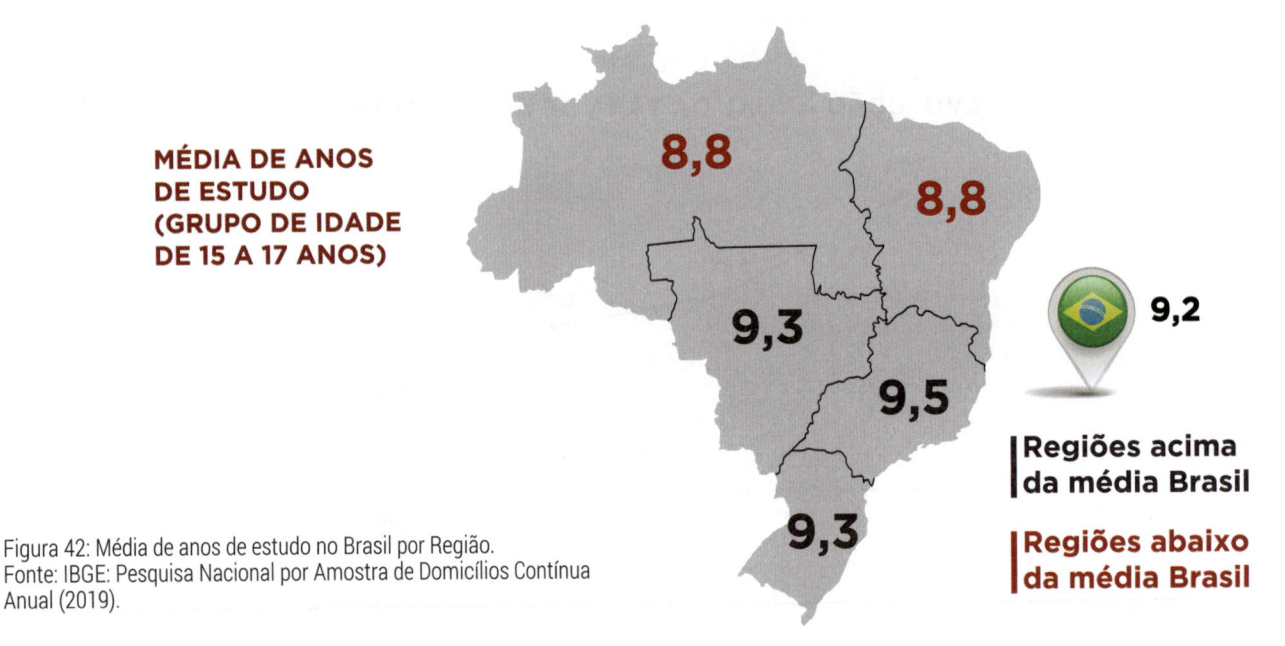

MÉDIA DE ANOS DE ESTUDO (GRUPO DE IDADE DE 15 A 17 ANOS)

- Norte: 8,8
- Nordeste: 8,8
- Centro-Oeste: 9,3
- Sudeste: 9,5
- Sul: 9,3
- Brasil: 9,2

Regiões acima da média Brasil
Regiões abaixo da média Brasil

Figura 42: Média de anos de estudo no Brasil por Região.
Fonte: IBGE: Pesquisa Nacional por Amostra de Domicílios Contínua Anual (2019).

Indicador
Taxa de abandono: anos iniciais ensino fundamental

Ao final do ano letivo, a rede de ensino é avaliada sob as seguintes perspectivas:

-Taxa de aprovação e reprovação;

-Taxa de abandono;

A taxa de abandono monitora um tipo crítico de movimentação escolar, qual seja, a porcentagem de alunos que deixam de frequentar a escola após a data de referência do censo escolar. O indicador é calculado a partir do número de alunos do 1º ao 5º ano que abandonaram a escola, dividido pelo total de alunos da matrícula final da mesma etapa escolar.

Uma taxa de abandono de 1% significaria que, por exemplo, de cada 100 alunos matriculados nos anos iniciais da rede, 1 abandonou a escola ao longo do ano letivo.

Alguns estudos realizados pela ONU apontam, entre as causas para o abandono escolar, a desnutrição de crianças, a necessidade de trabalho por conta da precariedade econômica local, a exclusão social e a oferta de escolas com capacidade reduzida.

No Brasil, 0,7% dos alunos matriculados nos anos iniciais do ensino fundamental das redes municipais abandonaram a escola. Se desdobramos esse olhar, a região Sul apresenta um desempenho cerca de 3x melhor que a média nacional e 8x melhor que a região Norte, atualmente com o desempenho mais crítico.

TAXA DE ABANDONO DOS ANOS INICIAIS DO ENSINO FUNDAMENTAL (REDE MUNICIPAL)

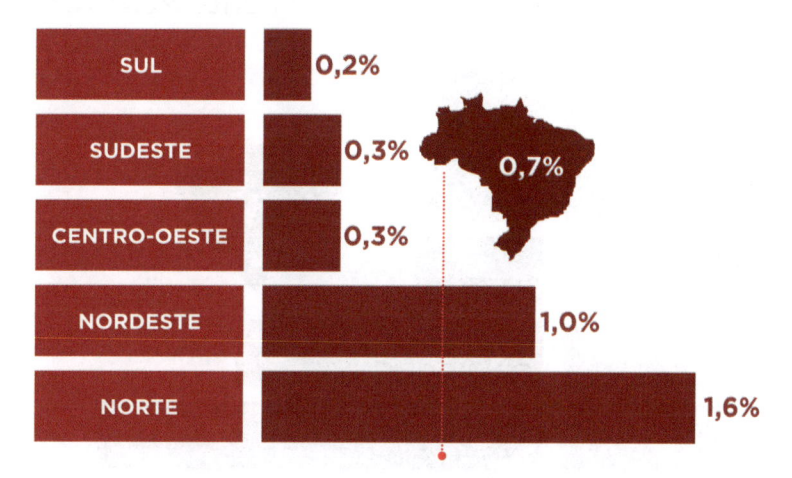

SUL	0,2%
SUDESTE	0,3%
CENTRO-OESTE	0,3%
NORDESTE	1,0%
NORTE	1,6%

Brasil: 0,7%

Figura 43: Taxa de abandono dos anos iniciais do ensino fundamental por região.
Fonte: INEP (2019), extraído da plataforma IGMA em janeiro/2021.

Indicador
Taxa de abandono: anos finais ensino fundamental

No indicador anterior compreendemos a forma de medição e a importância da taxa de abandono na gestão das redes de ensino. O presente indicador é focado nos anos finais do ensino fundamental, 6º ao 9º.

O indicador é calculado a partir do número de alunos do 6º ao 9º ano que abandonaram a escola, dividido pelo total de alunos da matrícula final da mesma etapa escolar.

São graves as consequências apontadas por esse indicador. Jovens com educação incompleta têm menos chances de ingressar no mercado profissional e, quando trabalham, sua renda mensal é inferior à de quem concluiu os estudos. Eles também se tornam mais propenso a demandarem políticas de inclusão social.

Em geral, motivam o abandono escolar nos anos finais: dificuldade de acesso às escolas, gravidez na adolescência e contato com atividades ilegais, muitas vezes acompanhadas do uso de drogas e violência.

Esse quadro acaba refletindo em prejuízos para a atividade econômica do município, assim como para a área da saúde e de controle da violência e da criminalidade.

Em geral, observa-se que as taxas de abandono nos anos finais são superiores àquelas nos anos iniciais.

Cerca de 3 de cada 100 alunos dos anos finais do ensino fundamental das redes municipais brasileiras não completam o ano letivo. Ao analisarmos por regiões, percebemos disparidades: as regiões Norte e Nordeste apresentam taxas de abandono superiores ao dobro daquelas observadas nas demais regiões: Sudeste, Centro-Oeste e Sul.

TAXA DE ABANDONO DOS ANOS FINAIS DO ENSINO FUNDAMENTAL (REDE MUNICIPAL)

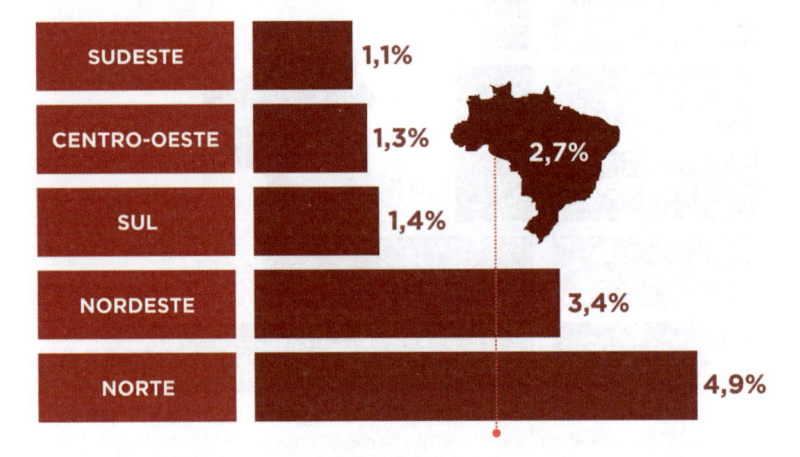

- SUDESTE: 1,1%
- CENTRO-OESTE: 1,3%
- SUL: 1,4%
- NORDESTE: 3,4%
- NORTE: 4,9%

Brasil: 2,7%

Figura 44: Taxa de abandono do ensino fundamental nos anos finais por região. Fonte: INEP (2019), extraído da plataforma IGMA em janeiro/2021.

Indicador
Resultado IDEB anos iniciais do ensino fundamental

O IDEB – Índice de Desenvolvimento da Educação Básica - é o principal indicador para medir a qualidade do ensino nacional. Desenvolvido pelo INEP (Instituto Nacional de Estudos e Pesquisas Educacionais Anísio Teixeira), ele avalia, bianualmente, dois eixos igualmente importantes:

- Qualidade do ensino: desempenho dos alunos na avaliação do SAEB – Sistema de Avaliação da Educação Básica.
- Indicador de Rendimento: taxas de aprovação dos alunos na rede.

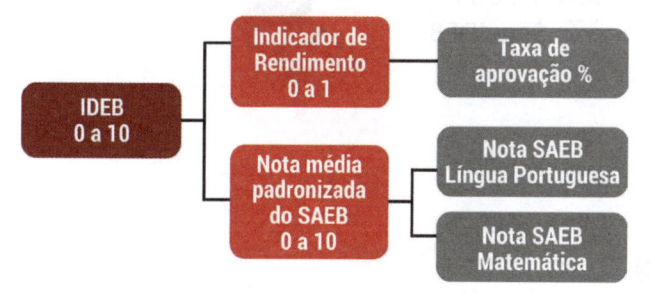

Figura 45: IDEB e seus componentes. Fonte: INEP/MEC.

A nota do IDEB varia de 0 a 10. Quanto maior a nota, melhor o resultado do município nos anos iniciais.

O indicador é calculado pela multiplicação entre a nota média padronizada do SAEB e o indicador de rendimento:

Figura 46: Fórmula do IDEB. Fonte: INEP/MEC.

Imagine um município cuja nota do IDEB anos iniciais seja de 5,1 e que essa nota seja resultante da seguinte situação:

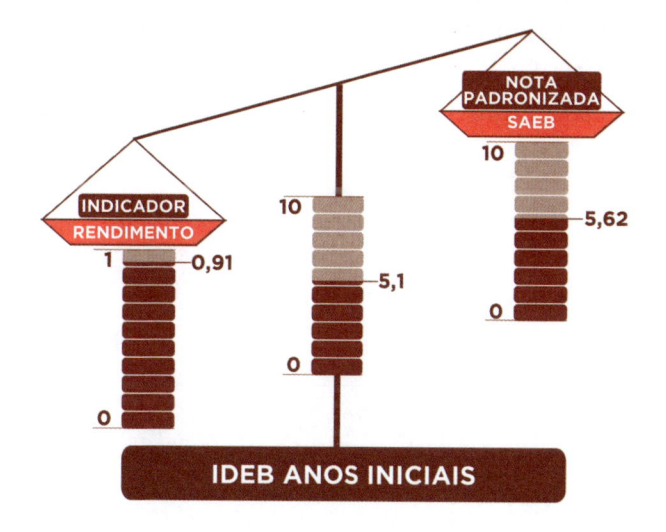

Figura 47: Equilíbrio dos componentes do IDEB.

Nesse caso, o município alcançou melhor performance no fluxo escolar, com uma nota de 0,91. Porém, com uma nota mediana na qualidade do ensino, de 5,62. É fundamental que ocorra um equilíbrio entre os dois componentes.

Esse resultado indicaria uma maior necessidade de evolução na qualidade do ensino, gerando melhores desempenhos dos alunos nas provas.

Bons resultados no IDEB indicam que a educação está cumprindo o seu papel de acesso ao conhecimento e formação de crianças bem preparadas para exercerem, no presente, a sua cidadania e, no futuro, a sua profissão.

No Brasil, 3.160 redes municipais (61,9%) alcançaram as metas estabelecidas pelo MEC, sendo que 5.108 municípios possuíam meta. Segundo classificação do próprio INEP, percebe-se maior concentração de municípios na faixa de IDEB "6 ou mais" nas regiões Sudeste, Sul e Centro-Oeste. Nesse sentido, há um claro destaque para os municípios do Ceará na região Nordeste.

Figura 48: Mapa para o IDEB Anos Iniciais (redes municipais). Fonte: INEP/MEC (2019).

RESULTADO DO IDEB

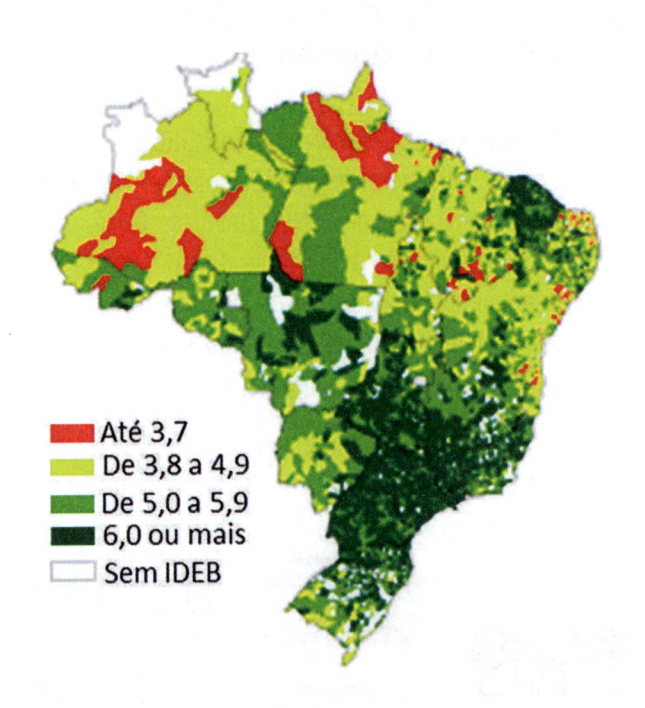

- Até 3,7
- De 3,8 a 4,9
- De 5,0 a 5,9
- 6,0 ou mais
- Sem IDEB

DISTRIBUIÇÃO DAS REDES MUNICIPAIS POR FAIXA DE IDEB ANOS INICIAIS

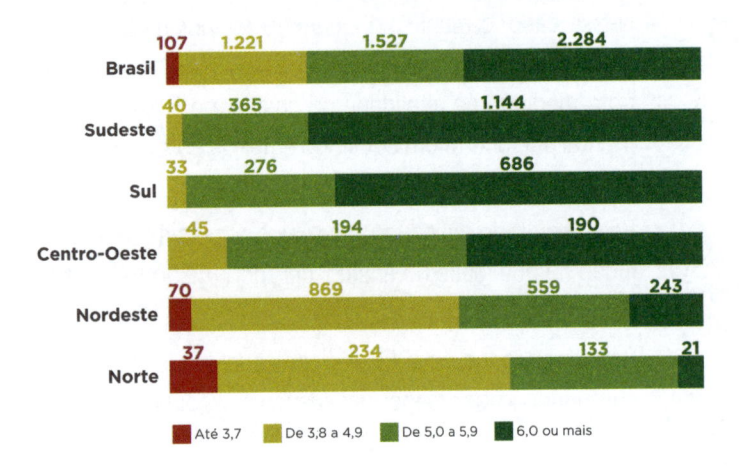

Região	Até 3,7	De 3,8 a 4,9	De 5,0 a 5,9	6,0 ou mais
Brasil	107	1.221	1.527	2.284
Sudeste	40	365		1.144
Sul	33	276		686
Centro-Oeste	45	194		190
Nordeste	70	869	559	243
Norte	37	234	133	21

No Brasil, 2.284 municípios apresentam um IDEB 6 ou mais, representando 44% do total de municípios com nota no país. Um ponto que chama a atenção é a região Nordeste, já que dos 243 municípios com nota acima de 6, 54% estão no Ceará.

* Em 2019, 5.139 redes municipais tiveram IDEB calculado para os anos iniciais.

Figura 49: Distribuição do IDEB anos iniciais (redes municipais) por faixas. Fonte: INEP/MEC (2019).

Indicador
Resultado IDEB anos finais do ensino fundamental

Vimos a importância do IDEB na avaliação das redes de ensino do país. Assim como é feito nos anos iniciais, esse indicador também mede o resultado para os anos finais do ensino fundamental.

Em uma escala de 0 a 10, o indicador sintetiza os conceitos de fluxo e de aprendizado.

Em geral, observa-se que o IDEB anos finais apresenta um resultado inferior ao dos anos iniciais.

No Brasil, 369 municípios alcançaram IDEB anos finais superior a 5,5, representando apenas 11,9% do total de municípios com nota no país.

DISTRIBUIÇÃO DAS REDES MUNICIPAIS POR FAIXA DE IDEB ANOS FINAIS

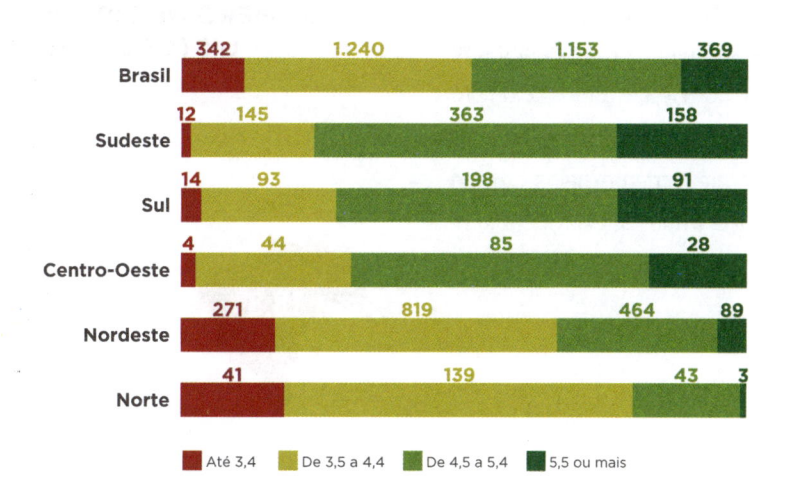

Região	Até 3,4	De 3,5 a 4,4	De 4,5 a 5,4	5,5 ou mais
Brasil	342	1.240	1.153	369
Sudeste	12	145	363	158
Sul	14	93	198	91
Centro-Oeste	4	44	85	28
Nordeste	271	819	464	89
Norte	41	139	43	3

* Em 2019, 3.104 redes municipais tiveram IDEB calculado para os anos finais.
Figura 50: Distribuição do IDEB anos finais (redes municipais) por faixas. Fonte: INEP/MEC (2019).

Indicador
Distorção idade-série ensino fundamental

Distorção idade-série mede a proporção de alunos em defasagem do ensino fundamental, dividido pelo total de alunos matriculados na mesma etapa escolar.

É considerado em situação de distorção ou defasagem idade-série o aluno cuja diferença entre a sua idade e a idade prevista para a série seja de 2 anos ou mais. Por exemplo, um aluno no 9º ano, em condições normais, deveria ter 14 anos de idade. Caso o mesmo esteja nesse ano escolar com 16 anos ou mais, ele é considerado em defasagem idade-série.

Dessa forma, em uma rede de ensino cujo indicador seja de 15%, indica que de cada 100 alunos matriculados no ensino fundamental, 15 estão com idade diferente da prevista para aquele ano letivo.

Esse indicador é impactado diretamente pelos componentes do IDEB e torna-se uma importante evidência do nível de excelência das redes de ensino municipal.

O Brasil apresenta uma distorção idade-série do ensino fundamental das redes municipais de 18,8%. Um de cada cinco alunos do ensino fundamental do país está com atraso escolar de 2 anos ou mais. A grande maioria dos municípios brasileiros, 2.223 (40%), apresentam uma taxa de distorção de até 10%. Dentro desse número, vale destacar 55 cidades (1% de todas as 5.570 cidades brasileiras), em que todos os alunos cursam o ano letivo correspondente para a idade.

NÚMERO DE CIDADES POR FAIXA DE DISTORÇÃO IDADE-SÉRIE

BRASIL 18,8%

Distorção idade-série	
Até 10%	2223
10 a 20%	1425
20 a 30%	1188
Acima de 30%	720

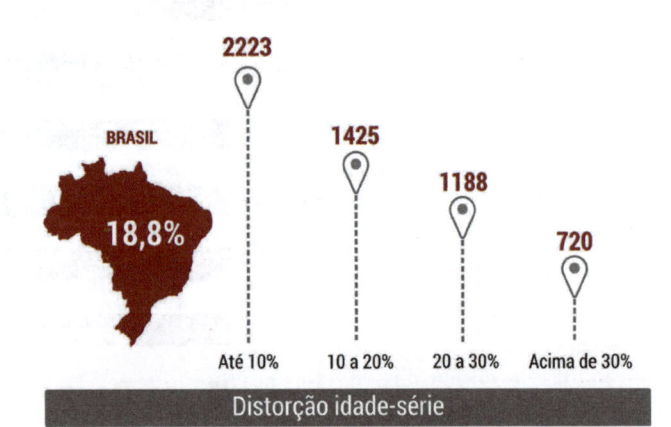

Figura 51: Percentual de distorção idade-série no Brasil.
Fonte: INEP (2019), extraído da plataforma IGMA em janeiro/2021 excluindo 14 municípios sem dados.

Indicador
Acesso à educação infantil (Creches e Pré-escola)

O acesso à educação infantil mede a proporção de crianças de 0 a 5 anos de idade cadastradas em creches e pré-escolas, considerando as unidades públicas e privadas.

Um resultado de 50% aponta que, de cada 100 crianças, metade tem acesso a esse tipo de serviço.

Uma das metas do plano nacional de educação (PNE) era universalizar, até 2016, a educação infantil na pré-escola para as crianças de 4 a 5 anos de idade e ampliar a oferta de educação infantil em creches de forma a atender, no mínimo, 50% das crianças de até 3 anos. E, como veremos nos dados apontados abaixo, o país ainda não atingiu esse patamar esperado.

Adicionalmente, o UNICEF (Fundo das Nações Unidas para a Infância) afirma que as crianças que frequentam a educação infantil aumentam, de forma relevante, suas performances no aprendizado das habilidades iniciais de letramento e matemática.

Outro aspecto relevante do ponto de vista socioeconômico é o impacto trazido à liberdade do exercício profissional dos pais dessas crianças, em especial mães, que encontram na educação infantil um suporte no cuidado aos seus filhos.

Assim, a formação na primeira infância é de extrema relevância para um município, que traçou como ambição tornar-se uma cidade excelente e servir à sua população com qualidade e eficiência.

No Brasil, percebe-se um gargalo no acesso a educação da primeira infância. Apesar de ter havido um acréscimo de 5,2 pontos percentuais desde 2016, apenas cerca de 4 de cada 10 crianças, de 0 a 3 anos de idade, frequentam a creche. Esse acesso melhora quando observamos crianças na faixa de 4 a 5 anos, em que 92,9% delas cursam a pré-escola.

ACESSO À EDUCAÇÃO INFANTIL

0 a 3 anos	2016	2017	2018	2019
	30,4%	32,7%	34,2%	**35,6%**

4 a 5 anos	2016	2017	2018	2019
	90,2%	91,7%	92,4%	**92,9%**

Figura 52: Acesso à educação infantil no Brasil. Fonte: IBGE: Pesquisa Nacional por Amostra de Domicílios Contínua Anual (2019).

Indicador
Gastos com educação por aluno por ponto do IDEB

Criado pelo Aquila, exclusivamente para a plataforma IGMA, esse indicador busca relacionar duas informações oficiais, atualmente analisadas apenas separadamente, quais sejam: o investimento em educação com a qualidade e o serviço de ensino fundamental ofertado.

No orçamento da gestão pública municipal, esse indicador aponta o investimento em educação dividido pelo resultado do IDEB. Uma importante medida para avaliar a eficiência das ações e políticas públicas educacionais na cidade.

Imagine dois municípios cujas redes de ensino possuam cerca 90 mil alunos cada.

No caso A, o município gastou R$ 967 Milhões/ano com a educação fundamental. Já o município B gastou R$ 522 Milhões/ano. Num primeiro momento, é possível que se conclua que a rede A esteja melhor do que a B, em função do seu maior nível de investimento em educação. Ao olharmos os gastos por aluno das redes, o município A gasta R$ 10.689/ aluno, enquanto o B gasta R$ 5.786/ aluno, volume 46% menor.

	MUNICÍPIO A	MUNICÍPIO B
Gasto total com educação	R$ 967.586.277	R$ 521.750.925
Alunos	90.525	90.174
Gasto com educação por aluno	R$ 10.689	R$ 5.786

Figura 53: Detalhamento Gasto com Educação por aluno.

Contudo, ao levantarmos os números do IDEB, identificamos resultados que nos sinalizam para outra direção, pois o município B, mesmo com investimento per capita 46% menor, consegue atingir notas superiores. Este alcança um resultado do IDEB consolidado de 1,9 ponto superior ao do município A.

	MUNICÍPIO A	MUNICÍPIO B
IDEB Anos Iniciais	5,2	7,4
IDEB Anos Finais	4,7	6,3
IDEB Médio Consolidado	**4,95**	**6,85**

Figura 54: Detalhamento IDEB médio consolidado.

Instigado por situações como essa, o Aquila foi a fundo e estabeleceu uma relação entre o investimento por aluno e os resultados de qualidade auferidos.

Nesse exemplo, o município A precisou investir R$ 2.159/aluno para gerar cada ponto do IDEB, enquanto o município B precisou aplicar apenas R$ 845/aluno/ponto IDEB.

	MUNICÍPIO A	MUNICÍPIO B
Gasto com educação por aluno	R$ 10.689	R$ 5.786
IDEB médio consolidado	4,95	6,85
Gasto por aluno por IDEB	**R$ 2.159**	**R$ 845**

Figura 55: Detalhamento Gasto por aluno por ponto do IDEB.

O objetivo desse indicador é promover o debate em torno da eficiência da aplicação dos recursos em educação. *Seria factível esperarmos do município A, mantendo o seu patamar de investimento educacional, uma performance muito superior no IDEB?*

Assim surgiu o indicador *Gastos com Educação por Aluno por Ponto do IDEB*. Com ele, deixamos de valorizar somente o volume de recursos empregados e passamos a avaliar quanto cada real aplicado na educação foi capaz de gerar melhores resultados.

Vale ressalvar que existem outras variáveis externas que impactam diretamente nos resultados desse indicador. Características socioeconômicas locais, estrutura física da rede, facilidade de acesso às unidades de ensino, precisam ser levadas em conta na hora de promover o debate e definir as referências do município.

Apresentamos, a seguir, um estudo inédito que avalia o desempenho dos municípios brasileiros por meio desse indicador.

O Brasil apresenta cerca de 23 Milhões de alunos, segundo o INEP, nas redes públicas municipais. No ano de 2019, em todos os municípios brasileiros, gastou-se com educação básica R$ 166 Bilhões. Isso implica em um gasto por aluno de R$ 7.244. Se o país alcançasse nota 10 no IDEB, isso indicaria uma máxima eficiência de R$ 724 por ponto do IDEB por aluno. Por outro lado, se fosse 1, todo o investimento de R$ 7.244 teria resultado em apenas 1 ponto por aluno. O patamar médio atual é de R$ 1.420 por aluno por ponto do IDEB.

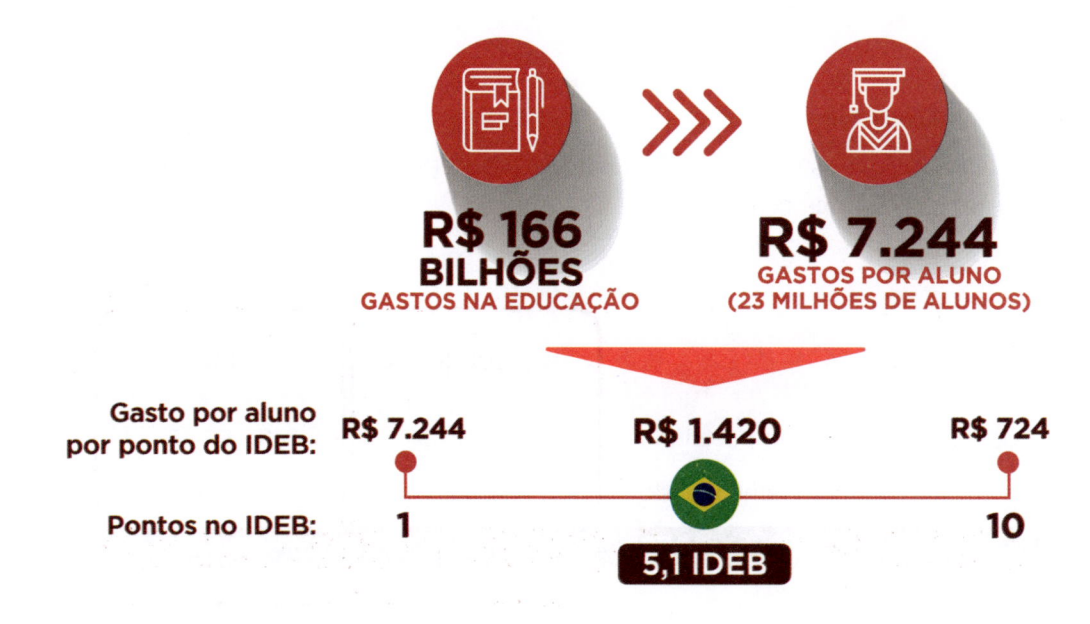

Figura 56: Média nacional para o indicador gasto com educação por aluno por ponto do IDEB. Fonte: INEP (2019) e SICONFI (2019), extraído da plataforma IGMA em janeiro/2021.

ESTUDO DE CASO

Educação: o Brasil monitora a qualidade, mas gerencia a eficiência?

Apesar dos avanços em termos de legislação e do montante de recursos do FUNDEB disponível, a educação básica brasileira (Ensino fundamental) permanece nas últimas posições dos rankings internacionais de qualidade de ensino público.

O Programa Internacional de Avaliação de Estudantes (PISA), lançado pela Organização para a Cooperação e Desenvolvimento Econômico (OCDE), avalia até que ponto os alunos de 15 anos de idade adquiriram conhecimentos e habilidades essenciais para plena participação na vida social e econômica, fornecendo uma avaliação da qualidade da educação internacional.

Segundo dados da última edição da avaliação, realizada em 2018, o Brasil ocupa a 57ª posição em leitura, 70ª em matemática e a 65ª em ciências, dentre os países/regiões com notas disponíveis (77 em leitura e 78 em matemática e em ciências):

RANKING PISA 2018

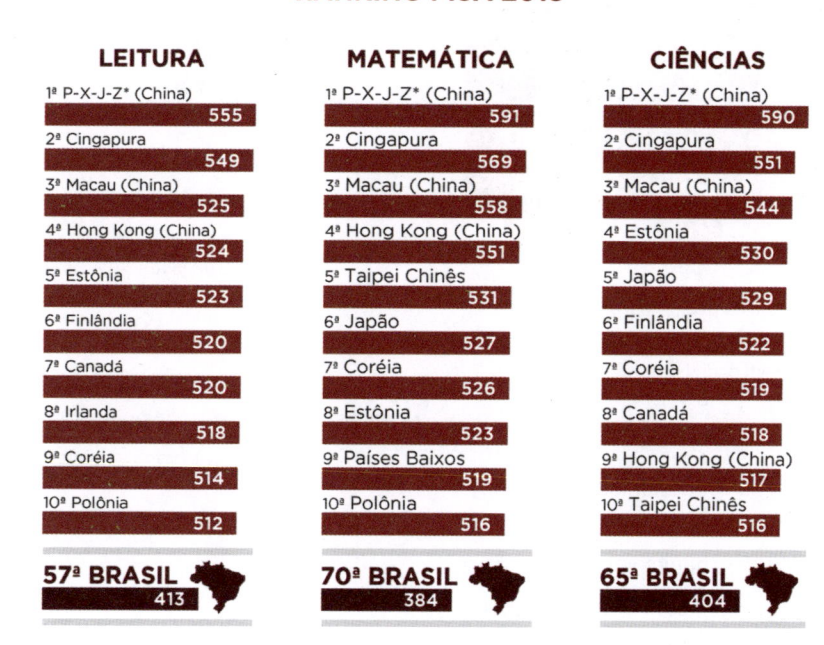

Posição	LEITURA	MATEMÁTICA	CIÊNCIAS
1ª	P-X-J-Z* (China) — 555	P-X-J-Z* (China) — 591	P-X-J-Z* (China) — 590
2ª	Cingapura — 549	Cingapura — 569	Cingapura — 551
3ª	Macau (China) — 525	Macau (China) — 558	Macau (China) — 544
4ª	Hong Kong (China) — 524	Hong Kong (China) — 551	Estônia — 530
5ª	Estônia — 523	Taipei Chinês — 531	Japão — 529
6ª	Finlândia — 520	Japão — 527	Finlândia — 522
7ª	Canadá — 520	Coréia — 526	Coréia — 519
8ª	Irlanda — 518	Estônia — 523	Canadá — 518
9ª	Coréia — 514	Países Baixos — 519	Hong Kong (China) — 517
10ª	Polônia — 512	Polônia — 516	Taipei Chinês — 516
	57ª BRASIL — 413	**70ª BRASIL — 384**	**65ª BRASIL — 404**

*Pequim, Xangai, Jiangsu e Zhejiang. Figura 57: Ranking PISA 2018. Fonte: OCDE, PISA 2018.

Por que isso acontece? Por que não melhoramos mais rápido? Na busca por respostas, descobrimos que considerar apenas o IDEB talvez não seja o suficiente para ajudar o ensino público do Brasil a caminhar a passos largos e vamos explicar o porquê.

Nesse sentido, vamos explorar o indicador que apresentamos anteriormente de R$/ aluno/ ponto do IDEB. Conforme explicado anteriormente, esse indicador foi criado exclusivamente pelo Aquila para a plataforma IGMA e relaciona o investimento em educação com a qualidade do serviço de ensino fundamental ofertado.

Primeiramente, precisamos conhecer melhor o IDEB nacional. Para isso, separamos os municípios brasileiros em quatro grandes grupos, de acordo com a performance do IDEB das escolas municipais.

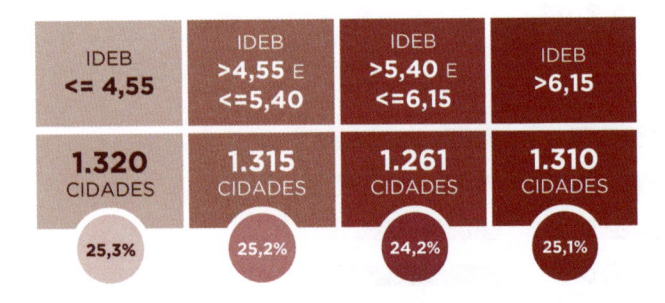

IDEB <= 4,55	IDEB >4,55 E <=5,40	IDEB >5,40 E <=6,15	IDEB >6,15
1.320 CIDADES	1.315 CIDADES	1.261 CIDADES	1.310 CIDADES
25,3%	25,2%	24,2%	25,1%

Figura 58: Municípios por faixa da média do IDEB de 2019.
Fonte: INEP (2019), extraído da plataforma IGMA em janeiro/2021.
364 municípios sem dados de IDEB.

A média nacional do IDEB, da rede municipal, é de 5,1: média entre o resultado dos anos iniciais (5,7) e anos finais (4,5). No país, 25% dos municípios apresentam média do IDEB inferior ou igual a 4,55. Por outro lado, há outros 1.310 municípios com nota média acima de 6,15, ou seja, 35% superior. Sob o ponto de vista dos resultados, os números indicam que estes seriam as melhores performances do país, no quesito avaliado. *Mas, e sob o ponto de vista da eficiência? Será que também são?*

Vamos pensar juntos: os municípios brasileiros possuem meta de IDEB e devem gastar 25% dos seus orçamentos com educação. Em 2019, eles gastaram, juntos, R$166 bilhões nessa pasta. Ao considerarmos apenas as escolas públicas municipais, estamos falando de 23 milhões de alunos. Isso significa que as 5.570 cidades brasileiras investiram, em média, R$ 7.244 por aluno, como ilustrado na figura a seguir:

R$ 166 BILHÕES
GASTOS NA EDUCAÇÃO

R$ 7.244
GASTOS POR ALUNO
(23 MILHÕES DE ALUNOS)

Figura 59: Investimento médio por aluno.
Fonte: INEP (2019) e SICONFI (2019),
extraído da plataforma IGMA em janeiro/2021.

E se também separássemos os municípios brasileiros em quatro grandes grupos por investimento por aluno em educação? Qual a realidade do nosso país?

INVESTIMENTO MÉDIO POR ALUNO

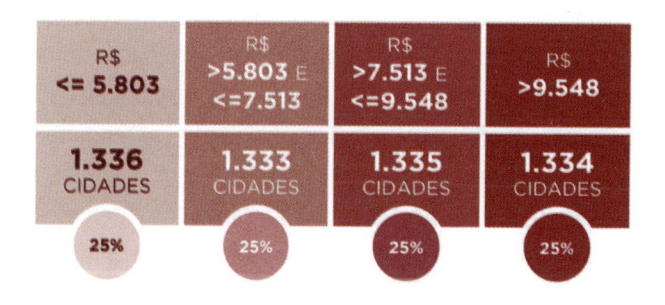

R$ <= 5.803	R$ >5.803 E <=7.513	R$ >7.513 E <=9.548	R$ >9.548
1.336 CIDADES	1.333 CIDADES	1.335 CIDADES	1.334 CIDADES
25%	25%	25%	25%

Figura 60: Municípios por faixa de investimento médio por aluno. Fonte: INEP (2019) e SICONFI (2019), extraído da plataforma IGMA em janeiro/2021. 232 municípios sem dados.

A primeira constatação é de que os nossos municípios investem quantias muito distintas por aluno. A média nacional de investimento de educação por aluno é de R$ 7.244, sendo que os 25% municípios que mais gastam por aluno investem, no mínimo, 65% a mais que os que menos gastam. Essa simples variabilidade poderia ser um dos fatores para a disparidade das performances de IDEB pelo país. Então, façamos a pergunta mais importante: *será que os que mais gastam também são as melhores notas?*

Se cruzarmos o valor gasto por aluno com a nota final do IDEB, chegamos a informações muito interessantes:

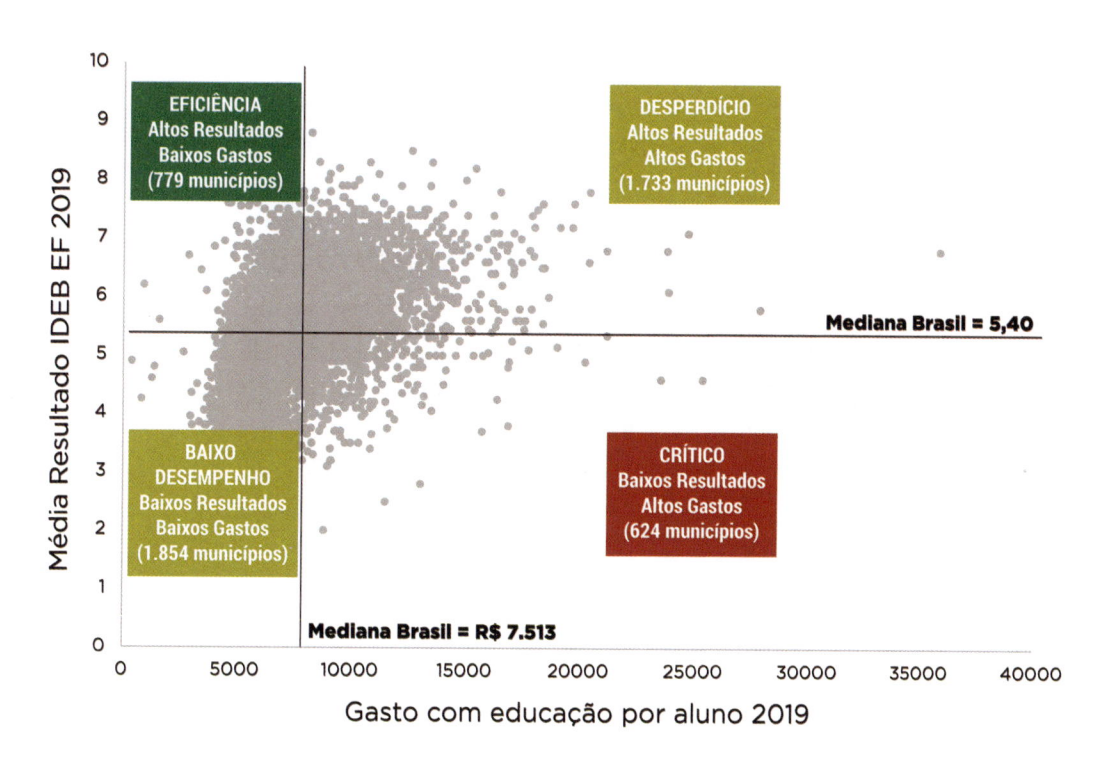

Gráfico de dispersão — Média Resultado IDEB EF 2019 vs. Gasto com educação por aluno 2019:
- EFICIÊNCIA: Altos Resultados, Baixos Gastos (779 municípios)
- DESPERDÍCIO: Altos Resultados, Altos Gastos (1.733 municípios)
- BAIXO DESEMPENHO: Baixos Resultados, Baixos Gastos (1.854 municípios)
- CRÍTICO: Baixos Resultados, Altos Gastos (624 municípios)
- Mediana Brasil = 5,40
- Mediana Brasil = R$ 7.513

Figura 61: Relação entre Média de IDEB e investimento em educação por aluno. Fonte: INEP (2019) e SICONFI (2019), extraído da plataforma IGMA em janeiro/2021. 4.990 municípios com média IDEB (anos iniciais e/ou finais) e investimento por aluno.

A partir desse gráfico, conseguimos identificar 4 perfis de desempenho de municípios:

- Perfil **BAIXO DESEMPENHO**: são municípios com baixo investimento *per capita* por aluno e baixo resultado geral do IDEB.

- Perfil **EFICIÊNCIA**: são municípios com as melhores notas de IDEB do país e que gastam menos da mediana nacional por aluno.

- Perfil **DESPERDÍCIO**: são municípios que gastam mais do que a mediana nacional por aluno e o resultado do IDEB é bom.

- Perfil **CRÍTICO**: são municípios que gastam mais do que a mediana nacional e tem resultados baixos do IDEB.

Sob essa ótica, podemos começar a entender quais as realidades desses municípios e quais políticas e investimentos são necessários para cada um desses grupos.

Ressaltamos que o objetivo desse indicador não é, de forma alguma, sugerir a redução dos gastos com educação, mas provocar a investigação e o compartilhamento de boas práticas que chegam a melhores resultados, com menores investimentos. Adicionalmente, entendemos que as realidades dos municípios são muito distintas e que exigem investimentos e planejamentos diferentes. Todavia, não podemos fechar os olhos para tamanha oportunidade de eficiência da gestão educacional brasileira. O mais importante é alcançar maiores níveis do IDEB, a partir de um mesmo custo por aluno. Lembre-se: a qualidade total indica o melhor resultado ao menor custo possível!

O Ceará é destaque positivo na concentração de municípios eficientes, com 71% das cidades do estado (dentre as avaliadas) com altos resultados no IDEB e baixos gastos (acima da mediana no IDEB médio e abaixo da mediana no investimento em educação por aluno).

% DE MUNICÍPIOS POR FAIXA DE DESEMPENHO (INVESTIMENTO POR ALUNO X IDEB MÉDIO)

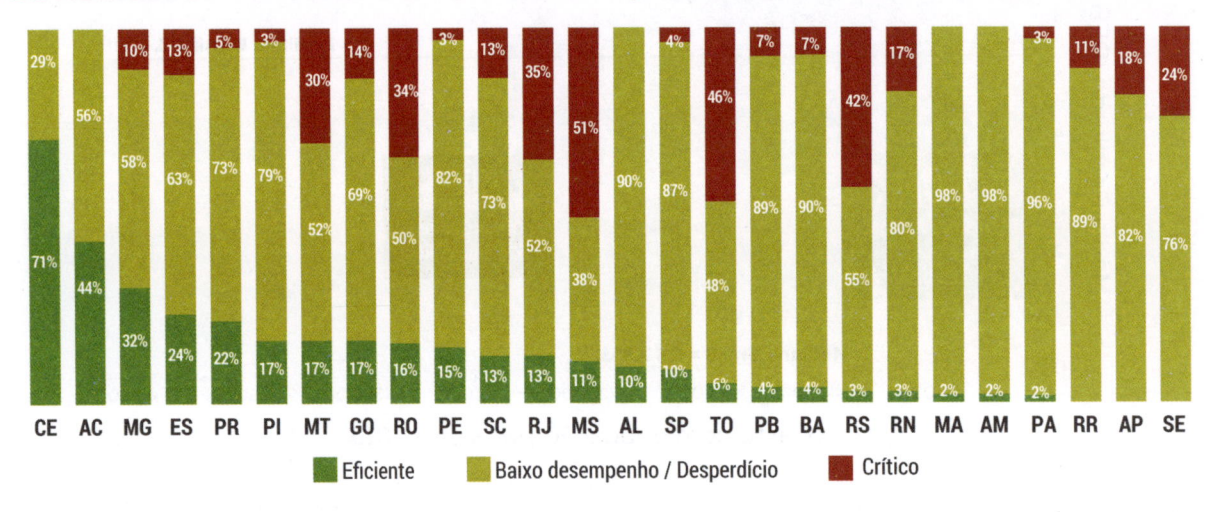

Figura 62: Municípios por faixa de desempenho (gasto por aluno x IDEB).
Fonte: INEP (2019) e SICONFI (2019), extraído da plataforma IGMA em janeiro/2021.

Quais são os municípios mais eficientes do Brasil?

EFICIENTES

ALTOS resultados
BAIXOS investimentos

IGMA (média): **57,90**
POPULAÇÃO (média): **38 mil**
779 municípios

por REGIÃO:
- Sudeste — 42% — 326
- Nordeste — 29% — 229
- Sul — 17% — 132
- Centro-Oeste — 9% — 67
- Norte — 3% — 25

Figura 63: Características dos municípios Eficientes.
Fonte: INEP (2019) e SICONFI (2019), extraído da plataforma IGMA em janeiro/2021.

E quais são os mais críticos?

CRÍTICOS

BAIXOS resultados
ALTOS investimentos

IGMA (média): **54,27**
POPULAÇÃO (média): **78 mil**
624 municípios

por REGIÃO:
- Sul — 33% — 203
- Sudeste — 22% — 137
- Centro-Oeste — 16% — 103
- Nordeste — 16% — 99
- Norte — 13% — 82

Figura 64: Características dos municípios Críticos.
Fonte: INEP (2019) e SICONFI (2019), extraído da plataforma IGMA em janeiro/2021.

No momento em que analisamos o indicador de eficiência de gastos com educação *versus* o retorno para a sociedade em termos de qualidade é que entendemos que poderíamos monitorar o valor investido para cada ponto do IDEB por aluno.

CRÍTICOS
Média do Gasto com educação por aluno por ponto do IDEB: **R$ 2.006**
BAIXOS resultados / ALTOS investimentos
IDEB — Mín. 2,0 / Máx. 5,4
Gasto por aluno (R$) — Mín. 7.513 / Máx. 25.317

DESPERDÍCIOS
Média do Gasto com educação por aluno por ponto do IDEB: **R$ 1.605**
ALTOS resultados / ALTOS investimentos
IDEB — Mín. 5,45 / Máx. 8,8
Gasto por aluno (R$) — Mín. 7.513 / Máx. 35.821

BAIXOS DESEMPENHOS
Média do Gasto com educação por aluno por ponto do IDEB: **R$ 1.290**
BAIXOS resultados / BAIXOS investimentos
IDEB — Mín. 2,35 / Máx. 5,4
Gasto por aluno (R$) — Mín. 378 / Máx. 7.512

EFICIENTES
Média do Gasto com educação por aluno por ponto do IDEB: **R$ 1.047**
ALTOS resultados / BAIXOS investimentos
IDEB — Mín. 5,45 / Máx. 8,2
Gasto por aluno (R$) — Mín. 916 / Máx. 7.512

Figura 65: Características dos municípios por faixa de desempenho.
Fonte: INEP (2019) e SICONFI (2019), extraído da plataforma IGMA em janeiro/2021.

Esses resultados não são conclusões, mas nos instigam a iniciar um profundo debate de eficiência e qualidade da educação básica brasileira, afinal uma constatação é unânime: se queremos tornar nossas cidades excelentes e melhorar o desenvolvimento humano do nosso país, não podemos conviver com as posições atuais no ranking internacional de educação.

Pilar 3 Saúde e Bem-estar

> *Art. 196. A saúde é direito de todos e dever do Estado, garantido mediante políticas sociais e econômicas que visem à redução do risco de doença e de outros agravos e ao acesso universal e igualitário às ações e serviços para sua promoção, proteção e recuperação.*
> (Constituição da República Federativa do Brasil de 1988)

É muito objetiva a importância do tema saúde para o desenvolvimento humano.

Primeiro, e de forma simples, porque a falta de saúde consiste em potencial ameaça direta à vida do indivíduo. Segundo, porque, não dispondo dessa plenitude, o indivíduo torna-se parcial ou totalmente incapaz de exercer seu trabalho, ter lazer e conviver com amigos e familiares.

Assim, é evidente a relevância do pilar para as ambições da população e, consequentemente, da própria cidade.

Boas condições de serviços de saúde não somente atraem indivíduos, como também acabam por proporcionar mão de obra com capacidade de produzir e gerar valor.

No Brasil, o acesso gratuito a serviços de saúde é um direito universal, garantido pela Constituição Federal de 1988. O tamanho desse desafio pode ser traduzido em alguns números:

- são mais de 200 milhões de habitantes;
- distribuídos por mais de 8,5 milhões de quilômetros quadrados.

Ainda que com grande concentração demográfica nas capitais dos Estados, encontramos ocupações urbanas, rurais e indígenas por todo esse imenso território nacional.

Compreendida, de forma elementar, a dimensão desse desafio, torna-se importante avançar para os papéis e responsabilidades dos diferentes entes da Federação quanto à prestação dos serviços de saúde.

Podemos indicar, assim, as seguintes responsabilidades:

- União: coordena e fornece recursos;
- Estados: planejam, distribuem e atendem aos casos de média e alta complexidade, como especialidades médicas e cirurgias;
- Municípios: fornecem a atenção básica, por meio das UBS (unidades básicas de saúde) e UPA (unidades de pronto atendimento). O Brasil conta com um dos sistemas públicos de atenção básica à saúde mais robustos do mundo, sendo ele de responsabilidade direta dos municípios.

Esse pilar procura avaliar exatamente o quanto cada município é capaz de promover a atenção básica à saúde, assim como o bem-estar da população, papel fundamental no ciclo virtuoso de desenvolvimento humano.

A gestão pública municipal, por intermédio da atenção básica, contribui, tanto para aumentar a capacidade de prevenção de doenças crônicas, quanto para bloquear casos de internações, por vezes desnecessários.

A cobertura estratégia saúde da família, com a proximidade no acompanhamento da população e o esclarecimento sobre riscos, doenças e sintomas diversos é importante pela mitigação da quantidade de internações e de tratamento de casos emergenciais, os quais poderiam ter sido solucionados na rede de atendimento básico.

Como podemos perceber, as decisões tomadas no âmbito municipal, na gestão pública de saúde, podem produzir impactos diversos. Algumas vezes, diretos, sobre a qualidade de vida da população, quando se trata dos serviços prestados e da estrutura de atenção básica disponível localmente. Em outras circunstâncias, indiretos, quando aliviam ou sobrecarregam os demais pontos do sistema público de saúde, no atendimento de média e alta complexidade.

Nesse ponto o debate nos traz para a importância de que tais decisões e formulações de políticas e estratégias devam estar embasadas por informação e por análises bem qualificadas. As necessidades de saúde são distintas entre bairros da mesma cidade, porque o perfil do público é diferente, porque a qualidade do saneamento básico pode ser distinta, ou, por último, porque a condição socioeconômica das populações também é bastante desigual. Isso muda todo o perfil de atendimento a ser prestado, o tipo de especialidade médica mais requerida, entre outras variáveis.

Quando a gestão municipal adota a mesma regra para a localidade inteira ou não trabalha os dados disponíveis de maneira científica, pode gerar ineficiências críticas no sistema. Gerenciar os serviços de saúde oferecidos para a população de um município é lidar diretamente com informações ricas, estatísticas e inteligência para a adoção de políticas específicas e estratégias precisas.

Para o ciclo virtuoso de desenvolvimento humano, esse é um dos pilares mais críticos. Na metodologia Cidades Excelentes, o pilar saúde e bem-estar contempla indicadores que medem a disponibilidade, a qualidade e o investimento em saúde do município.

Quer conhecer as cidades brasileiras que ocupam as primeiras posições nesse pilar? Acesse a plataforma IGMA escaneando o código abaixo e confira:

A seguir, a lista de indicadores que compõem o pilar:

- **INDICADOR COBERTURA ESTRATÉGIA SAÚDE DA FAMÍLIA** — 17
- **INDICADOR EXPECTATIVA DE VIDA AO NASCER** — 18
- **INDICADOR NÚMERO DE LEITOS HOSPITALARES DO SUS** — 19
- **INDICADOR NÚMERO DE PROFISSIONAIS DA SAÚDE** — 20
- **INDICADOR DE INTERNAÇÕES SENSÍVEIS À ATENÇÃO BÁSICA (ISAB)** — 21
- **INDICADOR TAXA DE MORTALIDADE INFANTIL** — 22

Figura 66: Indicadores que compõem o Pilar Saúde e Bem-Estar.

Vamos conhecê-los agora?

Indicador
Cobertura Estratégia Saúde da Família

Esse indicador avalia a abrangência de atendimento das equipes de Estratégia de Saúde da Família (ESF) com base na estimativa realizada pelo Sistema Único de Saúde (SUS). Ele mede a população coberta pela ESF dividida pela população total do município.

Implantada em 1994 pelo Ministério da Saúde, a Estratégia de Saúde da Família nasceu com o propósito de reduzir a assistência emergencial e atuar com foco na atenção primária, sob corresponsabilidade da União, dos Estados e dos Municípios. A Estratégia oferece vacinas, atendimentos odontológicos, consultas médicas, exames de rotina, orientações e campanhas educacionais para a população.

Um município, por exemplo, com 90% de cobertura, indica que, de cada 100 habitantes, 90 residem em localidades cobertas por uma equipe de atendimento.

Esse indicador é relevante, já que monitora a oferta da atenção básica, principal responsabilidade de saúde da administração pública municipal.

No Brasil, 3.931 (71%) dos municípios apresentam cobertura do programa Estratégia de Saúde da Família acima ou igual a 90%, sendo que em 3.565 dessas cidades todos os seus habitantes são contemplados pelo sistema público de saúde. Portanto, 100% de cobertura. Ainda assim, existem 576 (10%) municípios em que a cobertura é menor que 50%, sendo que em 163 deles nenhuma pessoa recebe tal assistência.

FAIXA DE COBERTURA	CIDADES POR FAIXA DE COBERTURA ESTRATÉGIA SAÚDE DA FAMÍLIA	
90% A 100%	3.931	71%
50% A 90%	1.063	19%
0% A 50%	576	10%

Figura 67: Número de cidades com cobertura estratégia da família (Por faixa).
Fonte: Ministério da Saúde (2020) extraído da plataforma IGMA em janeiro/2021.

Indicador
Expectativa de vida ao nascer

A expectativa de vida ao nascer é uma medida demográfica, também conhecida como esperança de vida ao nascer. Ela consiste na estimativa do número médio de anos esperados que um recém-nascido possa viver em determinada região.

Uma expectativa de vida ao nascer de 80 anos indica que, dadas as condições atuais daquela região, espera-se que um recém-nascido viverá, em média, esse tempo.

Trata-se de uma das variáveis utilizadas para calcular o IDH (Índice de Desenvolvimento Humano da ONU) e, entre os fatores que a influenciam, estão os serviços de saneamento, os índices de violência, os serviços de saúde e as condições socioeconômicas.

A expectativa de vida ao nascer impacta diretamente no ciclo virtuoso de desenvolvimento humano do município. Do ponto de vista do indivíduo, ela indica melhores condições gerais de vida recebidas por aqueles que vivem naquela localidade. Sob a ótica do coletivo, indivíduos que carregam consigo uma maior expectativa de vida, potencialmente, ampliam também a sua vida economicamente ativa.

Dessa forma, maior a contribuição para a sociedade, inclusive financeira.

Um habitante brasileiro, nascido em 2019, apresenta uma expectativa de vida de 76,6 anos, 0,3% superior quando comparado ao ano de 2018. A diferença na expectativa entre os sexos é de 7 anos, as mulheres com 80,1 e os homens com 73,1, o que representa 9,5% de benefício para elas.

EXPECTATIVA DE VIDA AO NASCER EM 2019

Homens: 73,1 anos (72,8 em 2018)
Brasil: 76,6 anos (76,3 em 2018)
Mulheres: 80,1 anos (79,9 em 2018)

Figura 68: Média de expectativa de vida ao nascer.
Fonte: IBGE: Tábua Completa de Mortalidade para o Brasil (2019).

Indicador
Número de leitos hospitalares do SUS por mil habitantes

Essa medida averigua a capacidade do setor público de atendimento em internação, de acordo com a população de uma região. Ela mensura o número total de leitos hospitalares conveniados ou contratados pelo SUS para cada mil habitantes residentes.

Quanto maior for o número final do indicador, maior é a disponibilidade de leitos para aquela localidade, consequentemente melhores são as condições da estrutura de atendimento local.

Compreendendo, de forma geral, as responsabilidades dos entes da federação, temos:

-União: coordena e fornece recursos;

-Estados: planejam, distribuem e atendem aos casos de média e alta complexidade, como especialidades médicas e cirurgias;

-Municípios: fornecem a atenção básica, por meio das UBS (unidades básicas de saúde) e UPA (unidades de pronto atendimento);

Não sendo responsabilidade direta da administração municipal a disponibilidade de leitos, esse indicador torna-se um relevante orientador para o planejamento de políticas locais, direcionamento de pacientes e participação de consórcios de saúde, bem como o direcionamento dos esforços políticos no atendimento das necessidades de saúde da sociedade local.

Cabe ressaltar novamente o papel fundamental das questões de saúde na promoção do ciclo virtuoso de desenvolvimento humano, já que estão intimamente ligadas a qualidade de vida local e, por conseguinte, na atração de pessoas e empresas, promovendo avanços socioeconômicos.

A média de leitos por mil habitantes dos municípios brasileiros é de 1,3 leitos. Existem 1.323 (24%) cidades que apresentam mais que 2 leitos a cada mil habitantes. Do outro lado, há 2.063 (37%) cidades que não possuem nenhum leito disponível, ou seja, é preciso que a população se desloque para outra cidade para ter acesso.

NÚMERO DE LEITOS HOSPITALARES (SUS) POR MIL HABITANTES

Nenhum leito por mil habitante	Entre 0 e 2 leitos por mil habitantes	Mais que 2 leitos por mil habitantes
2.063 CIDADES	2.184 CIDADES	1.323 CIDADES
37%	39%	24%

Figura 69: Média de número de leitos por habitante por Estado.
Fonte: DataSUS (2020) e IBGE (2020), extraído da plataforma IGMA em janeiro/2021.

LEITOS SUS x LEITOS PRIVADOS

■ LEITOS PRIVADOS   ■ LEITOS SUS

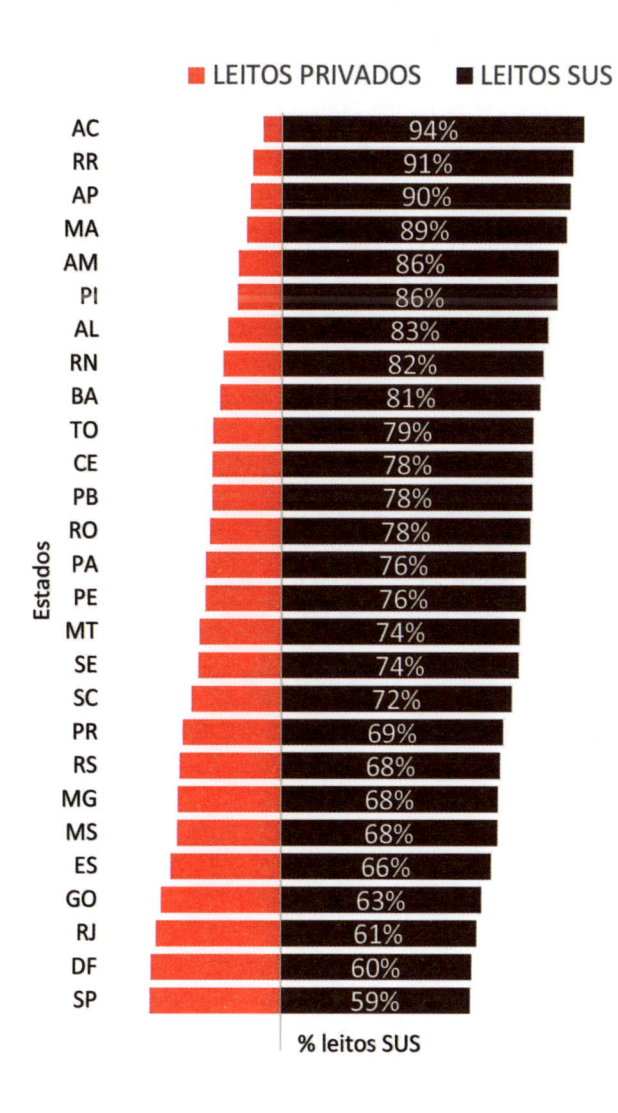

Estado	% leitos SUS
AC	94%
RR	91%
AP	90%
MA	89%
AM	86%
PI	86%
AL	83%
RN	82%
BA	81%
TO	79%
CE	78%
PB	78%
RO	78%
PA	76%
PE	76%
MT	74%
SE	74%
SC	72%
PR	69%
RS	68%
MG	68%
MS	68%
ES	66%
GO	63%
RJ	61%
DF	60%
SP	59%

Figura 70: % de Leitos do SUS x Leitos privados. Fonte: DataSUS (2020).

A disponibilidade de leitos à população é composta pela oferta pública e pela iniciativa privada. No país há uma grande variabilidade na representatividade dos leitos privados, quando comparados com os do SUS. No Estado do Acre percebe-se a maior concentração relativa do país de leitos fornecidos pela esfera pública. Esta é responsável por cerca de 94% do atendimento hospitalar, enquanto no Estado de SP, a iniciativa privada representa 41% dos leitos disponíveis.

Esse é um acompanhamento interessante, pois pode ser um importante sinalizador de planejamento público, pois evidencia onde há maior pressão por demanda do serviço público de internações.

Indicador
Número de profissionais da saúde por mil habitantes

O indicador mensura o número de profissionais da saúde em atividade para cada mil habitantes.

Ele é considerado um importante insumo para o direcionamento de esforços políticos, junto às demais esferas públicas, para a adoção de medidas estruturais conjuntas, já que não se trata de uma competência exclusiva e direta da gestão municipal.

A demografia médica pode ser um bom indicativo da necessidade de estratégias que promovam a distribuição de profissionais qualificados da saúde entre as cidades brasileiras. Há estudos que indicam que a distribuição da mão-de-obra de saúde no Brasil esteja condicionada ao grau de desenvolvimento econômico e social das regiões. Adicionalmente, a não permanência dos profissionais de saúde em localidades com maiores carências estruturais pode também estar associada à dificuldade de manutenção dos programas municipais de saúde.

Dessa forma, ao reconhecer e mensurar essa necessidade, por intermédio desse indicador, a gestão pública local deve concentrar seus esforços em procurar soluções que objetivem a melhoria da oferta de serviços de saúde.

Em geral, os municípios brasileiros apresentam, em média, 14,99 profissionais da saúde pública para cada mil brasileiros. A maioria (68%) das cidades possui entre 10 e 20 profissionais da saúde para cada mil habitantes.

QUANTIDADE DE CIDADES POR FAIXA DE NÚMERO DE PROFISSIONAIS DE SAÚDE

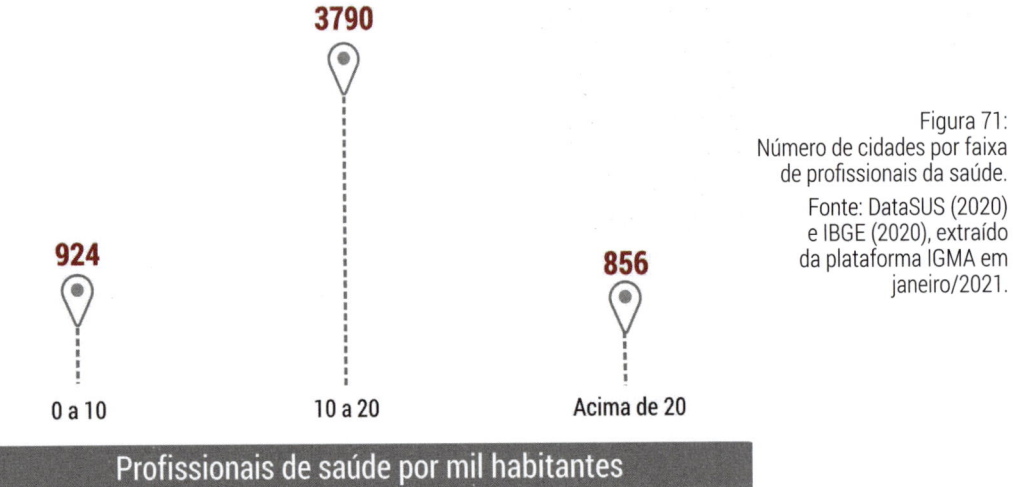

- 0 a 10: 924
- 10 a 20: 3790
- Acima de 20: 856

Profissionais de saúde por mil habitantes

Figura 71: Número de cidades por faixa de profissionais da saúde.
Fonte: DataSUS (2020) e IBGE (2020), extraído da plataforma IGMA em janeiro/2021.

Indicador
Proporção de Internações Sensíveis à Atenção Básica (ISAB)

Esse indicador mede o percentual de internações por condições sensíveis à atenção básica entre todas as internações clínicas realizadas. Em outras palavras, busca-se identificar qual a representatividade de casos que não precisariam, de fato, da realização da internação, caso o atendimento da atenção básica tivesse sido mais efetivo.

Quanto menor for o seu resultado, indica-se uma maior qualidade do atendimento da rede de atenção básica.

Seu pressuposto é de que, quanto maior for a capacidade de resolução dos serviços de atenção básica, menor será o número de internações hospitalares, o que se concretiza tanto pela melhoria das ações preventivas, quanto pelos tratamentos ambulatoriais.

Dessa forma, com a existência de uma atenção básica mais efetiva, espera-se que haja uma redução da pressão pela demanda por serviços de internação (média e alta complexidade), em geral, mais onerosos. O município, assim, desafoga o sistema como um todo, entregando ao cidadão um atendimento de saúde de maior qualidade.

Metade dos 5.570 municípios brasileiros apresenta uma proporção de internações sensíveis à atenção básica acima de 29,4%. Portanto, 3 de cada 10 casos de internações sensíveis poderiam ter sido evitados por meio de uma atuação proativa e eficiente da atenção básica. Há 502 municípios, 9%, em que pelo menos 50% dos casos poderiam ter sido tratados antes.

MUNICÍPIOS POR FAIXA DE PROPORÇÃO DE INTERNAÇÕES SENSÍVEIS À ATENÇÃO BÁSICA

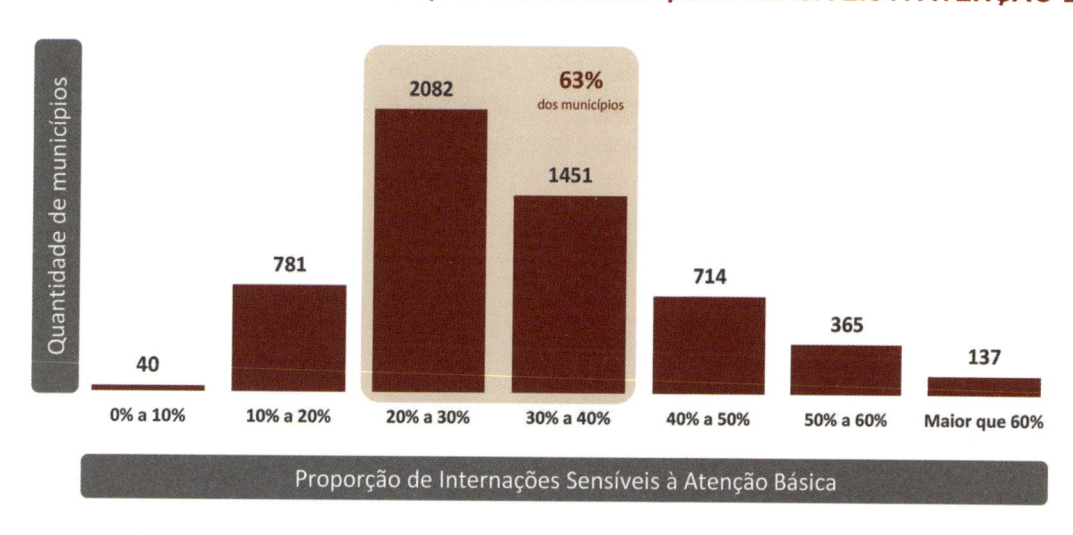

Faixa	Quantidade de municípios
0% a 10%	40
10% a 20%	781
20% a 30%	2082
30% a 40%	1451
40% a 50%	714
50% a 60%	365
Maior que 60%	137

63% dos municípios (faixas 20% a 30% e 30% a 40%)

Figura 72: Proporção de internações sensíveis à atenção básica. Fonte: DataSUS (2015), extraído da plataforma IGMA em janeiro/2021.

Indicador
Taxa de mortalidade infantil

A taxa de mortalidade infantil é um indicador representado pelo número de crianças que morrem antes de completar um ano de vida, a cada mil bebês nascidos vivos.

Por exemplo, uma taxa de 5 aponta que, a cada 1.000 nascidos vivos, cinco bebês não completam o primeiro ano de vida.

Alguns dos motivos para a mortalidade infantil são:

- falta de assistência e de instrução às gestantes;
- condições socioeconômicas;
- ausência de acompanhamento médico;
- deficiência na assistência hospitalar;
- desnutrição;
- defasagem nos serviços de saneamento.

São situações e medidas relevantes em outros pilares do ciclo virtuoso de desenvolvimento humano, mas que apresentam impacto direto na melhoria desse indicador. Por isso, a necessidade de se trabalhar, de maneira equilibrada, todos os eixos da cidade excelente, que, em última instância, busca promover uma melhoria contínua da qualidade de vida da população.

A seguir, apresentamos um estudo inédito sobre a distribuição da mortalidade infantil pelo país, o qual revela que 21% (1.167) dos municípios brasileiros concentram 80% (28.223) dos óbitos infantis.

ESTUDO DE CASO

Mortalidade Infantil

A taxa de mortalidade infantil é um dos principais indicadores da saúde de um município. É um dos indicativos do desenvolvimento humano das cidades, acompanhado por órgãos internacionais, como o UNICEF, cuja recomendação é para que esse índice não ultrapasse o patamar de 3 mortes para cada 1.000 nascidos vivos. No Brasil, em 2019, 75% das cidades (4.150) estavam com um índice acima dessa referência.

% DE MUNICÍPIOS COM TAXA DE MORTALIDADE INFANTIL ACIMA DA RECOMENDADA PELA UNICEF (>3)

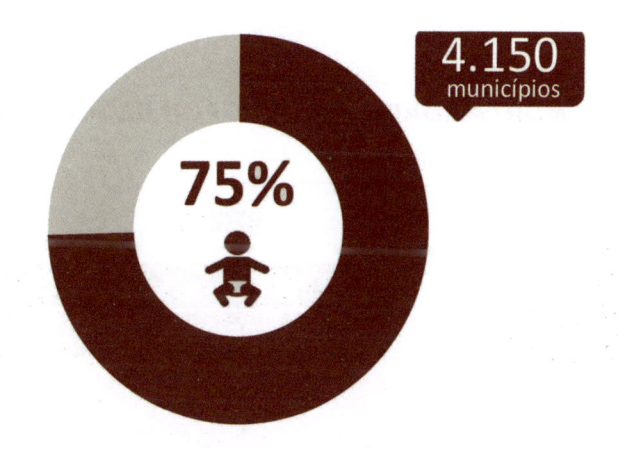

75% — 4.150 municípios

Figura 73: Percentual de municípios brasileiros de acordo com a taxa de mortalidade infantil referenciada pela UNICEF. Fonte: DataSUS (2019), extraído da plataforma IGMA em janeiro/2021.

A taxa de mortalidade infantil no Brasil veio caindo consistentemente desde 1996: algo em torno de 51% ao longo desse período. Todavia, desde 2015, estamos estagnados. Atualmente, a cada 1.000 nascimentos, cerca 12 bebês vêm a óbito antes de completarem 1 ano de vida.

TAXA DE MORTALIDADE INFANTIL HISTÓRICO

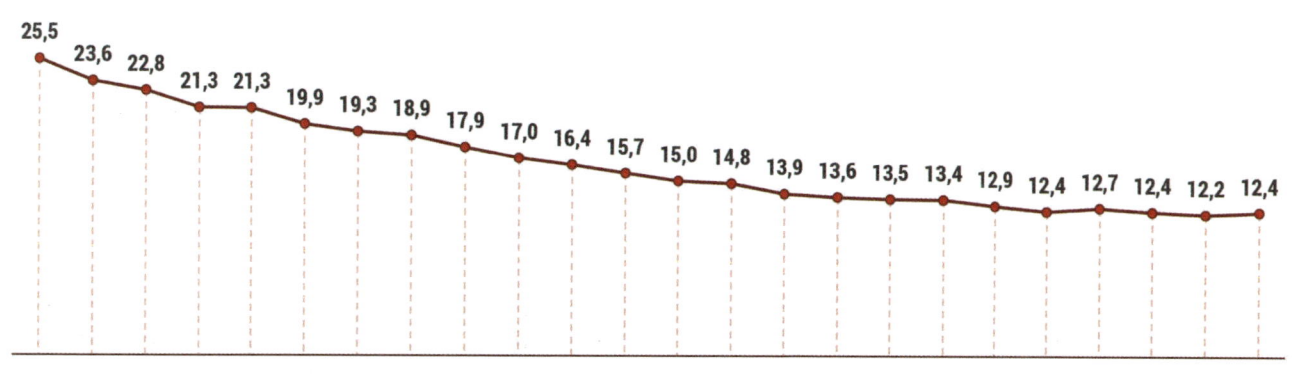

Ano	Taxa
1996	25,5
1997	23,6
1998	22,8
1999	21,3
2000	21,3
2001	19,9
2002	19,3
2003	18,9
2004	17,9
2005	17,0
2006	16,4
2007	15,7
2008	15,0
2009	14,8
2010	13,9
2011	13,6
2012	13,5
2013	13,4
2014	12,9
2015	12,4
2016	12,7
2017	12,4
2018	12,2
2019	12,4

Figura 74: Histórico de mortalidade infantil no Brasil. Fonte: DataSUS (2019), extraído da plataforma IGMA em Janeiro/2021.

Quando analisamos as cinco grandes regiões brasileiras, há uma variação na taxa de mortalidade infantil na ordem de 30%. O Sul apresenta o menor resultado com 10 óbitos para cada 1.000 nascidos vivos, enquanto o Norte apresenta cerca de 15 óbitos.

TAXA DE MORTALIDADE INFANTIL POR REGIÃO DO BRASIL

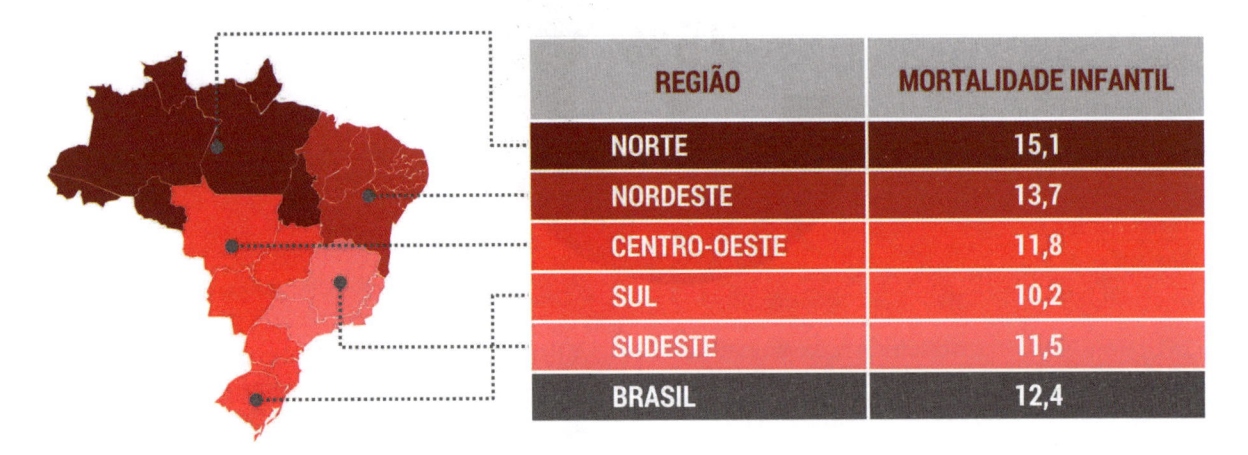

REGIÃO	MORTALIDADE INFANTIL
NORTE	15,1
NORDESTE	13,7
CENTRO-OESTE	11,8
SUL	10,2
SUDESTE	11,5
BRASIL	12,4

Figura 75: Taxa de mortalidade infantil de acordo com as Regiões do Brasil.
Fonte: DataSUS (2019), extraído da plataforma IGMA em Janeiro/2021.

Ao avaliarmos os números absolutos de óbitos de todos os municípios do Brasil, é possível observar que 80% dos óbitos estão concentrados em 21% (1.167) dos municípios.

80% — 28.223 ÓBITOS INFANTIS
21% — 1.167 MUNICÍPIOS

100% dos 1.167 municípios que concentram 80% dos óbitos infantis, possuem taxa de mortalidade infantil acima da recomendada pela UNICEF (>3).

Figura 76: Concentração dos óbitos infantis. Fonte: DataSUS (2019) extraído da plataforma IGMA em Janeiro/2021.

Esses mesmos municípios que concentram os casos absolutos, como podemos avaliar a seguir, têm também uma performance aquém da recomendação da UNICEF para a taxa de mortalidade (abaixo de 3), o que, potencialmente, indica-nos um caminho crítico para a conquista de resultados mais expressivos nesse relevante índice.

10 MUNICÍPIOS COM MAIOR NÚMERO DE ÓBITOS INFANTIS

POSIÇÃO	MUNICÍPIO	ÓBITOS INFANTIS	TAXA DE MORTALIDADE
1ª	Município A	1778	11,2
2ª	Município B	933	12,1
3ª	Município C	524	13,8
4ª	Município D	514	15,6
5ª	Município E	408	11,7
6ª	Município F	362	8,5
7ª	Município G	300	10,5
8ª	Município H	288	15,5
9ª	Município I	255	12,5
10ª	Município J	250	12,2

Tabela 9: Percentual de municípios, dentre os que concentram 80% dos casos absolutos, com taxa de mortalidade infantil acima da recomendada pela UNICEF (>3).

Dessa forma, não obstante os esforços gerais e individuais de cada município brasileiro em torno desse índice tão crítico, podemos depreender que, em um esforço direcionado e como parte de uma política nacional, o enfrentamento desse tema, nessas cidades, poderia auferir grandes conquistas para o país.

Pilar 4 Infraestrutura e Mobilidade Urbana

Na tese sobre o ciclo virtuoso de desenvolvimento humano estabelecemos a distinção entre o pilar essencial e os demais estruturais. Foram discutidas, nos indicadores do pilar 1, por exemplo, formas pelas quais a gestão pública municipal pode dar partida ao processo desse ciclo, gerando capacidade de poupança e investimento para o município. A capacidade de investir de um município, por sua vez, pode converter-se na ampliação do conjunto de condições e recursos físicos locais disponíveis, os quais são a base para o desenvolvimento de atividades econômicas.

O pilar 4 analisa, portanto, as condições de infraestrutura, assim como os serviços coletivos urbanos disponíveis em um município.

Em termos gerais, podemos citar, como exemplos desses recursos estruturais, as rodovias, as usinas hidrelétricas, os portos, aeroportos, rodoviárias, sistemas de telecomunicações, ferrovias, redes de distribuição de água e tratamento de esgoto, coleta de águas pluviais, gás canalizado, sistemas de transmissão de energia, entre outros. Mesmo que parte importante dessas infraestruturas não sejam da responsabilidade direta do município, produzirão, ainda assim, impactos locais. O maior ou o menor conjunto desses recursos, presentes em cada localidade, pode promover impactos positivos diretos para a vida dos cidadãos e também na atração de empresas geradoras de empregos e impostos.

A infraestrutura permeia também os demais pilares do ciclo virtuoso: educação, saúde, desenvolvimento socioeconômico. Por isso, o seu fortalecimento é tão importante, inclusive para o processo de retroalimentação da força motora do ciclo virtuoso.

Infraestrutura e mobilidade urbana, porém, é um pilar cujas mudanças acontecem no médio e no longo prazo. Seus indicadores contam, via de regra, com atualizações para além de um único ano. Portanto, a falta de bons diagnósticos e planejamentos sobre as necessidades locais podem trazer igualmente impactos de longo prazo. A descontinuidade de projetos de infraestrutura, por razões políticas, também pode produzir efeitos severos para o ciclo.

Portanto, gestores públicos locais devem dedicar boa parte de sua energia à formulação de estratégias consistentes que permitam ações locais de investimento, como também à atuação política, junto aos demais entes da Federação, para o direcionamento de recursos que tragam impactos positivos para a estrutura dos seus respectivos municípios.

Dessa forma, como procuraremos demonstrar, a plataforma IGMA constitui-se importante aliada da administração e política públicas locais, em prol da melhoria da qualidade de vida dos seus cidadãos.

Você pode explorar a plataforma IGMA e saber quais são os municípios brasileiros que ocupam as primeiras posições no pilar Infraestrutura e Mobilidade Urbana:

A seguir, apresentamos todos os indicadores que compõem atualmente esse pilar:

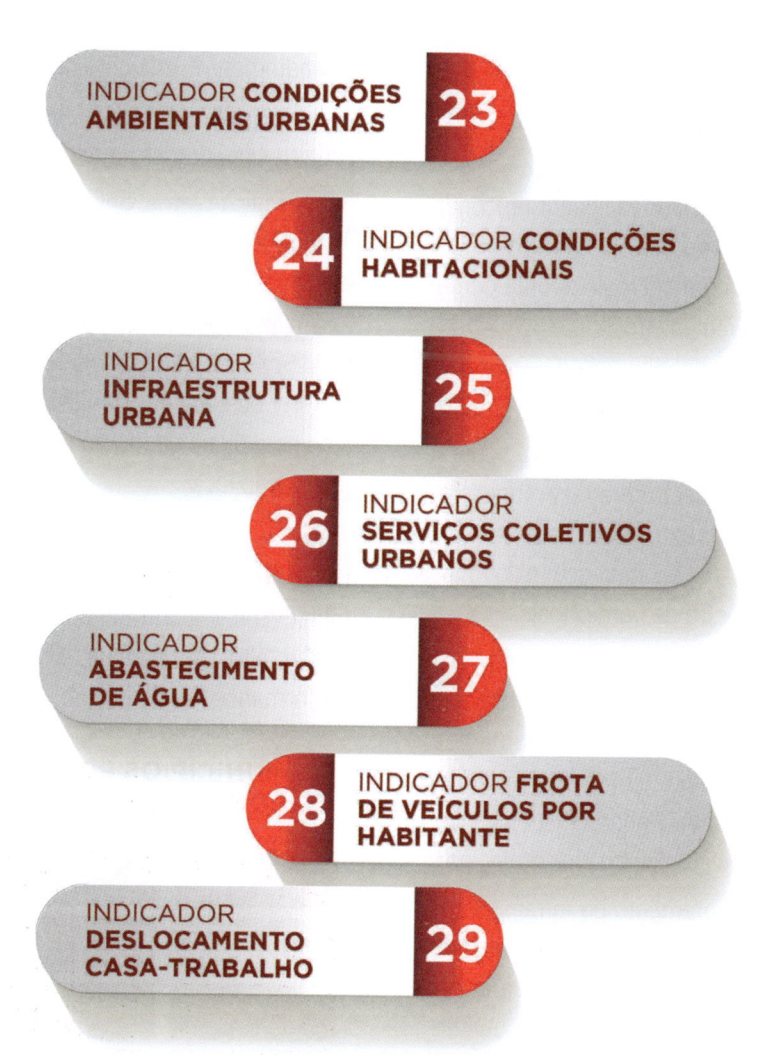

- **INDICADOR CONDIÇÕES AMBIENTAIS URBANAS** — 23
- **INDICADOR CONDIÇÕES HABITACIONAIS** — 24
- **INDICADOR INFRAESTRUTURA URBANA** — 25
- **INDICADOR SERVIÇOS COLETIVOS URBANOS** — 26
- **INDICADOR ABASTECIMENTO DE ÁGUA** — 27
- **INDICADOR FROTA DE VEÍCULOS POR HABITANTE** — 28
- **INDICADOR DESLOCAMENTO CASA-TRABALHO** — 29

Figura 77: Indicadores do pilar Infraestrutura e Mobilidade Urbana.

Vamos conhecê-los agora?

Indicador
Condições ambientais urbanas

Antes de entrarmos nos detalhes do indicador de condições ambientais urbanas, é importante realizarmos um breve alinhamento acerca da metodologia e fonte de dados deste e dos próximos 3 indicadores.

A Plataforma IGMA, nesse momento, utiliza um levantamento denominado IBEU - Índice de Bem Estar Urbano, calculado pelo Observatório das Metrópoles para apontar as principais questões de infraestrutura nos municípios brasileiros. Todos os dados são extraídos a partir do IBGE (Instituto Brasileiro de Geografia e Estatística) e do PNAD (Pesquisa Nacional por Amostra de Domicílios).

Esses indicadores são, na verdade, calculados a partir da consolidação de índices que avaliam quesitos específicos em cada município brasileiro, resultando numa nota final, em que, quanto maior, melhor. Os resultados servem como um norte orientador para a elaboração de políticas e planos de investimento das administrações municipais.

Vale mencionar que o monitoramento da infraestrutura, em geral, envolve questões mais estruturais e complexas, que, por sua vez, são de longo prazo e, por isso, apresentam transformações mais lentas.

O indicador de condições ambientais urbanas é a média dos seguintes índices avaliados:

1) Arborização em torno dos domicílios;

2) Esgoto a céu aberto;

3) Lixo acumulado no entorno dos domicílios.

A urbanização atraiu milhões de pessoas para as cidades, num movimento que alterou a natureza de forma impactante, provocando problemas ambientais, como poluição, desmatamento, redução da biodiversidade, mudanças climáticas, produção de lixo e de esgoto, entre outros.

Todas essas transformações, quando não são devidamente planejadas, culminam em ocupações populares de áreas inadequadas para moradia e podem trazer graves problemas de saneamento básico para as cidades.

Assim, por meio desse indicador, a gestão pública municipal pode responder à sociedade com eficiência e atuar em prol de soluções sanitárias que promovam um meio ambiente digno de moradia e de qualidade de vida para a população local.

Dos 5.565 municípios avaliados nesse índice, 65%, 3.625 municípios, encontram-se na faixa de condições "muito alta" e "alta". Atualmente, 97 cidades encontram-se com performance "muito baixa".

MUNICÍPIOS POR FAIXA-DIMENSÃO CONDIÇÕES AMBIENTAIS URBANAS

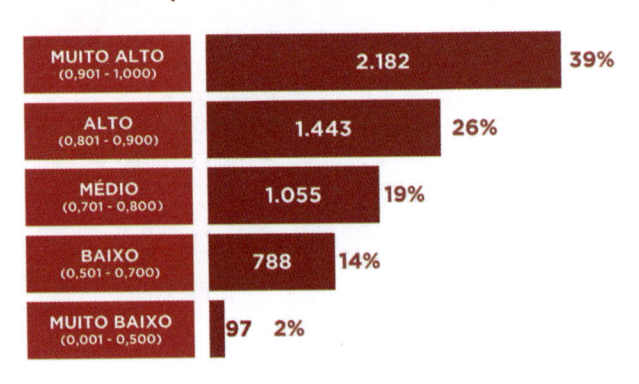

Faixa	Valor	Municípios	%
MUITO ALTO	(0,901 - 1,000)	2.182	39%
ALTO	(0,801 - 0,900)	1.443	26%
MÉDIO	(0,701 - 0,800)	1.055	19%
BAIXO	(0,501 - 0,700)	788	14%
MUITO BAIXO	(0,001 - 0,500)	97	2%

*Faixas adotadas na classificação do IBEU Municipal

Figura 78: Municípios por faixa na dimensão condições ambientais urbanas. Fonte: INCT Observatório das Metrópoles (2010), extraído da plataforma IGMA em Janeiro/2021.

Indicador
Condições habitacionais

O indicador de condições habitacionais, como descrito anteriormente, segue o IBEU – Índice de Bem Estar Urbano.

Ele é calculado a partir da média dos seguintes índices municipais:

1) Aglomerado subnormal;
2) Densidade domiciliar;
3) Densidade morador/banheiro;
4) Material nas paredes do domicílio;
5) Espécie do domicílio.

A habitabilidade é o conjunto de requisitos que uma habitação, seja para moradia ou para fins profissionais, necessita para garantir condições de receber moradores humanos.

A gestão municipal promove a evolução desse indicador por meio de:

- Políticas de moradia direcionadas às populações economicamente vulneráveis;
- Fomento ao crescimento econômico local, gerando mais oportunidades de trabalho e geração de renda.

Dessa forma, no que tange à promoção do ciclo virtuoso de desenvolvimento humano, há uma forte correlação entre os investimentos nos diversos quesitos de infraestrutura, bem como na evolução do nível dos pilares como um todo. Afinal, indiretamente, todas essas políticas repercutem em qualidade de vida para os indivíduos e em mais chances de progresso social.

Em relação às condições habitacionais urbanas, 84% dos municípios brasileiros apresentam níveis considerados "alto" ou "muito alto", sendo, respectivamente, 53% (2.926 municípios) e 31% (1.701 municípios). Na contramão, há apenas 2 municípios com classificação "muito baixa".

MUNICÍPIOS POR FAIXA-DIMENSÃO DE CONDIÇÕES HABITACIONAIS URBANAS

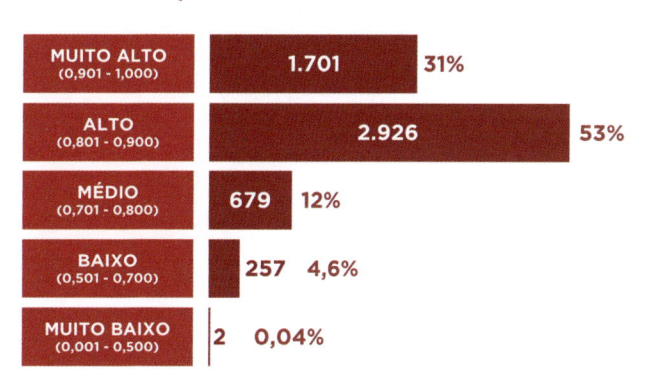

Faixa	Municípios	%
MUITO ALTO (0,901 - 1,000)	1.701	31%
ALTO (0,801 - 0,900)	2.926	53%
MÉDIO (0,701 - 0,800)	679	12%
BAIXO (0,501 - 0,700)	257	4,6%
MUITO BAIXO (0,001 - 0,500)	2	0,04%

*Faixas adotadas na classificação do IBEU Municipal

Figura 79: Munícipios por faixa - dimensão condições habitacionais. Fonte: INCT Observatório das Metrópoles (2010), extraído da plataforma IGMA em Janeiro/2021.

Indicador
Infraestrutura urbana

A infraestrutura urbana também segue o IBEU – Índice de Bem Estar Urbano.

Entende-se como infraestrutura urbana a rede de energia elétrica e telefônica, escoamento de águas pluviais, pavimentação e conservação das ruas. A qualidade desse sistema viário impacta diretamente a dinâmica da cidade, uma vez que abraça os principais meios de locomoção de pessoas, mercadorias e serviços.

Dessa forma, o indicador é calculado a partir da média dos seguintes índices municipais:

1) Iluminação Pública;
2) Pavimentação;
3) Vias com calçada;
4) Vias com meio-fio/guia;
5) Bueiros ou bocas-de-lobo;
6) Rampas para cadeirantes;
7) Identificação de logradouros.

A gestão municipal tem atuação direta na promoção desses avanços estruturais. À medida que há uma melhoria da eficiência fiscal da máquina pública, é preciso construir um robusto plano de investimentos, direcionado à evolução da infraestrutura urbana, principalmente nas regiões economicamente mais vulneráveis do município.

Dos indicadores de bem-estar urbano, o índice de infraestrutura apresenta a situação mais crítica. No Brasil, 91,5% dos municípios apresentaram resultados em níveis "baixo" e "muito baixo", ou seja, 5.095 cidades. Apenas 28 municípios apresentam condições "altas" e 1 "muito alta".

MUNICÍPIOS POR FAIXA-DIMENSÃO INFRAESTRUTURA URBANA

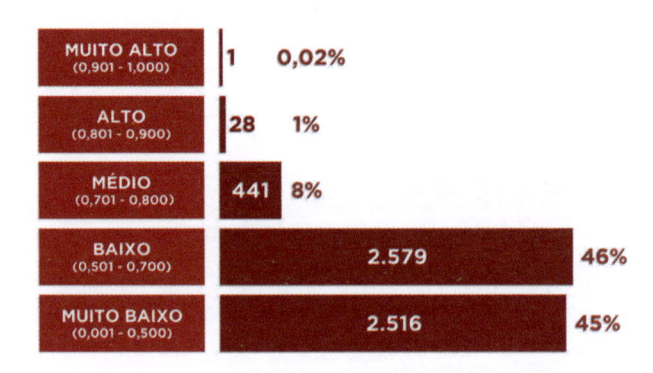

Faixa	Quantidade	%
MUITO ALTO (0,901 - 1,000)	1	0,02%
ALTO (0,801 - 0,900)	28	1%
MÉDIO (0,701 - 0,800)	441	8%
BAIXO (0,501 - 0,700)	2.579	46%
MUITO BAIXO (0,001 - 0,500)	2.516	45%

*Faixas adotadas na classificação do IBEU Municipal

Figura 80: Municípios por faixa. Dimensão infraestrutura urbana. Fonte: INCT Observatório das Metrópoles (2010), extraído da plataforma IGMA em Janeiro/2021.

Indicador
Serviços coletivos urbanos

O indicador de serviços coletivos urbanos também segue o IBEU – Índice de Bem Estar Urbano.

Faz parte da missão do gestor municipal servir coletivamente à comunidade em áreas indispensáveis para a qualidade de vida dos indivíduos, seja em atendimento às suas necessidades pessoais ou profissionais.

Entre os serviços urbanos de competência pública estão o fornecimento de energia, o saneamento básico e o acondicionamento, coleta, transporte e destino final do lixo.

Dessa forma, o indicador é calculado a partir da média dos seguintes índices municipais:

1) Atendimento adequado de água;

2) Atendimento adequado de esgoto;

3) Atendimento adequado de energia;

4) Coleta adequada de lixo.

A atuação da administração pública dá-se por meio de uma prestação de serviço eficiente e, em muitos casos, associada com outros órgãos da federação. É papel dos gestores públicos identificarem as principais oportunidades de melhoria local e representarem os interesses do município nos respectivos fóruns de debate acerca do investimento público.

No Brasil, 1.988 municípios (36%) apresentam o índice de bem-estar, relativo aos serviços coletivos urbanos, classificados como "alto" ou "muito alto". Apesar disso, a maior parte dos municípios apresenta condições "baixas" e "muito baixas" para essa dimensão. Essas duas categorias totalizam 54% das cidades.

MUNICÍPIOS POR FAIXA-DIMENSÃO SERVIÇOS COLETIVOS URBANOS

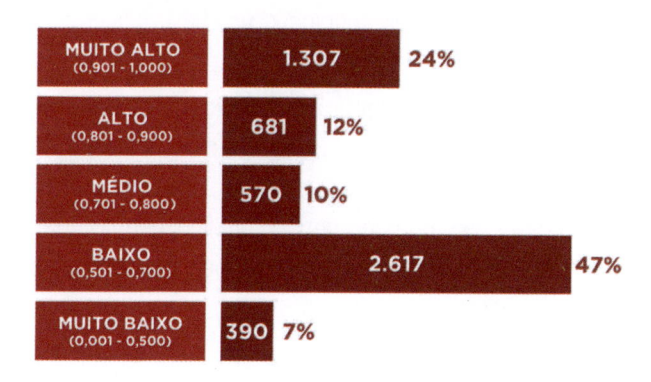

Faixa	Valor	Municípios	%
MUITO ALTO	(0,901 - 1,000)	1.307	24%
ALTO	(0,801 - 0,900)	681	12%
MÉDIO	(0,701 - 0,800)	570	10%
BAIXO	(0,501 - 0,700)	2.617	47%
MUITO BAIXO	(0,001 - 0,500)	390	7%

*Faixas adotadas na classificação do IBEU Municipal

Figura 81: Munícipios por faixa - dimensão serviços coletivos urbanos. Fonte: INCT Observatório das Metrópoles (2010), extraído da plataforma IGMA em Janeiro/2021.

Indicador
Abastecimento de água

O indicador mede o total da população atendida com abastecimento de água, dividido pelo total da população residente no município.

Quanto maior seu resultado, maior a representatividade da população coberta por esse serviço. Por exemplo, um abastecimento de água de 85% indica que 85 de cada 100 habitantes daquele município recebe fornecimento de água potável em seu domicílio.

Primeiramente, um sistema de abastecimento de água consiste no conjunto de obras, equipamentos e serviços com o objetivo de levar água potável para uso no consumo doméstico, indústria, serviço público, entre outros. Esse sistema tem alguns objetivos específicos definidos em dois aspectos:

Aspectos sanitários e sociais:
- Controlar e prevenir doenças
- Implantar hábitos higiênicos na população
- Facilitar a limpeza pública
- Propiciar conforto, bem-estar e segurança
- Aumentar a expectativa de vida da população

Aspectos econômicos:
- Aumentar a vida média e produtiva pela redução da mortalidade e da ocorrência de doenças
- Facilitar a instalação de indústrias
- Garantir a proteção dos mananciais
- Realizar a supervisão do sistema
- Promover o controle da qualidade da água

A Constituição Federal de 1988 conferiu um vasto domínio hídrico aos Estados, cabendo a esses entes federados a administração da maioria absoluta das nascentes e dos pequenos e médios corpos d'água e a totalidade dos aquíferos subterrâneos.

Os municípios ficaram responsáveis, conforme artigo 23 da Constituição Federal de 1988, pelo exercício de polícia das águas, por "proteger o meio ambiente e combater a poluição em qualquer de suas formas" (inciso VI) e o de "registrar, acompanhar e fiscalizar as concessões de direitos de pesquisa e de exploração de recursos hídricos e minerais em seu território".

Nesse sentido, esse indicador ergue-se como um importante norteador para os esforços políticos municipais na defesa dos interesses locais, garantindo ampla cobertura do sistema de abastecimento, uma vez que tem impactos diretos no desenvolvimento humano do município, sob diferentes aspectos, principalmente de promoção à saúde.

Atualmente, 81,3% da população brasileira é atendida adequadamente com água em seus domicílios. Quando observamos por Região, percebemos a grande diferença que existe no Brasil: o Sudeste apresenta 91% da população com água encanada e o Norte apenas 49%.

ABASTECIMENTO DE ÁGUA

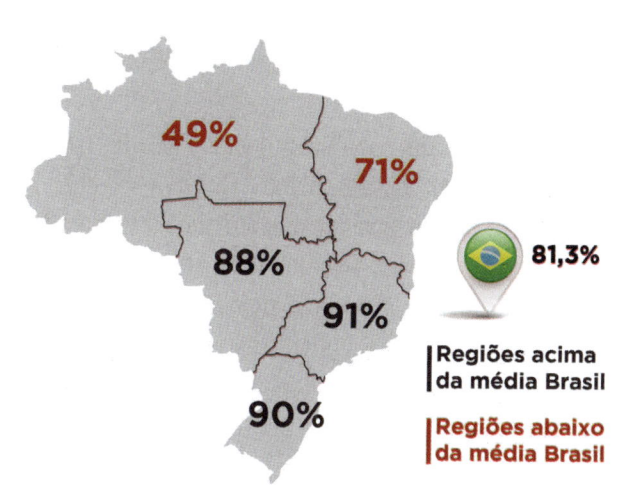

- 49% (Norte)
- 71% (Nordeste)
- 88% (Centro-Oeste)
- 91% (Sudeste)
- 90% (Sul)
- 81,3% (Brasil)

Regiões acima da média Brasil
Regiões abaixo da média Brasil

Figura 82: Abastecimento de água por Região. Fonte: SNIS (2019), extraído da plataforma IGMA em Janeiro/2021.

acabam o impactando. O que pode traduzir algumas questões importantes que precisam ser tratadas no município.

Do ponto de vista socioeconômico, à medida que se aumenta o nível de riqueza local e, por conseguinte, a renda domiciliar (alguns indicadores que veremos no próximo pilar), em geral, é de se esperar uma maior frota de veículos naquele município.

Do ponto de vista de infraestrutura, quanto maior a relação frota/habitante, em geral, pode-se esperar que mais ineficiente é o sistema de transporte público, principalmente para aqueles municípios de maior densidade demográfica.

Nesse sentido, esse indicador vem para promover o debate em torno do equilíbrio entre a geração de riqueza e infraestrutura do município, pois a mobilidade urbana é um dos princípios para se alcançar qualidade de vida pela população.

Vale mencionar, ainda, que com uma maior quantidade de gases tóxicos liberados pelos meios de transporte, maior o nível de poluição, bem como as suas possíveis consequências negativas.

Indicador
Frota de veículos por habitante

Esse indicador, como o próprio nome diz, mede a frota de veículos por habitante e integra o olhar de mobilidade urbana do pilar.

Os municípios não possuem intervenção direta no resultado desse indicador, mas a atuação ou não em outros eixos do ciclo virtuoso de desenvolvimento humano

FROTA DE VEÍCULO POR HABITANTE

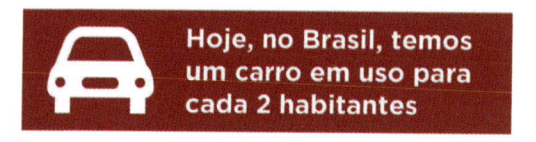

Hoje, no Brasil, temos um carro em uso para cada 2 habitantes

Fonte: DENATRAN (2020) e IBGE (2020) extraído da plataforma IGMA em Janeiro/2021.

Indicador
Deslocamento casa-trabalho

O tempo de deslocamento diário da casa para o trabalho impacta diretamente na qualidade de vida e na produtividade dos trabalhadores. Nesse sentido, esse indicador mede, percentualmente, a população que faz o caminho casa-trabalho em menos de uma hora.

Por exemplo, um resultado de 90% aponta que 9 de cada 10 habitantes daquele município realizam o trajeto diário de casa-trabalho com menos de 60 minutos. Espera-se que quanto maior o resultado desse indicador, melhor para aquela localidade, já que menos pessoas estão perdendo tanto tempo em deslocamento.

Segundo estudo da FIRJAN, realizado em 2016, o que todos os trabalhadores deixam de produzir enquanto vão e vem tem nome, chama-se produção sacrificada. Imagine, se essa mesma população ao invés de deslocamento, estivesse trabalhando, qual seria o impacto? Ainda segundo o estudo, o Estado de São Paulo, por exemplo, deixou de produzir em um ano R$ 53,4 bilhões, do Rio de Janeiro R$ 24 bilhões e o de Minas Gerais R$ 7 bilhões.

Dessa forma, a partir desse indicador, as administrações municipais podem discutir boas oportunidades para melhorar a rotina e qualidade de vida dos seus cidadãos com soluções em mobilidade urbana e infraestrutura.

No Brasil, 10,4% da população gasta mais de 1 hora no deslocamento casa-trabalho. Observa-se que a porcentagem de pessoas que gastam mais de 1 hora no percurso casa trabalho é quatro vezes maior nas áreas metropolitanas, em comparação com as demais.

Nas regiões metropolitanas do Rio de Janeiro e São Paulo, cerca de 1 a cada 5 habitantes gasta diariamente mais de 1 hora no percurso casa-trabalho.

PORCENTAGEM DA POPULAÇÃO QUE GASTA MAIS DE 1 HORA NO DESLOCAMENTO CASA-TRABALHO

Áreas não-metropolitanas: 4,6%
Brasil: 10,4%
Áreas metropolitanas: 18,6%

Percentual de trabalhadores que gastam mais de 1 hora no percurso casa-trabalho (por região metropolitana)

Região Metropolitana	Tempo médio do percurso casa-trabalho (minutos)	% da população que gasta mais de 1 hora até o trabalho
Rio de Janeiro	47,0	24,7 %
São Paulo	45,6	23,5 %
Salvador	39,7	17,2 %
Belo Horizonte	36,6	15,7 %
Recife	38,0	14,0 %
Curitiba	32,0	11,3 %
Belém	32,8	10,1 %
Distrito Federal	34,9	10,6 %
Fortaleza	31,7	9,8 %
Porto Alegre	30,0	7,8 %

Figura 83: Percentual da população que gasta mais de 1 hora no percurso casa-trabalho por Região Metropolitana. Fonte: IBGE: Pesquisa Nacional por Amostra de Domicílios (2012).

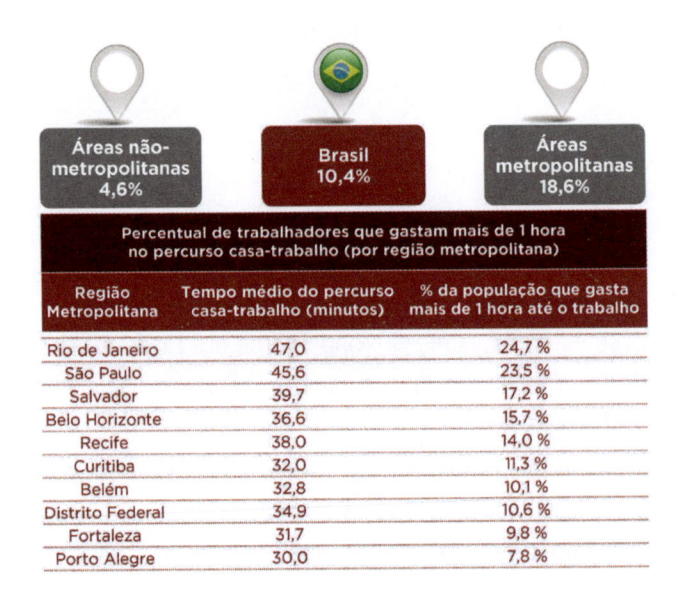

ESTUDO DE CASO

Saneamento Básico

Com o novo marco nacional do saneamento básico, foi traçado um objetivo para 2033 : **99% da população brasileira ser atendida com cobertura de água e 90% dessa população ser contemplada com tratamento de esgoto.**

Mas qual é a realidade do Brasil hoje?

Os últimos dados, divulgados em 2019 pelo SNIS (Sistema Nacional de Informação sobre Saneamento), mostram que apenas 52,5% da população brasileira usufrui de serviços tratamento de esgoto e 81,3% de abastecimento de água.

TRATAMENTO DE ESGOTO

| 48,3% | 48,6% | 50,4% | 50,7% | 51,5% | 52,5% | 90,0% |
| 2014 | 2015 | 2016 | 2017 | 2018 | 2019 | Objetivo 2033 |

ABASTECIMENTO DE ÁGUA

| 80,5% | 80,6% | 80,8% | 80,8% | 81,1% | 81,3% | 99,0% |
| 2014 | 2015 | 2016 | 2017 | 2018 | 2019 | Objetivo 2033 |

A meta do Governo Brasileiro é alcançar até 2033, 99% da população com abastecimento de água e 90% com acesso a coleta e tratamento de esgoto.

Figura 84: Evolução histórica do saneamento básico no Brasil. Fonte: SNIS- Sistema Nacional de Informações sobre Saneamento (2019).

No que tange à evolução recente, tendo em vista o ritmo necessário para a entrega daquelas metas de 2033, temos uma primeira dimensão do quão desafiadores são tais objetivos. Abastecimento de água está praticamente estagnado desde 2014 e tratamento de esgoto evoluiu muito pouco no mesmo período.

Para os dois indicadores, o progresso tem se demonstrado bastante lento, desde 2014. Além disso, também podemos identificar uma significativa variabilidade entre os municípios das diferentes regiões brasileiras.

REGIÃO	TRATAMENTO DE ESGOTO	ABASTECIMENTO DE ÁGUA
Norte	10%	49%
Nordeste	27%	71%
Sul	46%	90%
Centro-Oeste	57%	88%
Sudeste	79%	91%
Brasil	52%	81%

Figura 85: Saneamento básico e abastecimento de água por Região. Fonte: SNIS - Sistema Nacional de Informações sobre Saneamento (2019).

Os números são bastante díspares entre as regiões brasileiras e corroboram para dar a segunda dimensão desse desafio.

Então, como aumentar 38 pontos percentuais, nos próximos 12 anos, e atingir o objetivo, no caso do tratamento de esgoto? E como evoluir 18 pontos para o abastecimento de água?

O próprio marco aponta algumas diretrizes para os municípios atingirem a meta:

a) Liberar a livre concorrência para as concessões, incluindo empresas públicas, privadas e mistas;

b) Melhorar o gerenciamento do desempenho da contratada, por meio de indicadores e metas a serem acompanhados periodicamente e sujeitos a punições;

c) Incentivar a união de municípios para a contratação do serviço, compartilhando os custos com o saneamento básico;

d) Disseminar boas práticas ao redor do Brasil.

Como vimos ao longo do pilar, as questões de infraestrutura são mais complexas, envolvem vários entes da federação e, principalmente, exigem forte planejamento e recursos de investimento. Nesse sentido, os gestores brasileiros ainda possuem uma longa caminhada a percorrer, que quando desdobrada por região, é ainda mais intensa.

O Brasil já deu um importante passo com o marco regulatório do saneamento básico. Agora é fundamental que as administrações municipais, junto aos Estados, definam suas ambições e iniciem os debates dos projetos para promoverem os avanços estruturais tão necessários desses serviços aos cidadãos.

Pilar 5 — Desenvolvimento Socioeconômico e Ordem Pública

Conforme avaliamos em momentos distintos deste livro, o ciclo virtuoso de desenvolvimento humano foi concebido a partir de um racional sistêmico, de interdependência entre seus pilares.

O pilar 1, eficiência fiscal e transparência, assumiu o papel de elemento essencial, propulsor do processo, capaz de retirar o sistema da inércia. Os demais pilares são classificados como estruturais, pois são, de fato, aqueles para os quais se destinarão todos os recursos investidos. Eles refletem as estruturas, os serviços e a qualidade de atendimento às demandas de toda a sociedade. Por último, deles também se deve esperar que cumpram o efeito secundário de retroalimentação da força motora do processo, impulsionando a virtuosidade do ciclo.

O pilar 5 é aquele que melhor representa essa capacidade de novo impulso ao processo. Os aspectos de desenvolvimento socioeconômico e ordem pública, representados no IGMA em 10 indicadores, refletem, em última análise, a geração de riqueza local, percebidos de forma muito direta pela população.

Aspectos como geração de emprego, produção e distribuição de renda, nível de escolaridade e segurança pública são elementos críticos e que assumem papel fundamental na renovação desse ciclo. Quanto maior a geração de riqueza no município, potencialmente, maiores as fontes de receita da administração pública municipal e, por conseguinte, maior a capacidade de reinvestimento da cidade.

Adicionalmente, o fortalecimento socioeconômico local, em geral, vem acompanhado de uma maior autonomia fiscal, o que fortalece a independência da localidade nessa trajetória desafiadora de buscar a excelência.

Dessa forma, veremos nesse 5º pilar seu papel conector de retroalimentar o ciclo de desenvolvimento humano, promovendo a melhoria contínua da qualidade de vida da população.

Agora, você pode saber quais são os municípios brasileiros que ocupam as primeiras posições no pilar Desenvolvimento Socioeconômico e Ordem Pública. Acesse a plataforma IGMA e confira:

Abaixo, descrevemos uma lista com todos os indicadores que compõem atualmente esse pilar:

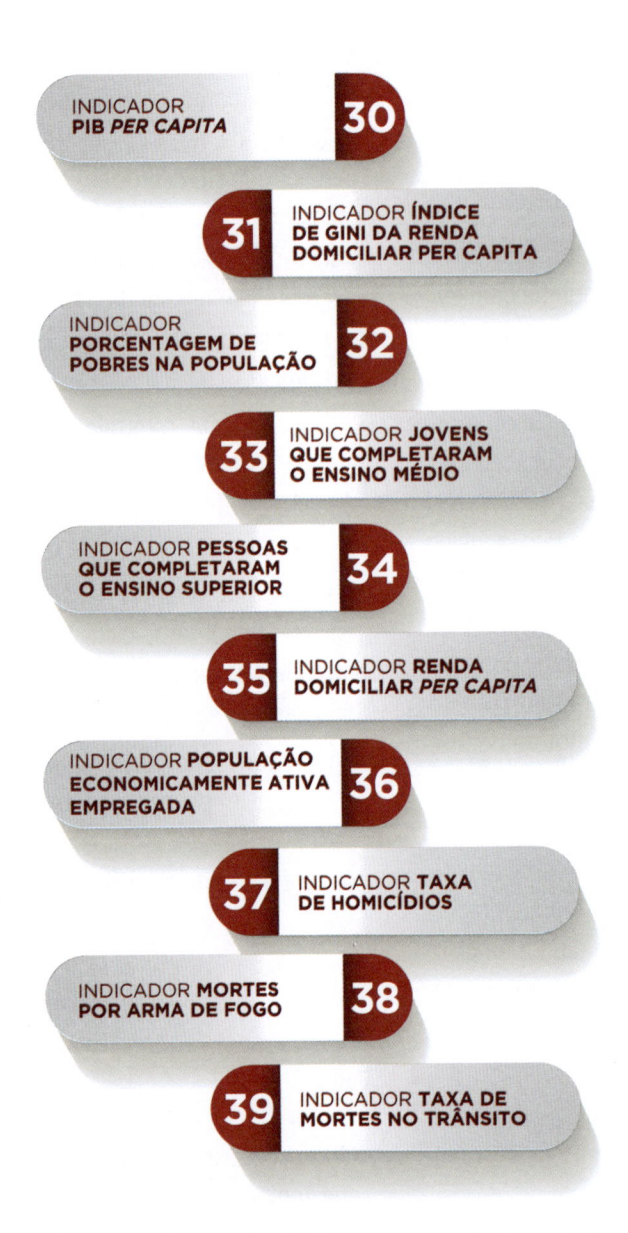

- **INDICADOR** PIB *PER CAPITA* — 30
- **INDICADOR ÍNDICE DE GINI DA RENDA DOMICILIAR PER CAPITA** — 31
- **INDICADOR PORCENTAGEM DE POBRES NA POPULAÇÃO** — 32
- **INDICADOR JOVENS QUE COMPLETARAM O ENSINO MÉDIO** — 33
- **INDICADOR PESSOAS QUE COMPLETARAM O ENSINO SUPERIOR** — 34
- **INDICADOR RENDA DOMICILIAR *PER CAPITA*** — 35
- **INDICADOR POPULAÇÃO ECONOMICAMENTE ATIVA EMPREGADA** — 36
- **INDICADOR TAXA DE HOMICÍDIOS** — 37
- **INDICADOR MORTES POR ARMA DE FOGO** — 38
- **INDICADOR TAXA DE MORTES NO TRÂNSITO** — 39

Figura 86: Indicadores do pilar Desenvolvimento Socioeconômico e Ordem Pública.

Vamos conhecê-los?

Indicador
PIB *per capita*

O Produto Interno Bruto (PIB) é uma medida universal de riqueza. Ele é calculado a partir da soma de bens e serviços gerados no município, a preços correntes. Já o PIB *per capita* divide essa riqueza pelo número total de seus habitantes.

A ambição de todo município é atingir uma variação positiva desse indicador, o que pode sinalizar um crescimento da riqueza por habitante e, por conseguinte, maiores oportunidades à população residente naquela localidade.

Vale mencionar a importância da leitura desse indicador associada a outras variáveis como o grau de distribuição dessa riqueza. Por isso, esse pilar é constituído, também, por alguns outros indicadores econômicos, apresentados mais a diante.

Por fim, o aumento do PIB *per capita* impacta diretamente na geração de empregos, no maior poder de compra, na maior circulação da economia local e maior arrecadação de tributos. Esta, por sua vez, fortalece o pilar de eficiência e a autonomia fiscal do município.

Adicionalmente, quanto maior o PIB *per capita*, maior a capacidade de poupança local e, consequentemente, maior a capacidade de investimentos futuros, públicos ou privados.

Ao analisar o país por região, as disparidades ficam evidentes: o Centro-Oeste apresenta o maior PIB *per capita* médio (R$43.200), sendo esse valor cerca de 2,5x o da região Nordeste (R$17.703), atualmente a que possui a menor geração de riqueza por habitante.

PIB *PER CAPITA*

BRASIL	R$ 33.594
CENTRO-OESTE	R$ 43.200
SUDESTE	R$ 42.427
SUL	R$ 40.181
NORTE	R$ 21.314
NORDESTE	R$ 17.703

Figura 87: PIB *per capita* por Região. Fonte: IBGE (2018), extraído da plataforma IGMA em Janeiro/2021.

No ranking internacional, o Brasil ocupa a 67ª posição de PIB *per capita*. As cinco primeiras posições são ocupadas por países Europeus. Os EUA, apesar de serem a maior economia do planeta, quando olhamos por cidadão, ocupam a 10ª posição.

Posição	País	2019	2018	Variação posição
1°	Luxemburgo	111.062	110.702	-
2°	Noruega	92.556	92.120	-
3°	Irlanda	79.703	76.663	1
4°	Suíça	79.407	79.235	-1
5°	Dinamarca	65.147	63.916	-
6°	Catar	62.021	63.261	-
7°	Cingapura	58.830	59.074	-
8°	Suécia	57.975	57.911	1
9°	Austrália	57.071	56.864	1
10°	Estados Unidos	55.809	54.796	2
11°	Holanda	55.690	55.021	-
12°	Macau	55.110	58.642	-4
13°	Canadá	51.589	51.476	1
14°	Islândia	51.332	51.593	-1
15°	Áustria	50.655	50.057	-
16°	Finlândia	49.241	48.806	-
17°	Japão	49.188	48.766	-
18°	Alemanha	47.628	47.490	-
19°	Bélgica	47.541	47.116	-
20°	Andorra	45.887	45.134	-

* Unidade: USD.

Tabela 10: PIB *per capita* no mundo, 20 maiores. Fonte: *Tradingeconomics* (2019).

Indicador
Índice de Gini da renda domiciliar *per capita*

Criado pelo matemático Conrado Gini, esse índice mede a diferença entre os rendimentos das famílias que compõem as 20% maiores rendas e as 20% menores rendas.

O índice varia entre 0 e 1, sendo 0 a completa igualdade na distribuição da renda e 1 a absoluta desigualdade da mesma.

Ele é um indicador universal, monitorado em todo o planeta, assim como o PIB *per capita*. Como mencionado anteriormente, ele é um importante complemento para avaliação da situação de riqueza do município.

O objetivo dele é avaliar a concentração de renda, fator que contribui para situações de desequilíbrio social, prejudicando desde a capacidade do município de gerar riquezas até aspectos de convivência coletiva, como a manutenção da ordem pública.

Dessa forma, esse índice é um importante orientador na formulação de políticas públicas no município. De um lado, cabe a gestão municipal fomentar o desenvolvimento econômico local, explorando as vocações econômicas regionais, gerando mais oportunidades de emprego e renda. Adicionalmente, é importante romper com o ciclo vicioso de exclusão social, exigindo a priorização e formulação de medidas públicas afirmativas, como políticas de inclusão social, capacitação e moradia.

No que tange ao ciclo virtuoso de desenvolvimento humano, a desigualdade social tem impacto direto na qualidade de vida da população, uma vez que quanto mais desigual, maior a exposição de parcela dessa população a questões como: mortalidade infantil, violência, acesso à educação e saúde.

O Índice de Gini do Brasil é de 0,543. Como foi visto, quanto menor o índice, menor a desigualdade. Nesse sentido, a região Sul apresenta o melhor resultado do país, 0,467, uma performance 14% melhor do que a nacional.

ÍNDICE DE GINI – DESIGUALDADE SOCIAL

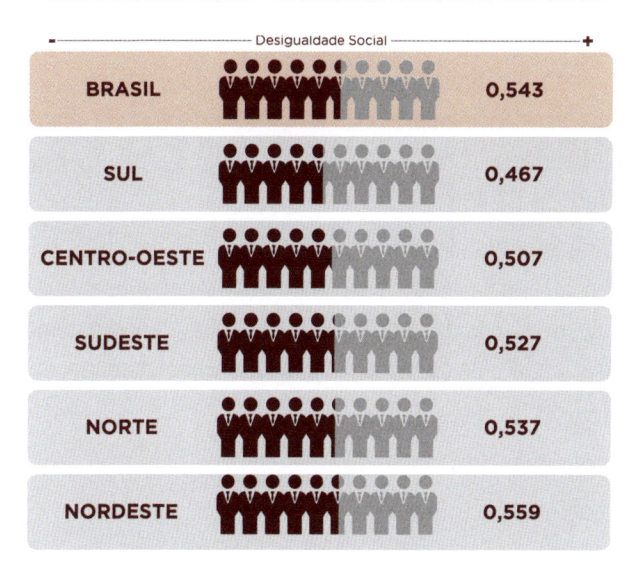

Região	Desigualdade Social	Índice
BRASIL		0,543
SUL		0,467
CENTRO-OESTE		0,507
SUDESTE		0,527
NORTE		0,537
NORDESTE		0,559

Embora o Brasil tenha caído em relação a 2018 (0,545), o país é o nono mais desigual do mundo segundo o Banco Mundial.

Figura 88: Índice de Gini (Brasil e Regiões). Fonte: IBGE, Pesquisa Nacional por Amostra de Domicílios Contínua (2019).

Indicador
Porcentagem de pobres na população

O indicador mede o tamanho da população de pobres sobre a população total do município.

No Brasil, entende-se por pobreza a renda domiciliar *per capita* mensal inferior a US$5,50 PPC e por pobreza extrema a renda domiciliar *per capita* mensal inferior a US$ 1,90 PPC.

Segundo o IBGE, o PPC é uma taxa de conversão de paridade de poder de compra. Em 2019, período das informações a seguir, elas representavam R$ 151 e R$ 436 por pessoa ao mês.

Quando um município apresenta um patamar de 23% para esse indicador significa que 23 de cada 100 habitantes daquela localidade vivem com uma renda mensal inferior a R$ 436.

Complementando o índice de Gini, esse indicador evidencia aquela parcela da população economicamente vulnerável. Assim como em outros casos, ele serve como direcionador de políticas públicas municipais como:

-atração de novos negócios;

-programas de capacitação;

-programas de moradia;

-políticas de assistência social, entre outras.

Dessa forma, ao reduzir a porcentagem de pobres da população, a administração municipal promove a melhoria do ciclo virtuoso de desenvolvimento humano, uma vez que há correlação direta entre esses cidadãos economicamente vulneráveis e outros importantes indicadores presentes nos pilares.

De cada 4 brasileiros, 1 vive abaixo da linha da pobreza. Estamos falando de quase 52 milhões de habitantes com menos de R$ 436/mês.

Na Região Nordeste, esse número sobe para 2 a cada 4 pessoas. Na contramão, no Sul do país, 1 de cada 10 vivem nessa mesma situação, desempenho 55% melhor que a média nacional.

PERCENTUAL DE POBRES NA POPULAÇÃO

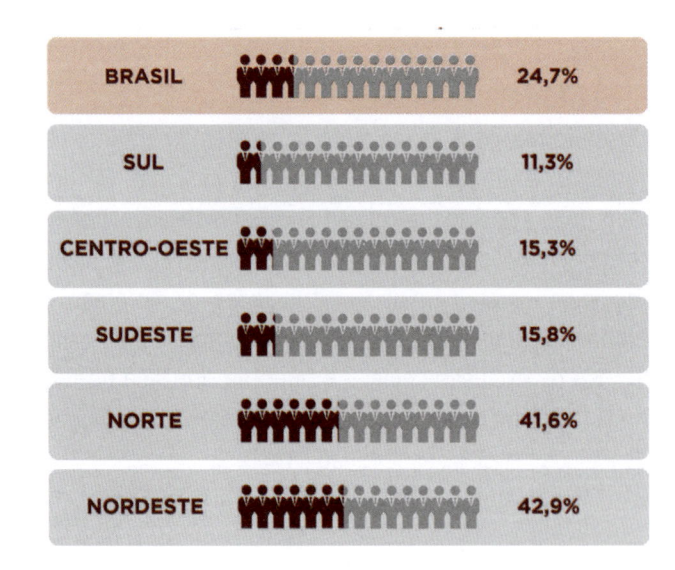

Região	%
BRASIL	24,7%
SUL	11,3%
CENTRO-OESTE	15,3%
SUDESTE	15,8%
NORTE	41,6%
NORDESTE	42,9%

Figura 89: Média de % de pobres por Região. Fonte: IBGE, Pesquisa Nacional por Amostra de Domicílios Contínua (2019).

A partir da plataforma IGMA, como já foi mencionado, é possível realizar uma infinidade de cruzamentos a fim de investigar possíveis correlações e comportamentos entre as variáveis que afetam o desempenho de uma cidade excelente.

No caso, cruzamos para cada município brasileiro qual era seu índice de Gini *versus* o percentual de pobres de sua população. Encontramos que há uma correlação direta e moderada entre essas variáveis na ordem de 0,6 (nota possível entre -1 e 1)

Isso indica que, como se pode ver no gráfico abaixo, quanto maior o índice de Gini, maior o percentual de pobres na população do município.

CORRELAÇÃO ÍNDICE DE GINI E PERCENTUAL DE POBRES

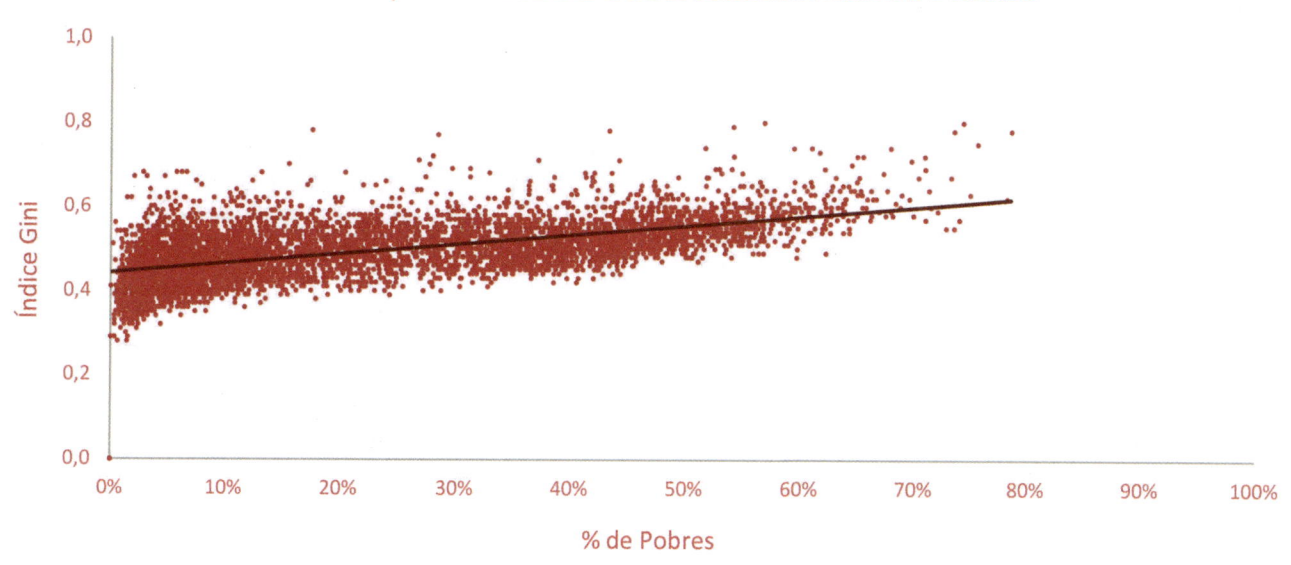

Figura 90: Correlação entre o percentual de pobres e o Índice de Gini.
Fonte: Atlas do Desenvolvimento Humano (2010), extraído da plataforma IGMA em Janeiro/2021.

Indicador
Jovens que completaram o Ensino Médio

O indicador avalia o total de jovens de 18 a 20 anos que completaram o ensino médio, dividido pelo total de cidadãos dessa mesma faixa etária.

Quanto maior o seu percentual, maior a parcela da população jovem que concluiu a educação básica. Um município com performance de 60% significa que, de cada 10 jovens entre 18 e 20 anos, 6 concluíram o ensino médio.

Esse indicador é um importante recorte da escolaridade do município, pois ele aponta o ingresso de novos adultos sem a devida formação educacional e os consequentes reflexos socioeconômicos.

À medida que o município se aproxima de 100%, mais efetiva foi sua rede de ensino básico na retenção e cobertura de alunos. Mesmo o ensino médio sendo responsabilidade estadual, sua performance é diretamente impactada pela qualidade das etapas escolares anteriores, sob a responsabilidade municipal.

Dessa forma, a evolução do pilar de educação tem reflexos significativos no desenvolvimento socioeconômico do município. Quanto maior a escolaridade do cidadão, menor a sua vulnerabilidade econômica e social e, por conseguinte, menor a necessidade de políticas sociais afirmativas da administração local.

Sob a ótica coletiva, maior será a atração da iniciativa privada, o potencial de renda local, a geração de riqueza e, consequentemente, a geração de receitas, que financiam o pilar essencial do ciclo virtuoso: o de eficiência fiscal e transparência.

A proporção de pessoas de 25 ou mais com ensino médio completo cresceu de 45,0% em 2016 para 48,8% em 2019. Embora a melhoria expressiva, mais da metade (51,2%) dos adultos não concluíram essa etapa de ensino, o que representa cerca de 69,5 milhões de pessoas.

PROPORÇÃO DE PESSOAS DE 25 ANOS OU MAIS COM ENSINO MÉDIO COMPLETO

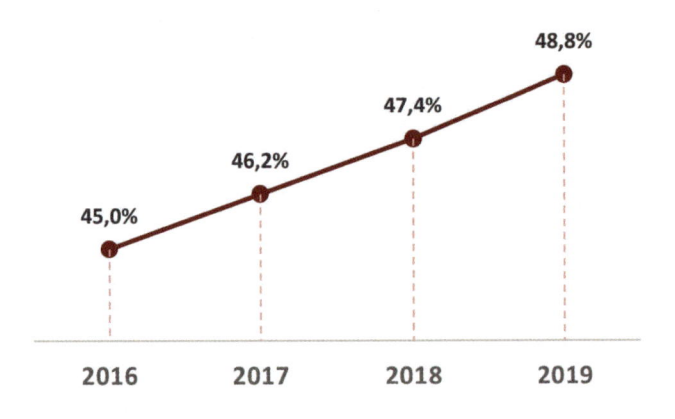

2016	2017	2018	2019
45,0%	46,2%	47,4%	48,8%

Figura 91: Proporção de pessoas de 25 anos ou mais com ensino médio completo no Brasil. Fonte: IBGE, Pesquisa Nacional por Amostra de Domicílios Contínua (2019).

Indicador
Pessoas que completaram o Ensino Superior

Esse indicador é um daqueles orientadores para o direcionamento dos esforços políticos da administração pública municipal, cujo objetivo é promover a articulação e planejamento de ações estruturadas com os demais entes da federação.

Essa medida mensura o total de adultos com 25 anos ou mais que concluíram o ensino superior, dividido pelo total da população.

Esse percentual da população com ensino superior completo é uma forma indireta de medir o potencial de desenvolvimento socioeconômico de uma região. Do ponto de vista econômico, uma população mais escolarizada potencializa a atração e investimentos da iniciativa privada. Do ponto de vista social, o aumento da escolaridade, geralmente, vem acompanhado da redução da vulnerabilidade.

Dessa forma, cabe à gestão municipal criar iniciativas que atraiam e promovam a qualificação dos seus cidadãos.

No Brasil, aproximadamente 17,4% das pessoas com 25 anos ou mais completaram o ensino superior. Houve um aumento de 2 pontos percentuais desde 2016.

PESSOAS COM 25 ANOS OU MAIS QUE COMPLETARAM O ENSINO SUPERIOR (BRASIL)

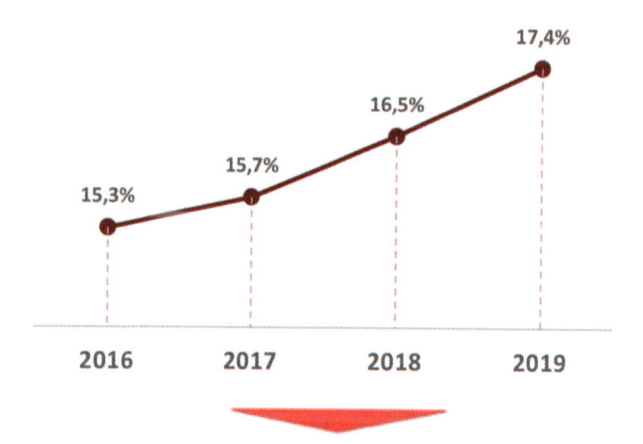

Ano	%
2016	15,3%
2017	15,7%
2018	16,5%
2019	17,4%

PESSOAS QUE COMPLETARAM O ENSINO SUPERIOR POR REGIÃO (2019)

Região	%
Nordeste	12,1%
Norte	13,4%
Sul	17,9%
Centro-Oeste	20,2%
Sudeste	20,5%

Figura 92: Percentual de pessoas com 25 anos ou mais que completaram o ensino superior. Fonte: IBGE, Pesquisa Nacional por Amostra de Domicílios Contínua Anual (2019).

Indicador
Renda domiciliar *per capita*

A renda domiciliar *per capita* é a divisão entre o total de rendimentos, em termos nominais, pelo total dos moradores daquele domicílio.

Esse indicador mede o poder de compra e de investimento das famílias de uma determinada população. É de se esperar que uma família com renda domiciliar maior tenha mais chances de prover seus integrantes com melhores condições de estudo, saúde, alimentação e, inclusive, lazer e entretenimento.

Seu resultado é um importante orientador de políticas econômicas e de inclusão social no município. Por exemplo, a partir dele é possível mapear onde e quem são essas famílias com maior vulnerabilidade econômica. Vale resgatar aqui que famílias com renda domiciliar mensal *per capita* inferior a R$ 436 são consideradas em situação de pobreza.

Dessa forma, a gestão pública municipal, em geral, tem duas vertentes de atuação:

- Econômica: criar um ambiente estável, transparente e organizado que incentive o desenvolvimento da iniciativa privada, principalmente desburocratizando, promovendo infraestrutura e por meio de políticas de incentivo;

- Social: identificar e apoiar os habitantes que vivem em famílias em situação de vulnerabilidade, oferecendo programas de inclusão social e apoio no desenvolvimento do cidadão.

A renda domiciliar *per capita* no Brasil está na ordem de R$ 1.439. Esse valor é 37% maior que o observado em 2014 e 5% maior que o ano anterior (2018). Vale mencionar que, desde 2014, o país viveu uma inflação acumulada de 24,4%*, uma média de 4,06% ao ano.

* Fonte: "IPCA 2021: o que é, qual o acúmulo da inflação hoje?" – www.dicionariofinanceiroonline.com

RENDA DOMICILIAR *PER CAPITA* BRASIL

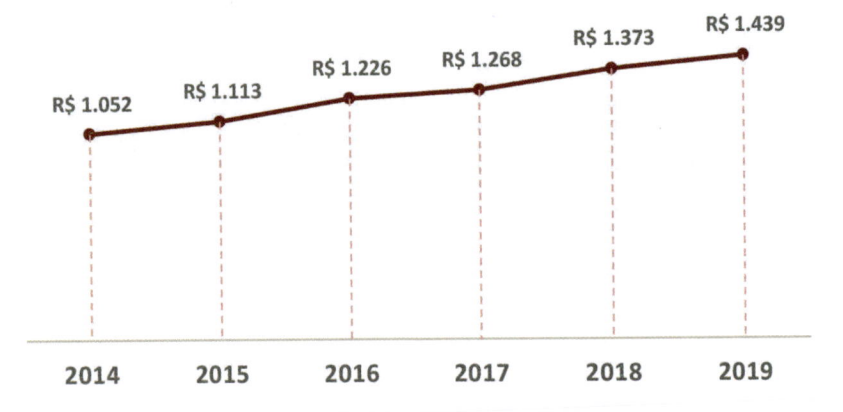

2014	2015	2016	2017	2018	2019
R$ 1.052	R$ 1.113	R$ 1.226	R$ 1.268	R$ 1.373	R$ 1.439

Figura 93: Histórico do rendimento nominal mensal domiciliar *per capita* da população brasileira.
Fonte: IBGE: Pesquisa Nacional por Amostra de Domicílios Contínua (2019).

Indicador
População Economicamente ativa empregada

O indicador mede o total da população economicamente ativa empregada, dividida pelo total da população economicamente ativa (PEA).

Um primeiro esclarecimento importante é a PEA. Segundo o IBGE, ela é obtida pela soma da população ocupada e desocupada com 16 anos ou mais de idade. Esse conceito foi elaborado para identificar a população que está inserida no mercado de trabalho ou que, de certa forma, está procurando se inserir nele para exercer algum tipo de atividade remunerada.

As variações desse indicador estão diretamente ligadas aos deslocamentos da população entre ocupada e desocupada. A primeira corresponde àqueles cidadãos que trabalham em algum período, sendo esse ofício remunerado, não remunerado, realizado por conta própria ou como um empregador. Por outro lado, a segunda refere-se ao grupo de pessoas que não possuem emprego e estão dispostas a trabalhar.

O objetivo da administração municipal é ter o maior percentual de pessoas empregadas, por meio do aumento a oferta de oportunidades de trabalho na localidade. São alternativas:

- Exploração da vocação econômica da região;
- Programa de incentivo fiscal a determinados segmentos e regiões da cidade;
- Parcerias com universidades;
- Criação de parques tecnológicos e industriais;
- Políticas de promoção do turismo;
- Desburocratização e incentivo ao empreendedor individual;
- Fornecimento e apoio a programas de capacitação, inclusive junto a outros órgãos responsáveis.

Dessa forma, no que tange ao ciclo virtuoso de desenvolvimento humano, quanto maior o percentual da população economicamente ativa empregada, maior o potencial de geração de riqueza local e, por conseguinte, maior a geração de receita para a máquina pública, que passa a ter mais recursos para investir na busca pela excelência.

No Brasil, 97% dos municípios (5.398) possuem 85% ou mais da população economicamente ativa empregada.

Apenas 7 municípios possuem resultado inferior a 75% para esse indicador, sendo que 86% deles estão localizados na região Nordeste.

PORCENTAGEM DA POPULAÇÃO ECONOMICAMENTE ATIVA EMPREGADA
(NÚMERO DE MUNICÍPIOS POR FAIXA)

Até 75%	De 75% a 85%	De 85% a 95%	95% ou mais
7	143	3.234	2.181

Percentual da população economicamente ativa empregada

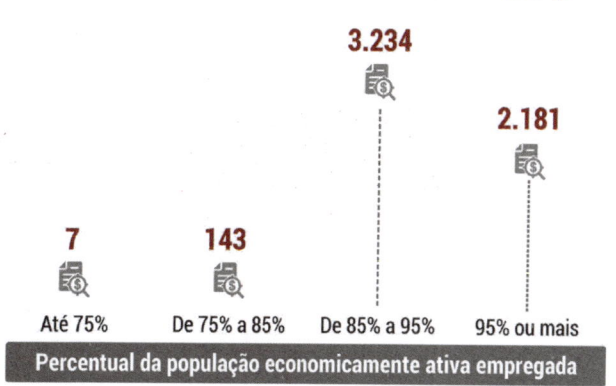

Figura 94: Municípios por faixa de população economicamente ativa empregada. Fonte: TabNet – DataSUS (2010), extraído da plataforma IGMA em Janeiro/2021.

Indicador

Taxa de homicídios

Esse indicador é calculado a partir do total de homicídios para cada 100 mil habitantes de uma determinada localidade. São considerados todos os homicídios ocorridos no município.

A taxa de homicídios revela uma importante realidade de ordem pública local, já que a segurança é um dos fatores cruciais que se espera de uma cidade excelente.

Vale mencionar que a segurança pública é uma responsabilidade dos governos estaduais, todavia, ao conhecer e detalhar a taxa de homicídio, a gestão municipal tem atuação direta, como:

- Criação da guarda municipal;
- Pavimentação e iluminação pública;
- Condução de programas de inclusão social;
- Estabelecimento de parceria e ações estruturadas com a Polícia Militar;
- Fomento do desenvolvimento econômico regional.

Como consequência, é possível tornar aquela localidade um ambiente mais seguro para os seus habitantes exercerem a sua cidadania de forma plena. Assim, uma cidade segura promove o aumento da qualidade de vida dos seus cidadãos e a atratividade local, seja para interesses de moradia ou de trabalho.

No Brasil, a cada 100 mil habitantes, há 21,7 homicídios.

As regiões Norte e Nordeste são as regiões com as taxas de homicídio mais críticas no âmbito nacional, com índices de 37,1 e 32,6, respectivamente. A região Norte, por exemplo, possui um índice cerca de 71% superior à média nacional e 200% superior à região Sudeste, que nesse momento apresenta o melhor resultado no país com uma taxa de 12,2 homicídios.

TAXA DE HOMICÍDIOS POR REGIÃO

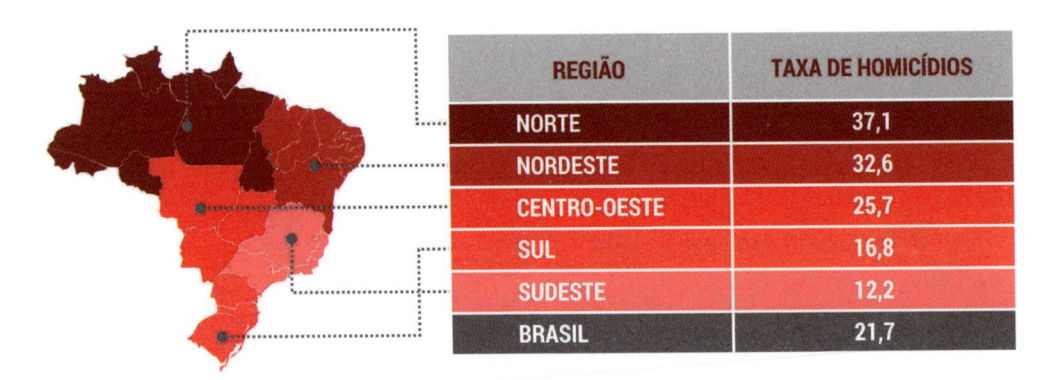

REGIÃO	TAXA DE HOMICÍDIOS
NORTE	37,1
NORDESTE	32,6
CENTRO-OESTE	25,7
SUL	16,8
SUDESTE	12,2
BRASIL	21,7

Figura 95: Taxa de homicídios por Região. Fonte: DataSUS (2019), IBGE (2019), extraído da plataforma IGMA em Janeiro/2021.

Indicador
Mortes por arma de fogo

Esse indicador corresponde ao total de homicídios por arma de fogo para cada 100 mil habitantes de uma determinada localidade. Trata-se de um recorte específico dos homicídios, que, em geral, revela o nível de violência no município.

A atuação da administração municipal na redução desse indicador está diretamente ligada às medidas citadas no indicador de taxa de homicídios.

De acordo com os dados da Pesquisa Global de Mortalidade por Armas de Fogo (*Global Mortality from firearms*, 1990 - 2016), o Brasil foi o país que apresentou o maior número de mortes por arma de fogo no mundo, somando 43.200 mortes.

Adicionalmente, um estudo publicado no *Journal of Human Growth and Development* (2016) analisou a relação entre os Índices de Desenvolvimento Humano Municipal (IDHM) e as mortes violentas nos Estados brasileiros. Seus resultados sugerem que adotar medidas que visam o desenvolvimento humano não implica, automaticamente, na redução da violência, mas combater a violência pode representar aumento no IDHM.

Dessa forma, a redução das mortes por arma de fogo pode implicar diretamente na melhoria do ciclo virtuoso de desenvolvimento humano do município. Afinal, uma cidade excelente é um lugar onde as pessoas vivem bem e sentem-se seguras por onde quer que vão.

No Brasil, a cada 100 mil habitantes, há 16 homicídios por arma de fogo.

Chama atenção a região Nordeste, que, apesar de ser a segunda colocada no indicador taxa de homicídios, quando consideramos mortes por arma de fogo, passa a ocupar a primeira posição comparada às demais regiões. Sob a perspectiva municipal, 2.430 (44%) cidades não apresentaram nenhuma morte por arma de fogo no Brasil em 2019.

TAXA DE HOMICÍDIOS POR ARMA DE FOGO POR REGIÃO

REGIÃO	TAXA DE HOMICÍDIOS POR ARMA DE FOGO
NORTE	26,3
NORDESTE	24,6
CENTRO-OESTE	16,3
SUL	11,9
SUDESTE	9,4
BRASIL	16,2

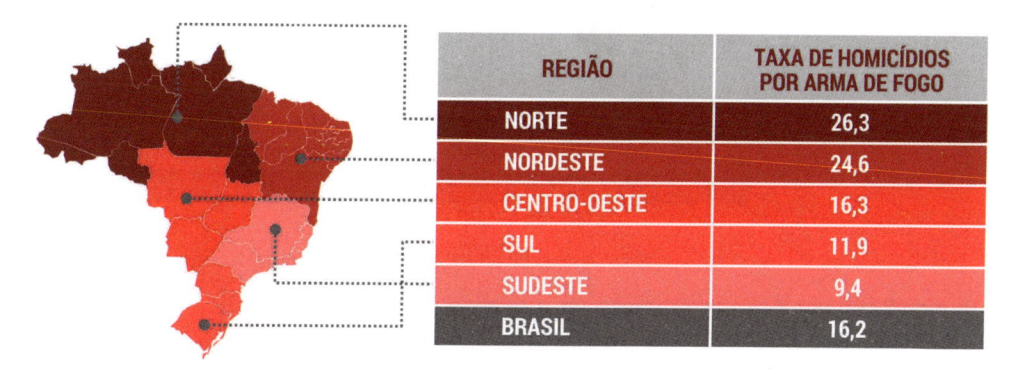

Figura 96: Taxa de homicídios por arma de fogo por Região. Fonte: DataSUS (2019), IBGE (2019) extraído da plataforma IGMA em Janeiro/2021.

Indicador
Taxa de mortes no trânsito

Uma cidade excelente que promove o ciclo virtuoso de desenvolvimento humano para a sua população certamente está atenta às taxas de acidentes no trânsito, incluindo as que levam à morte.

Educar preventivamente a comunidade para a promoção de um trânsito seguro é cuidar da preservação da vida em sociedade, assim como garantir a construção de rodovias que, bem estruturadas e sinalizadas, permitam a mobilidade eficiente e tranquila das pessoas por meio de diferentes veículos.

Evitar acidentes e mortes no trânsito é também preservar o orçamento dedicado à saúde pública, permitindo que o município dedique esforços e recursos para áreas que realmente necessitam de investimento.

O cálculo desse indicador aponta, anualmente, a relação do total de mortes provocadas por acidentes no trânsito a cada grupo de 100 mil habitantes de determinado município. Quanto menor o seu resultado, menos mortes no trânsito aconteceram na cidade.

O Brasil apresenta 15,6 mortes no trânsito para cada 100 mil habitantes, sendo o Centro-Oeste a região com a maior taxa de mortes no trânsito no Brasil. Ela apresenta uma taxa 37,2% superior à nacional e 77% superior à região Sudeste, menor resultado do país.

Em 1.539 (28%) cidades não ocorreram mortes no trânsito em 2019.

TAXAS DE MORTES NO TRÂNSITO

	Sudeste	Norte	Nordeste	Sul	Centro-Oeste
BRASIL 15,6	12,1	16,7	17,7	18,5	21,4

Resultado Brasil e regiões

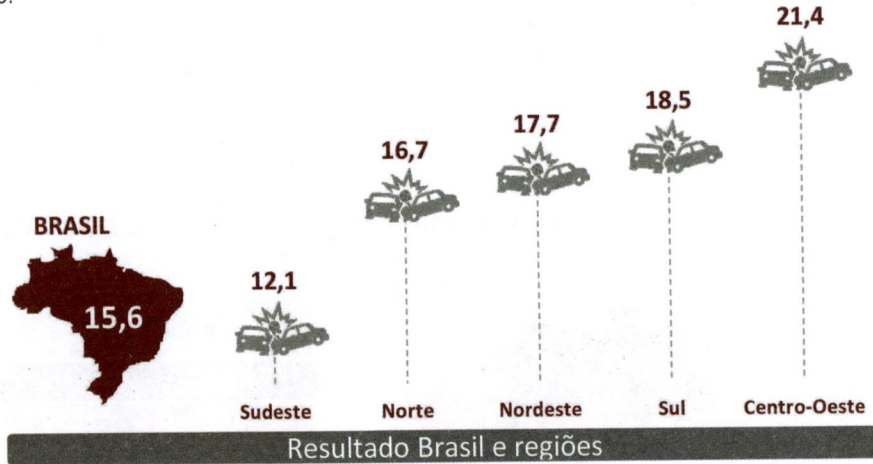

Figura 97: Taxa de mortes no trânsito por Região. Fonte: DataSUS (2019), IBGE (2019), extraído da plataforma IGMA em Janeiro/2021.

A seguir, apresentamos 2 estudos de caso. O primeiro traz o destaque dos municípios de médio porte para o desenvolvimento socioeconômico nacional e o segundo, um levantamento da ordem pública brasileira, tema que ganha relevância nos noticiários e nas pautas políticas.

ESTUDO DE CASO

Cidades de médio e grande porte e a economia nacional

Os municípios de médio e grande porte vêm ganhando relevância na economia brasileira e têm se tornado uma opção de moradia mais frequente para quem busca mais qualidade de vida ou para empresas que desejam investir em negócios. Atualmente, o país possui 326 cidades com mais de 100 mil habitantes, as quais, juntas, representam 58% da população total da nação.

POPULAÇÃO EM MUNICÍPIOS ACIMA DE 100 MIL HABITANTES

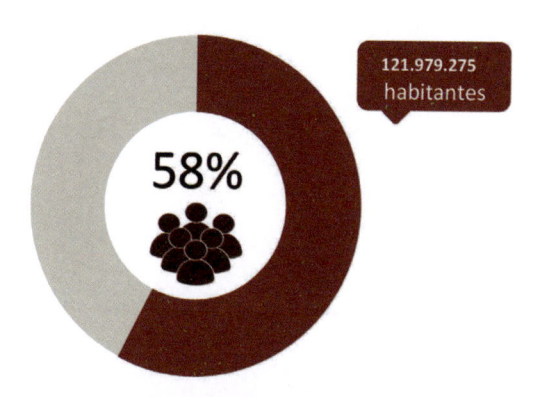

121.979.275 habitantes

58%

Aproximadamente 6 em cada 10 brasileiros moram em municípios com mais de 100 mil habitantes

Figura 98: Percentual da População brasileira residente em Municípios com mais de 100 mil habitantes. Fonte: IBGE (2020), extraído da plataforma IGMA em Janeiro/2021.

A Região Sudeste concentra 154 (47%) desses municípios, seguida pelo Nordeste, com 64 (20%), e pela região Sul, com 53 (16%).

Nº DE MUNICÍPIOS COM MAIS DE 100 MIL HABITANTES

Região	Nº de municípios	%
Sudeste	154	47%
Nordeste	64	20%
Sul	53	16%
Norte	31	10%
Centro-Oeste	24	7%
Total Geral	326	100%

Tabela 11: Número de municípios com mais de 100 mil habitantes por Região. Fonte: IBGE (2020), extraído da plataforma IGMA em Janeiro/2021.

Mas o que os municípios de médio e grande porte têm de tão especial?

Primeiramente, são municípios com administrações públicas mais eficientes. Segundo a plataforma IGMA, a capacidade média de investimento dessas 326 prefeituras é de 13,8%, enquanto daquelas com menos de 100 mil habitantes é de 9,5%. Em 2019, esses municípios obtiveram um superávit de aproximadamente 7%, enquanto o restante do país ficou em 4%.

Em geral, são cidades com uma população mais escolarizada, com uma média de 9,8 anos de estudo *versus* 9,4 do restante do país; 48% de suas crianças possuem acesso à educação infantil, situação um pouco melhor do que os 45% dos demais municípios; 11% de seus habitantes, com 25 anos ou mais, concluíram o ensino superior, percentual acima dos 5% dos demais municípios brasileiros.

São notórias as diferenças no que tange ao nível de desenvolvimento socioeconômico. Essas cidades são mais ricas, com PIB *per capita* na ordem de R$35 mil por ano, enquanto as demais apresentam o índice de R$ 22 mil por ano. A quantidade de pessoas classificadas em nível de pobreza nessas localidades é de apenas 10% da população total, enquanto, no restante do país, esse índice alcança a impactante marca de 24%. Além disso, são municípios com a taxa de mortalidade infantil 8% menor do que nos demais.

O principal ponto de atenção desses municípios, no entanto, é o quesito Ordem Pública. A taxa de homicídios é 51% superior à do restante do Brasil.

Média dos municípios nos indicadores	Com mais de 100 mil (A)	Demais cidades (B)	Variação % (A → B)
Capacidade de Investir[1]	13,8%	9,5%	45%
Resultado Fiscal[1]	7%	4%	73%
Expectativa de Anos de Estudo[2]	9,8	9,4	4%
Acesso a creche e educação infantil[2]	48%	45%	8%
Pessoas que completaram o ensino superior[2]	11%	5%	111%
PIB per capita	35.697	22.757	57%
% Pobres[2]	10,0%	24,0%	-58%
Taxa de mortalidade infantil	11,97	12,95	-8%
Taxa de homicídios	25,25	16,67	51%

[1] Retirados os dados extremos.

[2] Dados municipais do Censo Demográfico 2010.

Tabela 12: Média dos indicadores dos municípios com mais de 100 mil habitantes *versus* demais cidades.
Fonte: Plataforma IGMA - extraído em janeiro/2021.

**Você já sabe quais são os municípios de médio porte com melhor situação do ciclo de desenvolvimento humano?
Conheça agora:**

**TOP 5 ÍNDICE IGMA:
CIDADES COM MAIS DE 100 MIL HABITANTES**

1. JARAGUÁ DO SUL - SC
2. MARINGÁ - PR
3. CATANDUVA - SP
4. INDAIATUBA - SP
5. ARARAS - SP

Figura 99: 5 melhores municípios (com mais de 100 mil habitantes) para morar ou investir.
Fonte: Plataforma IGMA – Consulta: janeiro de 2021.

Jaraguá do Sul, em Santa Catarina, possui cerca de 181 mil habitantes. Seu PIB *per capita* está em torno de R$ 51 mil e três dos seus 5 pilares são nível de excelência. Hoje, o pilar que merece mais atenção é o de saúde e bem-estar, fortalecendo a cobertura e efetividade da estratégia de saúde da família.

ÍNDICE IGMA: JARAGUÁ DO SUL POR PILAR

Área		Índice	
IGMA	*	78,55	🟢
Eficiência fiscal e Transparência	✔	83,97	🟢
Educação	📕	89,30	🟢
Saúde e Bem-estar	➕	67,62	🟢
Infraestrutura e Mobilidade Urbana	🚚	68,93	🟢
Des. Socioeconômico e Ordem Pública	🔨	82,93	🟢

Figura 100: Índice IGMA do município Jaraguá do Sul. Fonte: Plataforma IGMA – Consulta: janeiro de 2021.

A seguir, conheça as melhores cidades com mais de 100 mil habitantes por região do país:

TOP ÍNDICE IGMA POR REGIÃO: CIDADES COM MAIS DE 100 MIL HABITANTES

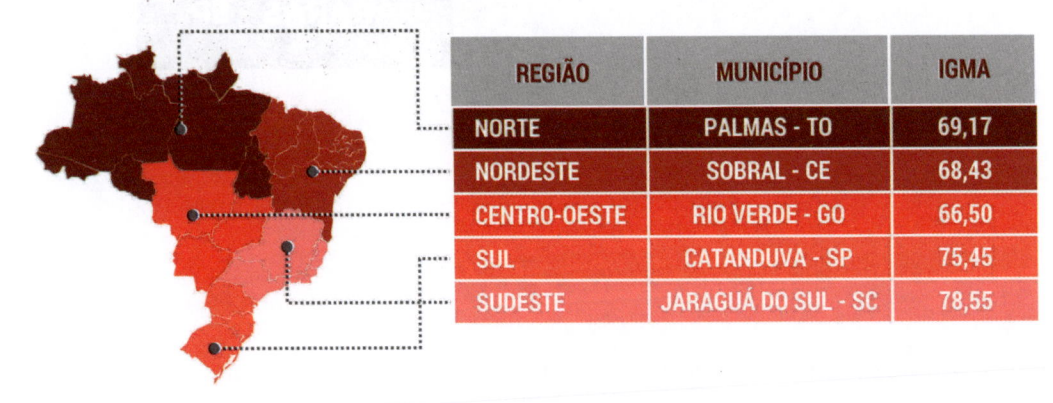

REGIÃO	MUNICÍPIO	IGMA
NORTE	PALMAS - TO	69,17
NORDESTE	SOBRAL - CE	68,43
CENTRO-OESTE	RIO VERDE - GO	66,50
SUL	CATANDUVA - SP	75,45
SUDESTE	JARAGUÁ DO SUL - SC	78,55

Figura 101: Melhores municípios (com mais de 100 mil habitantes) para morar ou investir por Região.
Fonte: Plataforma IGMA – Consulta: janeiro de 2021.

ESTUDO DE CASO

Homicídios no Brasil

Em 2019, o país alcançou o patamar de aproximadamente 21,65 homicídios a cada 100 mil habitantes. O Brasil foi o país que apresentou o maior número de mortes por arma de fogo no mundo. Segundo dados da Pesquisa Global de Mortalidade por Armas de Fogo (Global Mortality from firearms, 1990 - 2016), do Instituto de Métricas e Avaliação em Saúde (Institute for Health Metrics and Evaluation), o país somou 43.200 mortes. Atrás do Brasil, vem os Estados Unidos, com 37.200 mortes. Apenas seis países das Américas comportam metade de todas as mortes por arma de fogo no mundo. Mortes em conflitos terroristas e execuções não foram contabilizadas para os resultados finais da pesquisa.

A questão é: *todas as cidades estão ruins? Algum município apresenta bons números? Quais são as boas práticas que podemos reaplicar no país? Como podemos caminhar mais rápido rumo a uma solução?*

No Brasil, 794 (14%) municípios brasileiros concentram aproximadamente 80% dos homicídios.

MUNICÍPIOS QUE CONCENTRAM MAIOR NÚMERO DE HOMICÍDIOS

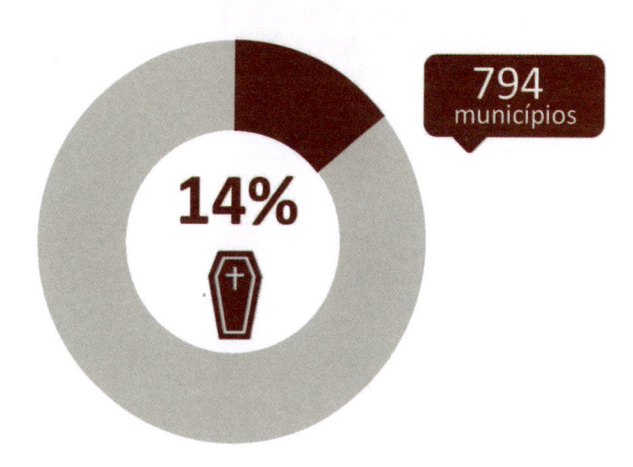

14% — 794 municípios

Figura 102: Representatividade dos municípios com maiores homicídios. Fonte: DataSUS (2019), IBGE (2019), extraído da plataforma IGMA em Janeiro/2021.

A região Nordeste concentra 41% das mortes do país. Apesar de essa ser a região líder no país em número absoluto, a maior taxa média de homicídios concentra-se no Norte do Brasil.

TAXA DE HOMICÍDIOS POR REGIÃO

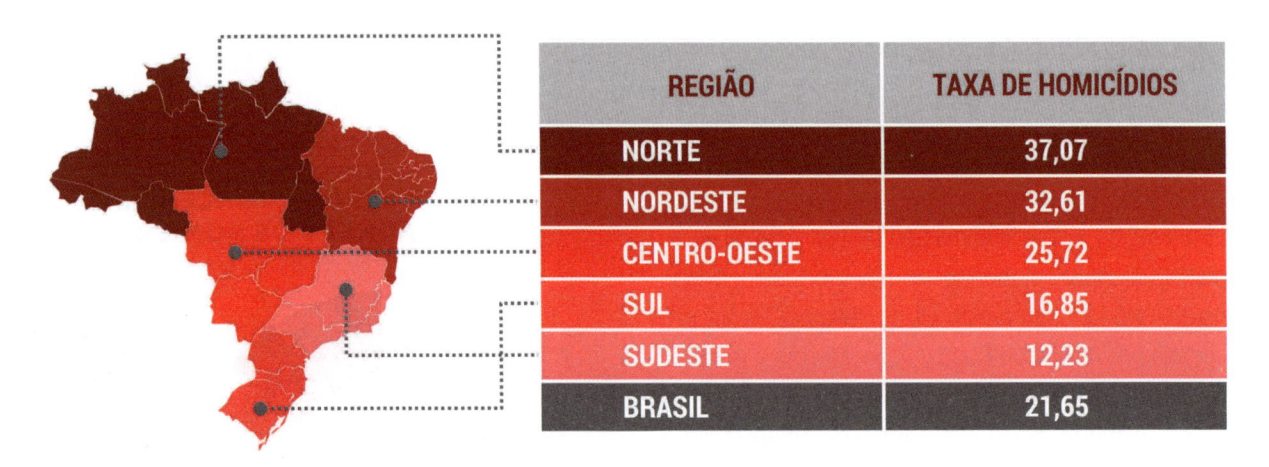

REGIÃO	TAXA DE HOMICÍDIOS
NORTE	37,07
NORDESTE	32,61
CENTRO-OESTE	25,72
SUL	16,85
SUDESTE	12,23
BRASIL	21,65

Figura 103: Taxa de homicídios por região. Fonte: DataSUS (2019), IBGE (2019), extraído da plataforma IGMA em Janeiro/2021.

Ao aprofundarmos esse olhar, Santa Catarina e São Paulo são os estados onde encontramos as maiores proporções de municípios com taxas de homicídios dentro da recomendação da OMS, já que 72% e 74% dos seus municípios estão dentro da taxa referência, respectivamente. Adicionalmente, são as menores taxas de homicídio do país: respectivamente, 10,9 e 7,3 mortes por 100.000 habitantes

No âmbito nacional, 47% dos municípios brasileiros apresentam uma taxa de homicídios abaixo da referenciada pela OMS e, portanto, poderiam ser considerados mais seguros. Acompanhe a seguir:

Estado	% de cidade com taxa de homicídios maior que 10	% de cidade com taxa de homicídios menor que 10	Total de Municípios Avaliados
AP	88%	12%	16
RR	87%	13%	15
PE	85%	15%	185
AL	85%	15%	102
SE	83%	17%	75
AC	82%	18%	22
BA	81%	19%	417
AM	81%	19%	62
PA	79%	21%	144
CE	71%	29%	184
RO	71%	29%	52
GO	67%	33%	246
MT	67%	33%	141
MS	66%	34%	79
RJ	65%	35%	92
RN	63%	37%	167
ES	62%	38%	78
PB	61%	39%	223
MA	59%	41%	217
TO	53%	47%	139
PR	51%	49%	399
RS	40%	60%	497
MG	39%	61%	853
PI	36%	64%	224
SC	28%	72%	295
SP	26%	74%	645
Brasil	53%	47%	5569

Tabela 13: Percentual de municípios com taxa de homicídios superior e inferior à referência da OMS por Estado. Fonte: DataSUS (2019), IBGE (2019), extraído da plataforma IGMA em Janeiro/2021.

Na contramão, as cidades dos Estados do Amapá e Roraima chamam a atenção, pois 88% e 87%, respectivamente, dos municípios têm mais de 10 homicídios a cada 100.000 habitantes.

Compartilhamos, agora, outros pontos curiosos que a plataforma IGMA nos revelou:

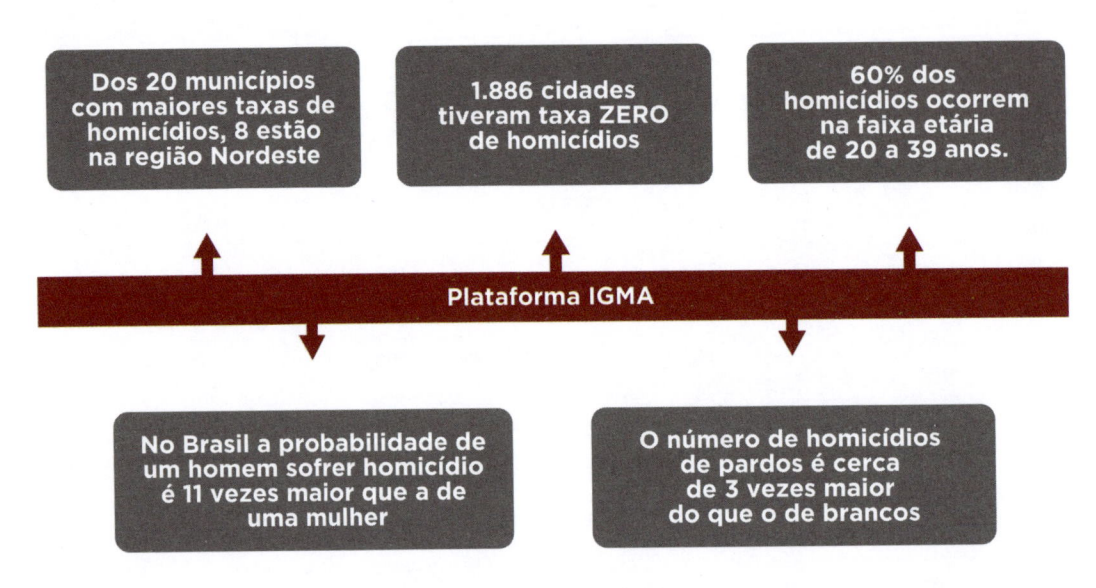

Figura 104: Pontos sobre homicídios no Brasil. Fonte: Datasus (2019), IBGE (2019), extraído da plataforma IGMA em Janeiro/2021.

Assim sendo, o mais importante é sabermos que, como bons gestores, cidadãos ou investidores, devemos utilizar a informação para a melhor tomada de decisão e, principalmente, recomendar investimentos adequados a partir dos recursos disponíveis em prol da promoção da cidadania e da qualidade de vida da população.

Um índice para além dos municípios

Mais do que uma plataforma gerencial construída sob o ponto de vista municipal, o IGMA tem captado informações de cunho estadual e proporcionado a evolução dos debates junto aos representantes da população nas diferentes entidades federativas do país.

Assim, com o objetivo de trazer um olhar mais amplo sobre as esferas estaduais e municipais e avaliar a coordenação de iniciativas de ambas, não poderíamos deixar de abordar este tema tão comum em nossas reuniões e que já está em estágio avançado de incorporação à plataforma IGMA: os indicadores estaduais que contribuem para a análise da gestão pública nacional.

Quando falamos de cidades excelentes, é importante e prudente considerarmos que os municípios estão inseridos em um contexto maior, integrados a uma gestão estadual que exerce forte influência no desenvolvimento dos 5 pilares do ciclo virtuoso de desenvolvimento humano.

Dessa forma, trazemos a seguir alguns indicadores estaduais com os quais já trabalhamos e serão incorporados à plataforma IGMA. Em breve, será possível realizar análises ricas que contemplam a avaliação conjunta de municípios e de Estados.

Estado	Nº de cidades
MG	853
SP	645
RS	497
BA	417
PR	399
SC	295
GO	246
PI	224
PB	223
MA	217
PE	185
CE	184
RN	167
PA	144
MT	141
TO	139
AL	102
RJ	92
MS	79
ES	78
SE	75
AM	62
RO	52
AC	22
AP	16
RR	15
DF	1
Brasil	5570

Tabela 14: Número de municípios por Estado. Fonte: IBGE, extraído da plataforma IGMA em Janeiro/2021.

Ao tratar do impacto da gestão estadual nos municípios, a capacidade do estado de gerar e distribuir riquezas para a cidade aparece como um tema essencial, sobre o qual podemos destacar o papel do pilar eficiência fiscal e transparência, o qual é a base para a gestão dos recursos financeiros da cidade.

As fontes das receitas são distintas entre os municípios e os Estados. Por exemplo, o Estado é o arrecadador do Imposto sobre Circulação de Mercadorias e Prestação de Serviços de Transporte Interestadual e Intermunicipal e Comunicação (ICMS), enquanto o município é o arrecadador do Imposto Sobre Serviços de Qualquer Natureza (ISSQN). Algumas formas de acompanhar a eficiência da gestão estadual é monitorando os seguintes indicadores: resultado fiscal, solvência fiscal, *rating* de capacidade de pagamento e investimento *per capita*.

Outra maneira de avaliar como os entes públicos influenciam e se beneficiam pela geração de riqueza é avaliando o indicador proporção imposto no PIB: *quanto da riqueza gerada está sendo destinada para pagar os impostos?*

Para avaliar como os recursos estão sendo utilizados, são acompanhados os indicadores gasto com pessoal, receita corrente líquida, custo do Executivo/PIB, custo do Judiciário/PIB, custo do Legislativo/PIB.

Sobre o pilar educação da metodologia Cidades Excelentes, sabemos que é de responsabilidade do ente federativo Estado a educação do ensino médio da população. Para avaliar a gestão da educação pública nas séries desse período, adotamos alguns indicadores estaduais, como a taxa de abandono, taxa de frequência, IDEB e, evidentemente, a eficiência do gasto, que é o indicador de gasto por aluno por nota do IDEB.

Com exceção desse último indicador, todos os demais são facilmente acompanhados por cada município, o que evidencia o quanto a gestão estadual impacta na promoção da excelência das cidades. Basta refletir: *se um município não oferece um Ensino Médio de qualidade para a sua população, como a região poderá educar futuros profissionais e promover o desenvolvimento econômico?*

Ainda a respeito da educação, a gestão pública do ensino fundamental é um ponto de discussão, pois existem várias diretrizes dividindo-a entre responsabilidade municipal e estadual. Para a construção da plataforma gerencial IGMA, foram considerados tanto os anos iniciais quanto os anos finais do ensino fundamental, integrando-os à metodologia Cidades Excelentes.

Quanto ao pilar saúde e bem-Estar, sabemos que o município é responsável pelo atendimento à saúde básica da sociedade e o Estado, por sua vez, pelos casos de média e de alta complexidade. Entende-se como média e alta complexidade todos os tipos de cirurgias, exames, diagnósticos e consultas eletivas com dermatologistas, cardiologistas e ortopedistas.

Atualmente, no Brasil, a gestão desses recursos se dá por meio da divisão fictícia do Estado em microrregiões. Em muitos casos, há um município polo que gerencia a verba e atende, além da sua população, as dos municípios vizinhos. Por isso, é comum vermos ambulâncias de cidades próximas transportando pacientes de um determinado município para atendimento nas cidades polo de uma microrregião.

É dessa forma que são monitorados os indicadores número de internações de média e alta complexidade e número de atendimentos ambulatoriais de alta e de média complexidade.

Sob o ponto de vista da gestão estadual, outros indicadores importantes para a área da saúde são a taxa de mortalidade prematura por doenças crônicas não transmissíveis e o número de equipamentos diagnósticos por 100 mil habitantes.

Falando agora sobre infraestrutura e mobilidade urbana, o Estado conta com indicadores próprios que mensuram sua capacidade de fornecer acesso à energia elétrica e de apoiar o acesso à internet. Em relação ao saneamento básico, existem os indicadores destinação do lixo e atendimento a esgoto[9]. Outro indicador a ser acompanhado é o *déficit* habitacional ou condições inadequadas de moradia, o qual levanta reflexões do tipo: *como estão os domicílios? Improvisados? Rústicos? Quantas pessoas dividem o mesmo teto? Qual é o peso do gasto do aluguel em relação à renda familiar?*

São fatores que impactam nos demais pilares, como no de educação e no de saúde e bem-estar, por exemplo. Imagine: *Se a casa está em situação precária, a quais doenças e riscos as famílias estão expostas? Como a criança em idade escolar pode se dedicar aos estudos extras em um ambiente inadequado, com muito barulho e intervenções?*

Outra importante questão pública do Estado está relacionada à mobilidade: as rodovias estaduais. *Como ficariam os municípios sem as rodovias que os interligam?* Os modais de transporte podem ser diferenciais para o desenvolvimento de toda uma cadeia da economia local.

Finalizando a abordagem sobre o impacto da gestão do Estado sobre o município, chegamos ao pilar desenvolvimento socioeconômico e ordem Pública, sobre o qual destacamos o importante papel do Estado para a ordem ou segurança pública. É essa esfera governamental a responsável pela gestão das penitenciárias, que é mensurada pelo indicador *déficit* carcerário. Além disso, a polícia estadual é a que deve agir em prol das questões avaliadas pelos indicadores segurança patrimonial e mortes violentas intencionais.

Quando avaliamos as medidas preventivas para essas questões, destacam-se os indicadores percentual de presos sem condenação e o índice de produtividade comparada da justiça de primeiro grau (IPC-Jus).

Ainda sobre esse pilar, destacamos outro aspecto que merece acompanhamento e é de responsabilidade mista das esferas municipal e estadual: a gravidez precoce. *Quais medidas o Estado está tomando para evitar que adolescentes e até crianças engravidem antes da hora?* Uma gravidez precoce gera impactos na vida dos jovens pais e no desenvolvimento da criança que está por nascer. Outros indicadores também de responsabilidade mista são relacionados a condições de trabalho, como: taxa de ocupação, porcentagem de ocupação informal, geração de emprego, liberdade econômica, geração nem estuda e nem trabalha.[10]

A partir dos relatos acima, compreendemos como as gestões do Estado e do município exercem influência entre si, ou seja, são interdependentes.

---

[9] A destinação do lixo e o atendimento a esgoto são de responsabilidade compartilhada entre os municípios e os Estados. Pelo peso da atuação do Estado, sua menção foi priorizada nesta seção.

[10] Pessoas de 15 a 29 anos não ocupadas e que não frequentam escola nem outros cursos extracurriculares. Além de não estarem no mercado de trabalho, elas não se especializam para conseguir uma colocação.

Por exemplo, no caso do pilar educação, se o aluno não cursar um bom ensino fundamental (responsabilidade municipal), não estará devidamente preparado para cursar o ensino médio (responsabilidade estadual). No pilar saúde e bem-estar, se o atendimento à atenção básica (responsabilidade municipal) não for adequado, as necessidades da população podem evoluir para casos de médio ou de alta complexidade, sobres os quais a rede estadual é a responsável por cuidar.

Essa realidade nos mostra que uma maior coordenação e sinergia entre o trabalho dos gestores públicos municipais e estaduais aumenta as chances de promoção da qualidade de vida e do desenvolvimento humano para os cidadãos brasileiros. Assim, a plataforma IGMA está em constante evolução. Seu objetivo é tangibilizar a metodologia Cidades Excelentes para a realidade brasileira. Dessa forma, viabilizar indicadores municipais e estaduais no longo prazo auxiliará ainda mais no planejamento de políticas públicas e avaliação da realidade das nossas cidades.

Os ODS

O que significa ODS?

Os Objetivos de Desenvolvimento Sustentável (ODS) são definidos pela ONU como um apelo universal para erradicar a pobreza, proteger o planeta e melhorar a vida e a perspectiva de todos, em todos os lugares.

Em 2015, países e a população global se reuniram em uma oportunidade única para decidir sobre novos caminhos, a fim de promover o desenvolvimento sustentável (social, econômico e ambiental), a paz, a justiça e a construção de instituições eficazes. Junto aos governos, sociedade civil e outros parceiros, as Nações Unidas trabalharam para aproveitar esse impulso e levar à frente uma meta coletiva de desenvolvimento ambiciosa, a Agenda 2030.

A Agenda 2030 é composta por:

- Uma declaração com o compromisso firmado, a visão e os princípios definidos;

- Um quadro de resultados esperados, que traduzem a ambição em 17 objetivos (Figura 110) e suas 169 metas que impulsionam ação em 5 áreas cruciais para o desenvolvimento sustentável;

- Uma seção sobre meios de implementação e de parcerias globais;

- E um roteiro para acompanhamento que destaca a importância de indicadores confiáveis, de qualidade, acessíveis e atualizados.

Figura 105: Objetivos de desenvolvimento sustentável. Fonte: ONU.

Objetivo 1: Erradicação a pobreza
Acabar com a pobreza em todas as suas formas, em todos os lugares;

01 ERRADICAÇÃO DA POBREZA

Objetivo 2: Fome zero e agricultura sustentável
Erradicar a fome, alcançar a segurança alimentar, melhorar a nutrição e promover a agricultura sustentável;

02 FOME ZERO E AGRICULTURA SUSTENTÁVEL

Objetivo 3: Saúde e bem estar
Garantir o acesso à saúde de qualidade e promover o bem-estar para todos, em todas as idades;

03 SAÚDE E BEM ESTAR

Objetivo 4: Educação de qualidade
Garantir o acesso à educação inclusiva, de qualidade e equitativa, e promover oportunidades de aprendizagem ao longo da vida para todos;

04 EDUCAÇÃO DE QUALIDADE

Objetivo 5: Igualdade de gênero
Alcançar a igualdade de gênero e empoderar todas as mulheres e meninas;

05 IGUALDADE DE GÊNERO

Objetivo 6: Água potável e saneamento
Garantir a disponibilidade e a gestão sustentável da água potável e do saneamento para todos;

06 ÁGUA POTÁVEL E SANEAMENTO

Objetivo 7: Energia limpa e acessível
Garantir o acesso a fontes de energia fiáveis, sustentáveis e modernas para todos;

07 ENERGIA LIMPA E ACESSÍVEL

Objetivo 8: Trabalho descente e crescimento econômico

Promover o crescimento econômico inclusivo e sustentável, o emprego pleno e produtivo e o trabalho digno para todos;

08 TRABALHO DECENTE E CRESCIMENTO ECONÔMICO

Objetivo 9: Indústria, inovação e infraestrutura

Construir infraestruturas resilientes, promover a industrialização inclusiva e sustentável e fomentar a inovação;

09 INDÚSTRIA, INOVAÇÃO E INFRAESTRUTURA

Objetivo 10: Redução das desigualdades

Reduzir as desigualdades no interior dos países e entre países;

10 REDUÇÃO DE DESIGUALDADES

Objetivo 11: Cidades e comunidades sustentáveis

Tornar as cidades e comunidades mais inclusivas, seguras, resilientes e sustentáveis;

11 CIDADES E COMUNIDADES SUSTENTÁVEIS

Objetivo 12: Consumo e produção sustentáveis

Garantir padrões de consumo e de produção sustentáveis;

12 CONSUMO E PRODUÇÃO RESPONSÁVEL

Objetivo 13: Ação contra a mudança global do clima

Adotar medidas urgentes para combater as alterações climáticas e os seus impactos;

13 AÇÃO CONTRA A MUDANÇA GLOBAL DO CLIMA

Objetivo 14: Vida na água
Conservar e usar de forma sustentável os oceanos, mares e os recursos marinhos para o desenvolvimento sustentável;

Objetivo 15: Vida terrestre
Proteger, restaurar e promover o uso sustentável dos ecossistemas terrestres, gerir de forma sustentável as florestas, combater a desertificação, travar e reverter a degradação dos solos e travar a perda da biodiversidade;

Objetivo 16: Paz, justiça e instituições eficazes
Promover sociedades pacíficas e inclusivas para o desenvolvimento sustentável, proporcionar o acesso à justiça para todos e construir instituições eficazes, responsáveis e inclusivas a todos os níveis;

Objetivo 17: Parcerias e meios de implementação
Reforçar os meios de implementação e revitalizar a parceria global para o desenvolvimento sustentável;

Figura 106: Objetivos de desenvolvimento sustentável. Fonte: ONU.

Figura 107: Áreas cruciais de importância para humanidade (ONU).

Os 17 ODS consolidam de forma equilibrada objetivos econômicos, sociais e ambientais. Nesse contexto, a plataforma IGMA se apresenta como uma importante aliada na geração de conhecimento e no fortalecimento das instituições rumo ao desenvolvimento sustentável, haja vista que ela é uma fonte de referência para traduzir esses objetivos para realidade dos diversos municípios brasileiros, bem como uma ferramenta robusta para apoiar o acompanhamento dos indicadores.

A relação entre as Cidades Excelentes e os ODS

A metodologia Cidades Excelentes busca a melhoria dos municípios brasileiros por meio do desenvolvimento dos 5 pilares do ciclo virtuoso. Entendemos que a nossa jornada está diretamente conectada com os ODS da ONU, visto que o nosso objetivo é o de promover melhorias constantes nos serviços prestados e, por conseguinte, o aumento da qualidade de vida da população. À medida que melhoramos o índice IGMA, impactamos diretamente nos objetivos dos ODS.

A essência da ferramenta é superar os atuais desafios da gestão pública, os quais são interligados com as 3 dimensões da sustentabilidade: social, econômica e ambiental. Como vimos anteriormente, não é possível dissociar a melhoria de condição de vida das populações da concepção de sustentabilidade. É necessário o equilíbrio entre essas frentes que são indivisíveis.

Diante disso, para a implementação e o alcance das metas dos Objetivos do Desenvolvimento Sustentável, a plataforma IGMA pactua diretamente com o ODS 16 (Paz, Justiça e Instituições Eficazes) e com o ODS 17 (Parceria e Meios de Implementação), ao fortalecer a mola propulsora do desenvolvimento humano, que é a eficiência fiscal e transparência, da seguinte forma:

- ✓ **Capacidade estatística para monitoramento dos Objetivos do Desenvolvimento Sustentável** – Ao acompanhar o alcance de resultados a nível municipal e priorização de projetos para melhoria destes;
- ✓ **Desenvolvimento de instituições eficazes, responsáveis e transparentes em todos os níveis** – Ao trazer gestão à vista dos resultados;
- ✓ **Proporção da população satisfeita com serviços públicos** – Ao priorizar os recursos públicos onde é mais necessário e crítico;
- ✓ **Garantia do acesso público à informação** – Ao fornecer confiabilidade e centralização dos dados. É uma Agenda de todas as pessoas e que tem como objetivo não deixar ninguém para trás;
- ✓ **Aumento da coerência das políticas para o desenvolvimento sustentável** – Ao tangibilizar a ambição para atingir patamares de Cidades Excelentes;
- ✓ **Aumento da estabilidade macroeconômica por meio da coordenação e da coerência de políticas** - Ao promover a eficiência na aplicação;
- ✓ **Incentivo e promoção de parcerias públicas, público-privadas e com a sociedade civil eficazes** – Ao contribuir para parcerias em prol das metas e mobilização de todos em torno da Agenda.

Os 5 pilares IGMA (Eficiência Fiscal e Transparência, Educação, Saúde e Bem-Estar, Infraestrutura e Mobilidade, Desenvolvimento Socioeconômico e Ordem Pública), que sustentam a condição de Cidade Excelente, se correlacionam com os 17 ODS da seguinte forma:

A CORRELAÇÃO DIRETA ENTRE OS 5 PILARES DO IGMA E OS ODS

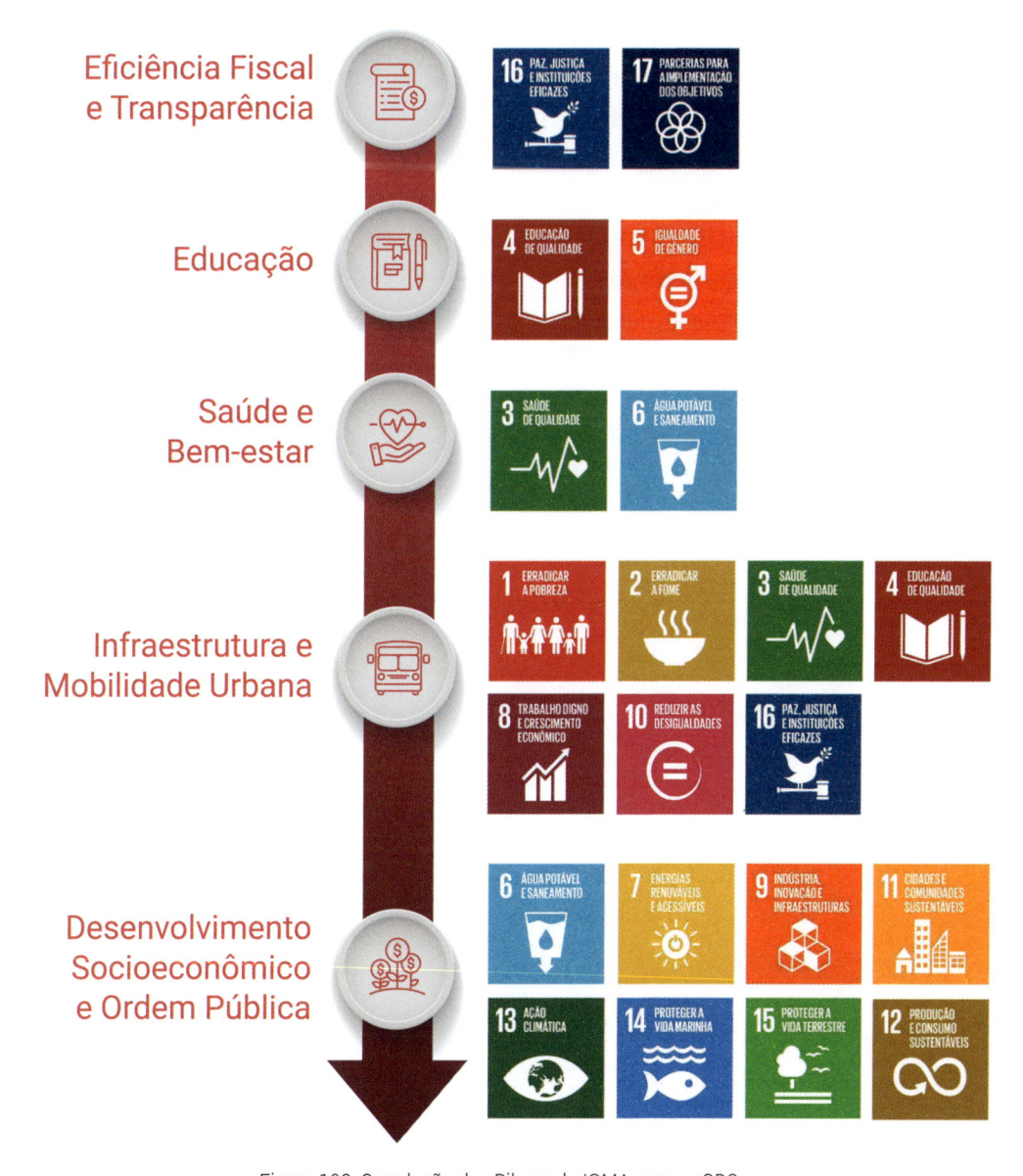

- Eficiência Fiscal e Transparência: 16 Paz, Justiça e Instituições Eficazes; 17 Parcerias para a Implementação dos Objetivos
- Educação: 4 Educação de Qualidade; 5 Igualdade de Gênero
- Saúde e Bem-estar: 3 Saúde de Qualidade; 6 Água Potável e Saneamento
- Infraestrutura e Mobilidade Urbana: 1 Erradicar a Pobreza; 2 Erradicar a Fome; 3 Saúde de Qualidade; 4 Educação de Qualidade; 8 Trabalho Digno e Crescimento Econômico; 10 Reduzir as Desigualdades; 16 Paz, Justiça e Instituições Eficazes
- Desenvolvimento Socioeconômico e Ordem Pública: 6 Água Potável e Saneamento; 7 Energias Renováveis e Acessíveis; 9 Indústria, Inovação e Infraestruturas; 11 Cidades e Comunidades Sustentáveis; 13 Ação Climática; 14 Proteger a Vida Marinha; 15 Proteger a Vida Terrestre; 12 Produção e Consumo Sustentáveis

Figura 108: Correlação dos Pilares do IGMA com os ODS.

Do ponto de vista da indivisibilidade da sustentabilidade, os pilares IGMA entrelaçam todo o conjunto dos ODS, pactuando positivamente para o seu alcance e promoção. Além disso, sabemos da importância do gerenciamento por meio dos indicadores, sendo certo que tanto os ODS quanto o IGMA são compostos por uma série deles, os quais estão diretamente correlacionados.

Assim, a ferramenta gerencial IGMA é também importante para gestores públicos atenderem a população no que ela mais necessita, orientando-os na tomada de decisão e na priorização dos recursos. Já nas relações entre a esfera pública e privada, a solução é relevante para determinar parcerias e projetos mais críticos para o município. O setor privado tem importante participação na Agenda, pois detém recursos financeiros e a capacidade de realizar investimentos em pesquisa e inovações.

O Índice de Gestão Municipal Aquila aproxima os setores público, privado e a população, permitindo uma comunicação mais clara e efetiva. Todos têm acesso e utilizam uma ferramenta com uma linguagem em comum e finalidade compartilhada de melhoria das condições humanas e alcance das metas dos Objetivos do Desenvolvimento Sustentável até 2030.

Sendo assim. ao se guiar pela plataforma IGMA, o gestor municipal estará trilhando um caminho rumo ao círculo virtuoso de desenvolvimento humano e, consequentemente, irá alcançar os objetivos do desenvolvimento sustentável da ONU.

Mais do que isso, ao utilizar todas as ferramentas e técnicas apresenadas até aquie nas próximas páginas, o gestor conseguirá, de maneira prática e gerencial, desenhar e aplicar uma estratégia estruturada de desenvolvimento sustentável para o município.

4

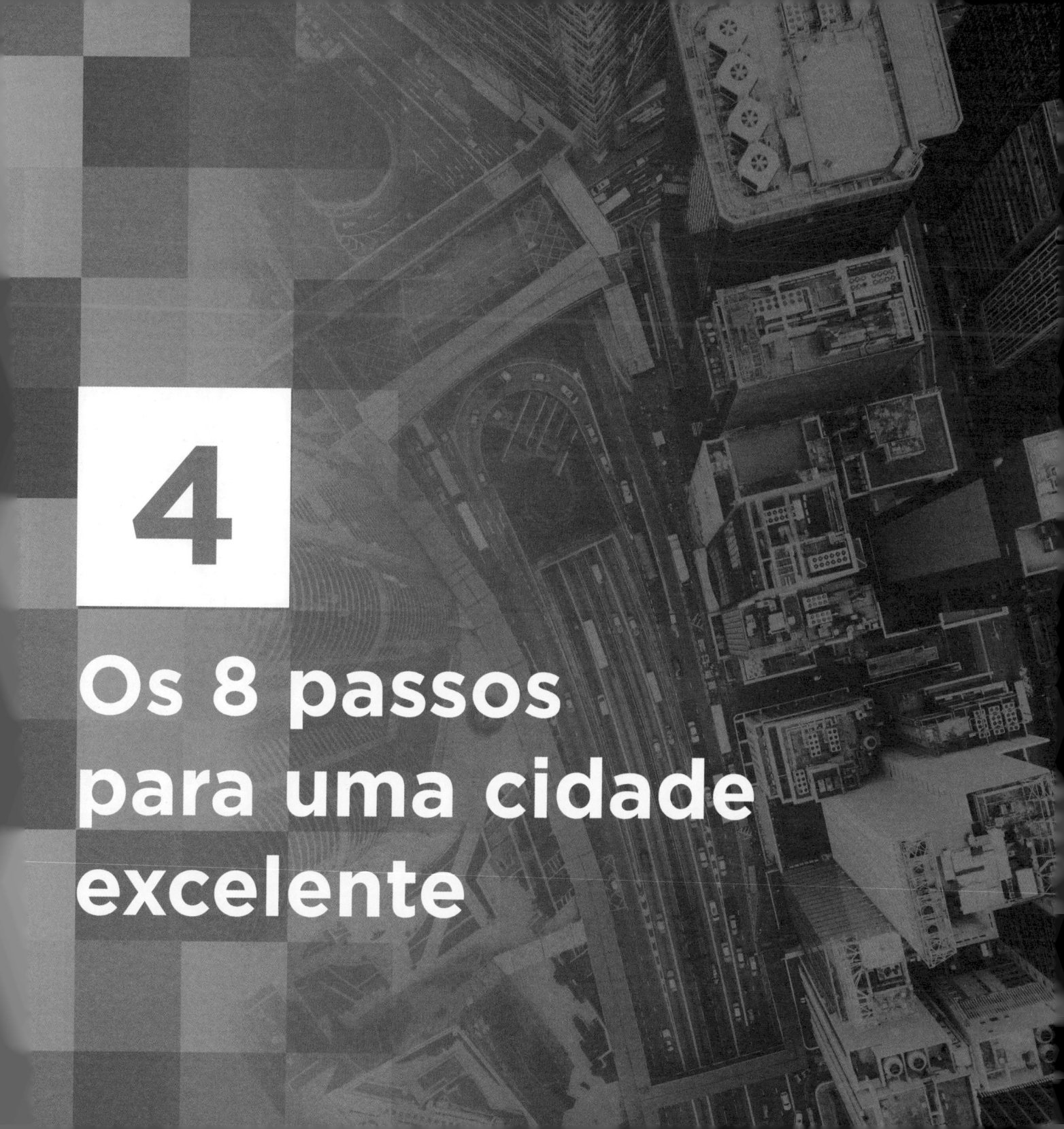

Os 8 passos para uma cidade excelente

OS 8 PASSOS PARA UMA CIDADE EXCELENTE

Sabendo que a excelência não se trata de um objetivo final, mas de um processo diário, acreditamos que a gestão municipal pode alcançar os melhores resultados e entregar serviços de qualidade para a população à medida que conseguir traçar o seu caminho rumo à ambição de ser uma cidade excelente.

Ou seja, trata-se de um planejamento capaz de trazer o futuro para o presente e de estabelecer, na localidade, um ambiente competitivo, que gere riquezas e qualidade de vida de forma sustentável para os seus cidadãos.

Nesse sentido, evoluímos o nosso desenrolar teórico com uma metodologia de gerenciamento desenvolvida pelo Aquila e voltada para resultados que, ao ser aplicada, permite que qualquer município aprimore a sua estrutura com excelência, a fim de promover o ciclo virtuoso de desenvolvimento humano na sua localidade. São os 8 Passos da Excelência!

Frisamos que esses 8 Passos não se aplicam somente aos gestores públicos municipais, mas também às empresas privadas e instituições que desejam implementar melhorias estruturais na sua gestão e mudança de patamar de resultados. Neste livro, iremos dar ênfase nessa metodologia apenas para a área pública.

Vale destacar que os 8 Passos se aplicam também no momento da elaboração do plano de governo do candidato à prefeitura, pois ele precisa conter respostas a perguntas como: *Onde queremos chegar? Como será a gestão? Qual é a situação atual para o desenho das estratégias e dos desafios a serem percorridos?*

Então, quais são esses 8 Passos?

A **Ambição**, principal combustível desta jornada, é o **passo 1**. É nesse momento que se define o sonho de onde a prefeitura chegará. Com essa resposta estabelecida, é possível determinar metas para qualquer município.

Quem não planeja é planejado! Para quem não tem metas, qualquer resultado serve. Por isso, a primeira atitude dessa metodologia é a definição do estágio futuro que se deseja alcançar! Aqui, a plataforma IGMA já valida a sua relevância quando permite, de maneira ágil, o estabelecimento de metas arrojadas e compatíveis com as realidades dos municípios brasileiros.

O segundo passo é a **Governança**, que é o modo como o município desempenha a gestão dos recursos sociais e econômicos em busca do desenvolvimento humano. Assim, deve ser o **passo 2**.

A prefeitura deve estabelecer um modelo de gestão, para que, a partir de uma visão sistêmica e multidisciplinar, todos compreendam suas responsabilidades durante a definição e a implementação das estratégias.

Do ponto de vista da comunidade, a governança acontece por meio da participação popular em audiências públicas e no acompanhamento dos indicadores do município, por exemplo.

Sem evidências, metas e governança não passam de um sonho. Por isso, o **terceiro passo** é o levantamento de **Evidências**: dados históricos, pesquisas qualitativas, resultados das contas públicas, etc. Todos esses documentos são insumos para a avaliação da ambição estabelecida e a verificação do quão desafiadoras serão as mudanças necessárias para o alcance da mesma.

Uma das principais dificuldades dos gestores públicos municipais está na leitura situacional da cidade. Geralmente, a equipe gestora necessita de meses para detalhar tais evidências. Hoje, a plataforma IGMA permite a gestão municipal chegar a um diagnóstico preciso sobre o desenvolvimento da cidade em apenas alguns dias.

A **Produtividade** é o **passo 4**. Ela prioriza o foco e a entrega dos trabalhos, uma etapa para executar a eficácia e a eficiência da gestão no plano de ação municipal. É quando são elaborados os projetos estruturais e os *books* de metas de cada secretaria.

Essa etapa corresponde ao plano de trabalho em si. Definirá como o gestor público, os profissionais comissionados e os servidores concursados irão, juntos, promover as melhorias necessárias para alcançar a excelência da cidade. Esse plano de ação deve estar correlacionado com as principais estratégias da ambição, de forma a alcançar os melhores resultados rumo à excelência.

É preciso reduzir a distância entre o serviço esperado pela população e as entregas das prefeituras do país. Ou seja, alocar os recursos para realizar os projetos prioritários que resolverão as principais restrições do município.

O **quinto passo** provoca a reflexão: *nosso time é capaz?* A **Qualidade Técnica** foca na maturidade de gestão da máquina pública, que, por sua vez, é um retrato da articulação entre os times multidisciplinares, as tecnologias disponíveis e os processos da gestão para tornar a ambição real. Quanto maior for a capacidade de manter e melhorar resultados da máquina pública, mais potencial de excelência terá essa cidade.

A **Disciplina**, **sexto passo**, é importante para garantir a entrega do que foi planejado. Esse estágio é caracterizado pela prática dos rituais formais de gestão e pelo acompanhamento periódico dos planos e dos indicadores de uma cidade.

Segundo Kaplan e Norton (2008), em livro publicado pela *Harvard Business Review Press*, 90% das estratégias falham em função da baixa implementação. Por isso, é tão importante que haja disciplina para controlar o que está sendo implementado e se as metas estabelecidas estão sendo alcançadas.

Controle, portanto, é a palavra-chave dessa etapa. Na prática, nos referimos ao acompanhamento dos planos e cronogramas, das entregas prometidas e da prestação de contas; uma rotina de excelência para uma gestão municipal.

O **sétimo passo** é o **Retorno**. Os gestores públicos devem aumentar a capacidade de investimento e a maturidade de gestão dos municípios, para que fortaleçam a sua autonomia fiscal e realizem uma prestação de serviços cada vez mais independente e eficiente. Para isso, pode ser que precisem realizar mudanças estruturais para reduzir e eliminar disfunções, desconexões e desperdícios (os 3Ds) das suas máquinas administrativas.

Um dos principais objetivos dos 8 Passos é aumentar a excelência do município. Liberar recursos para investimentos e melhoria da prestação de serviços para população é parte fundamental desse processo.

Finalizando o caminho rumo a uma cidade excelente, a **Transparência** chega como o **oitavo passo**, o qual está intimamente relacionado ao pilar 1 do ciclo virtuoso, à medida que incentiva o engajamento social e a cidadania da população ao comunicá-la sobre resultados e ações e convidá-la para participar de audiências públicas e acompanhar as contas da gestão municipal.

Assim como os 5 pilares que compõem o ciclo virtuoso da metodologia cidades excelentes, os 8 Passos são interdependentes e precisam funcionar em harmonia para o alcance da ambição de um governo municipal.

A seguir, apresentamos detalhadamente cada um desses passos!

Passo 1
Ambição

Aliados à capacidade de realização, os ideais tornam os sonhos reais.

O mundo é movido por ambições, ideais e visão de futuro. São esses elementos que, aliados a uma capacidade de realização, podem tornar os sonhos reais. Nesse sentido, o primeiro passo a ser dado pela administração pública é a compreensão de **onde** se deseja chegar. Em termos de excelência na gestão municipal, *o que será entregue à população da cidade?*

O prefeito é um servidor, o que, na origem do termo latim *servitore,* significa aquele que serve, auxilia, ajuda a população. Por isso, a ambição do prefeito sempre deve ser entregar a cidade melhor do que recebeu.

A ambição não se trata de um desejo apenas para si, mas também para os outros. Ela envolve uma vontade profunda do coração e está relacionada ao desenvolvimento de talentos, à busca de melhorias, à ampliação de forças e a mudanças de patamar.

Ao desenhar o que se espera de uma cidade excelente, a ambição pede uma reflexão de onde estamos e de onde queremos chegar.

Figura 109: Ambição.

As demandas são infinitas, mas os recursos são finitos. Por isso, é necessário definir quais são as prioridades e estas devem estar descritas na ambição.

Ante a essa necessidade de priorização, *em quais pilares da ferramenta IGMA a prefeitura deve atuar para promover as melhorias estruturais necessárias? Quais indicadores cruciais devem ser trabalhados para que se promova mudanças efetivas?*

O papel da sociedade é fundamental nesse momento. É preciso eleger e exigir gestores que apresentem um plano de governo claro, com objetivos e metas bem estabelecidas. Em outras palavras, que sejam capazes de transformar suas promessas em técnicas eficientes de gestão e entregar excelentes resultados sociais.

Não é preciso reinventar a roda. O importante é compreender:

Uma boa saída para essas soluções são as informações fornecidas pela plataforma IGMA. Ela exibe, com dados atuais, quais indicadores devem ser focados em termos de ambição e, assim, permite materializar a excelência no nível de desenvolvimento da população.

Para isso, o prefeito e a sua equipe podem acessá-la, conhecer o resultado atual do município por indicador e verificar, por meio do *machine learning*, quais cidades do Brasil são comparáveis à sua.

A reflexão que o gestor municipal deve realizar é: *Como tornar a minha cidade excelente ou referência dentro do grupo de comparação? Quais indicadores precisam melhorar? Quais são os benchmarks possíveis de serem alcançados?* Essa deve ser a ambição: ser o melhor município do Brasil com aquelas características!

- **O QUE ESTÁ JÁ SENDO FEITO E DEVE CONTINUAR?**
- **O QUE FOI PLANEJADO, MAS NÃO REALIZAMOS E DEVE SER IMPLANTADO?**
- **O QUE PRECISAMOS CRIAR?**

Case Cidade Excelente

No *case* que iremos apresentar, a primeira etapa para a definição da ambição de um município com o qual estávamos trabalhando foi, por meio da plataforma IGMA, verificar qual era a situação em que ele se encontrava dentro do ciclo virtuoso de desenvolvimento humano.

CIDADE EXEMPLO

População: 15.018 habitantes

PIB *per capita*: 20.817 R$/habitantes

Receita: R$ 58 Milhões

POSIÇÕES NOS RANKINGS

BRASIL	2647	5570
REGIÃO	1241	1668
ESTADO	608	645
MESORREGIÃO		21
MICRORREGIÃO		15

IGMA	55,27
EFICIÊNCIA FISCAL E TRANSPARÊNCIA	68,32
EDUCAÇÃO	61,21
SAÚDE E BEM-ESTAR	39,01
INFRAESTRUTURA E MOBILIDADE URBANA	47,96
DESENVOLVIMENTO SOCIOECONÔMICO E ORDEM PÚBLICA	59,85

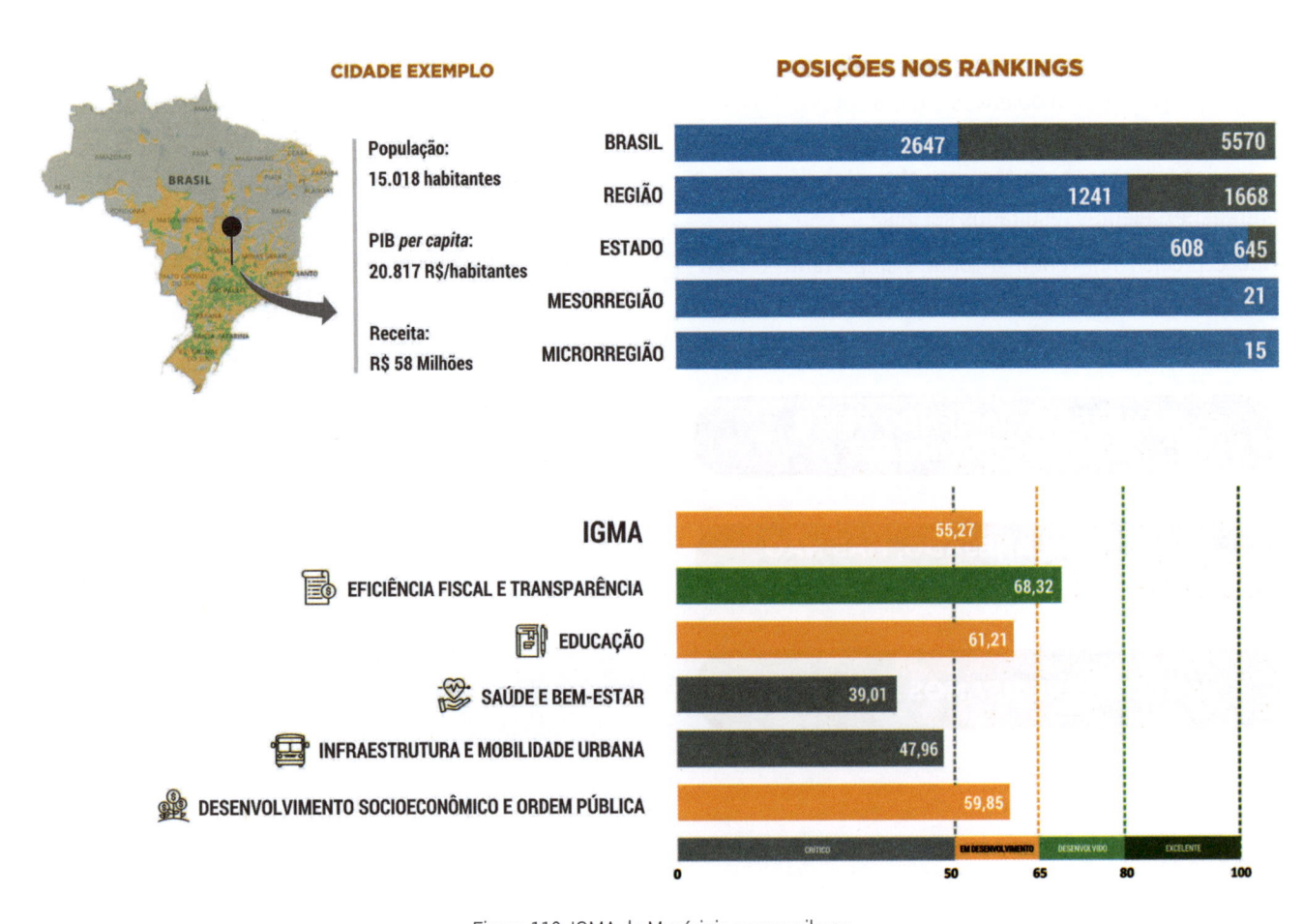

CRÍTICO (0) | EM DESENVOLVIMENTO (50) | DESENVOLVIDO (65) | EXCELENTE (80-100)

Figura 110: IGMA do Munícipio e seus pilares

Conforme demonstrado na figura 115, o município possuía dois pilares que mais necessitavam de desenvolvimento: saúde e bem-estar e infraestrutura.

No entanto, apenas com essas informações não seria possível fazer uma inferência precisa sobre qual deveria ser a ambição dessa cidade rumo à excelência.

Por isso, para aprofundar a análise, foi realizada a sua comparação com cidades com características estruturais semelhantes, as quais foram indicadas pelo algoritmo da plataforma IGMA, baseado em PIB *per capita*, receita, população e outras variáveis.

Abaixo o valor do IGMA das 5 cidades comparadas.

CIDADES COMPARÁVEIS

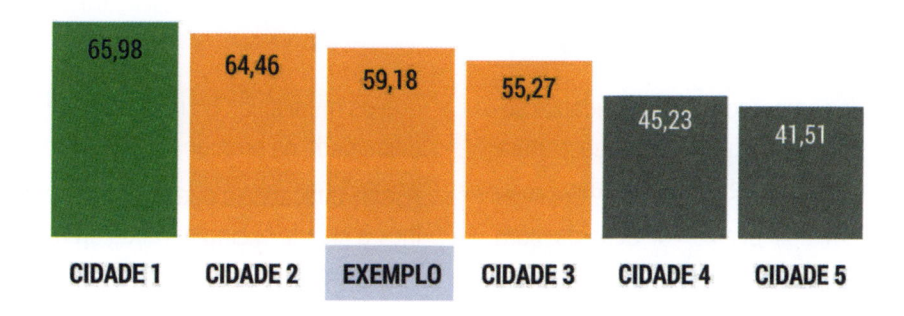

CIDADE 1	CIDADE 2	EXEMPLO	CIDADE 3	CIDADE 4	CIDADE 5
65,98	64,46	59,18	55,27	45,23	41,51

Figura 111: Comparativo entre a cidade exemplo e outras com características semelhantes.

Inicialmente, a ambição traçada foi ser referência dentre as cidades do grupo de comparação.

A partir daí, estratificando a comparação para os 5 pilares, foi possível identificar a diferença de desempenho entre as cidades e quais deveriam ser a ambições para cada um dos eixos.

Cidade	IGMA	Fiscal	Educação	Saúde	Infra	Desenvolvimento
Exemplo	55,27	68,32	61,21	39,01	47,96	59,85
Cidade 1	64,46	58,02	76,24	33,00	71,57	83,50
Cidade 2	45,23	53,79	40,03	39,40	55,11	37,81
Cidade 3	65,98	68,92	70,28	49,45	64,09	77,15
Cidade 4	59,18	58,19	64,70	47,06	63,35	62,61
Cidade 5	41,51	57,31	42,66	50,04	36,96	20,56
Posição no Ranking	4	2	4	5	5	4

Figura 112: Comparativo entre o município exemplo e as demais cidades do grupo em cada um dos pilares.

Verificamos que, quando comparados com as cidades semelhantes, os pilares saúde e bem-estar e infraestrutura realmente precisavam ter ambições mais ousadas.

A ambição de cada um dos pilares foi definida com base no melhor resultado entre as cidades comparadas. Excepcionalmente, na saúde a ambição foi alcançar o patamar de "em desenvolvimento", com o valor de 65, já que os municípios do mesmo perfil também apresentam dificuldade na promoção dos serviços desse pilar.

Assim, buscando o que os outros semelhantes fazem melhor, a cidade exemplo traçou uma ambição de aumentar o IGMA de 55,27 para 73,00, colocando-o entre as cidades desenvolvidas do país.

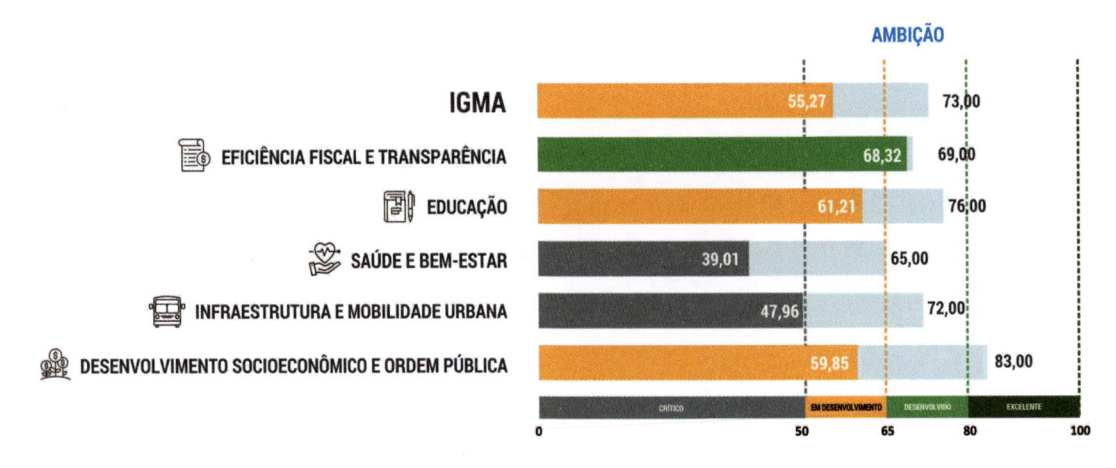

Figura 113: Realidade *versus* Ambição definida para a cidade exemplo.

Passo 2
Governança

É hora de criar as condições para viabilizar os resultados.

O envolvimento da equipe é condição necessária para viabilizar o alcance da ambição. Porém, conforme aponta a pesquisa de Harvard, apresentada no livro "8 Passos da Excelência", apenas 5% das pessoas entendem qual é o seu papel na estratégia das organizações.

Concordamos com os dados dessa pesquisa ao lembrar que, em nossas experiências nas cidades do Brasil, repetidamente nos deparamos com processos burocráticos desalinhados com a ambição municipal. Quando o prefeito toma posse, a administração pública já está em funcionamento com servidores concursados e é preciso alinhar os esforços de todos rumo ao mesmo objetivo.

Esse cenário demonstra a necessidade, portanto, da aplicação do que denominamos Times de Excelência.

A importância dos times de excelência

Compostos por grupos multidisciplinares de gestores que desenvolvem juntos atividades para a melhoria de resul-tados específicos, os times de excelência possibilitam a solução de problemas de maneira ágil e estruturada. Eles identificam e priorizam as principais causas que têm impactado negativamente nos resultados.

Dessa forma, quando o conhecimento técnico do time se alia a um método de gestão e a uma liderança firme, temos a chave do sucesso para o alcance de resultados excelentes.

Um time de excelência deve ser caracterizado pelos seguintes pontos:

- ter um objetivo bem definido a ser alcançado;
- ser constituído por uma equipe multifuncional;
- cada integrante deve ter esclarecido seu papel e responsabilidades;
- acompanhar uma governança com reuniões periódicas;
- obedecer a um método de trabalho;
- padronizar os resultados (o que acontece principalmente na implantação da rotina).

Em geral, sugerimos às prefeituras a escolha de um secretário municipal para liderar o time responsável pelo desenvolvimento de cada um dos pilares do ciclo virtuoso de desenvolvimento humano, monitorado pela plataforma IGMA. Cada secretário define um grupo, incluindo servidores efetivos, ocupantes de cargos de confiança e representantes sociais, compondo, assim, um coletivo multidisciplinar.

Cada equipe ou time é responsável por entregar os resultados do município de acordo com o seu respectivo pilar IGMA. Por exemplo, se tratamos do pilar educação, podem ser convidados para integrar o time de excelência um diretor de escola, um professor, um pai de aluno, um aluno... Todos liderados pelo representante desse pilar.

A criação dos times de excelência é fundamental para a entrega de parcelas da meta geral do município. Então, para o alcance da ambição da prefeitura são constituídos pelo menos 5 grandes times: um para melhorar a eficiência fiscal e a transparência, outro para otimizar educação, um terceiro focado em desenvolver a saúde, um quarto time com atenção especial para a infraestrutura e a mobilidade urbana e um último time direcionado para o desenvolvimento socioeconômico e a ordem pública do município.

Todas essas equipes interagem entre si. Há encontros e debates entre os grupos, porque, às vezes, se faz necessária uma ponte entre os diferentes indicadores e projetos, já que muitas vezes eles se correlacionam.

Assim, cria-se a governança de uma gestão municipal que passa a ser responsável por discutir quais serão os meios, as melhorias e os projetos que precisam ser executados para alcançar aquela ambição. É por meio da criação de times que a prefeitura discute **como** alcançará a ambição definida.

O time heterogêneo possibilita que haja uma visão sistêmica e o compartilhamento de diferentes pontos de vista, ou seja, o de quem está diretamente ligado ao processo, de quem está nas áreas suporte, o de quem está coordenando e do secretário.

O objetivo, portanto, dessa governança não é concorrer com a hierarquia municipal, mas promover um olhar heterogêneo e sistêmico, capaz de trazer soluções estruturais para o município.

Figura 114: Estruturação dos Times de Excelência em função do ciclo virtuoso de desenvolvimento humano.

Case Cidade Excelente

Para a construção da governança do município exemplo foram criados 5 times multidisciplinares, um para cada pilar da plataforma IGMA, com o objetivo de construir um sistema de gestão mais robusto, discutir os resultados, atingir as metas, realizar as ações e priorizar os projetos necessários para alcançar o patamar de excelência.

Os times eram formados por servidores concursados e ocupantes de cargos comissionados. Houve um misto de pessoas mais experientes e outras mais jovens, gestores e profissionais operacionais, a fim de se ter a visão holística dos processos e identificar as oportunidades de melhoria.

A ideia desse tipo de governança é romper barreiras entre as secretarias, quebrando a estrutura de departamentos e migrando para um modelo de compartilhamento e comunicação entre os gestores de áreas diferentes.

É o trabalho em equipe multidisciplinar em prol do alcance dos resultados do município.

Nesse caso, o time do pilar desenvolvimento socioeconômico e ordem pública teve como líder o secretário municipal de meio ambiente, agricultura e desenvolvimento sustentável. Como demais membros da equipe, a secretária e os servidores da secretaria municipal de desenvolvimento e proteção social, além de integrantes da guarda municipal. Foi possível trabalhar, ao mesmo tempo, programas sociais para a redução da pobreza, o incentivo à economia local e a manutenção da ordem pública.

Na tabela a seguir, trazemos um resumo dos grupos e dos seus membros. Em 6 meses de trabalho, foram realizados encontros dos times de excelência com o envolvimento direto de 42 pessoas:

Time de Excelencia	Lider	Nº de envolvidos	Membros
Eficiência Fiscal e Transparência	Diretora da contabilidade do município	8	2 servidores responsáveis pelas parcerias públicas e privadas, 1 do atendimento a população, 2 de compras do município (diretora e compradora) e 3 da comunicação e transparência
Educação	Secretária de Educação	11	2 assessoras pedagógicas, 1 responsável pelo orçamento da educação, 2 pais de alunos, 5 diretoras de escola, 1 participante da secretaria de esportes
Saúde	Secretário de Saúde	10	2 servidores responsáveis pela farmácia, 1 da vigilância sanitária, 2 da vacinação, 2 enfermeiras e 3 médicos das unidades básicas de atendimento
Infraestrutura e Mobilidade Urbana	Secretário de Obras, Infraestrutura e Urbanismo	6	3 servidores responsáveis pelas obras do município, 2 da Defesa Civil e 1 Secretário de Governo
Desenvolvimento Socioeconômico e Ordem Pública	Secretário de Meio Ambiente, Agricultura e Desenvolvimento Sustentável	7	1 Diretora de desenvolvimento sustentável, 1 Guarda Municipal, 2 representantes do comércio local, 1 secretária de desenvolvimento e proteção social e mais 2 servidores

Tabela 15: Exemplo dos times de excelência criados no município.

Passo 3
Evidências

As evidências avaliam o quão próximo ou distante estou da minha ambição.

O terceiro passo, Evidências, diz respeito ao entendimento da situação atual do município. É nessa etapa que é criada a base de conhecimento para a construção do plano de estratégias e dos projetos. É o momento em que sabemos exatamente qual é a distância entre a nossa situação atual (presente) e a ambição almejada (futuro).

As reflexões realizadas nesse passo são extremamente importantes para analisar o impacto da ambição (passo 1) no negócio e possíveis efeitos colaterais e, assim, preparar a prefeitura, os seus gestores e servidores para o passo 4 (produtividade), onde serão desdobradas as metas e definidos projetos estruturais para sustentar a ambição.

Aqui, a plataforma IGMA funciona com todas as suas características de inovação disruptiva. O que normalmente uma equipe administrativa poderia levar meses para compreender, a ferramenta gerencial oferece de imediato para a nova prefeitura. Dados, informações e comparações entre quaisquer municípios brasileiros: fontes valiosas para um bom levantamento de evidências. A plataforma é, portanto, o ponto de partida para a priorização e desdobramento de indicadores mais específicos dos municípios.

Nesse momento, a ferramenta torna-se única em termos de velocidade e qualidade da informação, para que a prefeitura compreenda a realidade da cidade e, consequentemente, almeje resultados plausíveis de acordo com a situação atual encontrada e os recursos disponíveis. No entanto, nesse passo, é preciso ir um pouco além e aprofundarmos no desdobramento das restrições e oportunidades encontradas nos indicadores até o menor nível possível, ou seja, nas unidades operacionais, como, por exemplo, escolas, postos de saúde, obras, entre outros.

Assim, ao tratarmos de Evidências, analisamos se o processo da prefeitura é capaz ou não de entregar o esperado na ambição: *o município, como é hoje, pode melhorar o nível de educação? Há condições de obter 100% de cobertura do Programa Estratégia Saúde da Família (ESF)? A partir da atual estrutura, é possível melhorar os indicadores de mortalidade infantil? Há diferença de resultados entre as escolas da cidade?*

As respostas a essas perguntas podem seguir dois caminhos distintos: metas serão definidas ou projetos estruturais deverão ser elaborados. Falaremos sobre isso com mais detalhes no próximo passo, Produtividade.

Case Cidade Excelente

Após a definição da ambição e estruturação da governança da cidade exemplo, foram realizadas diversas análises para corroborar os resultados almejados e avaliar quais caminhos deveriam ser percorridos: o desdobramento das metas ou a elaboração dos projetos.

Os gestores analisaram os indicadores de todos os pilares. No entanto, neste case, daremos ênfase ao pilar mais crítico da cidade, saúde e bem-estar.

De todos os indicadores desse município em relação à saúde, o melhor deles é o de número de profissionais por habitante e em segundo lugar o de proporção de internações sensíveis a atenção básica.

Indicador	Cidade 1	Cidade 2	Cidade 3	Cidade 4	Cidade 5	Exemplo	# Posição
Cobertura estratégia Saúde da Família (%)	46,09	100	53,09	73,96	100	69,36	4
Expectativa de vida ao nascer (Anos)	74,66	70,81	75,88	77,22	70,43	73,63	4
Número de leitos hospitalares (SUS) por mil habitantes (Número por mil habitantes)	1,92	1,52	0	1,31	3,89	0,67	5
Número de profissionais da saúde por mil habitantes (Número por mil habitantes)	9,76	11,37	10,97	9,18	9,49	11,85	1
Proporção de internações sensíveis a atenção básica - ISAB (%)	38,77	53,09	20,45	29,81	55,85	26,13	2
Taxa de mortalidade infantil (Número por mil habitantes)	32,09	22,94	8,13	11,87	5,49	17,75	4

Tabela 16: Comparativo dos indicadores do pilar saúde e bem-estar (extraído da Plataforma IGMA em Janeiro/2021).

Todos os demais indicadores, como mereciam uma maior atenção em relação a sua situação comparativa, foram desdobrados em outros métricas, por meio da relação de causa e efeito, de forma a garantir o melhor entendimento do problema e definição de metas específicas.

Tomando como exemplo a taxa de mortalidade infantil, desdobrou-se a análise até o nível da taxa de vacinação e do índice de consultas e exames realizados por UBS (unidade básica de saúde) do município.

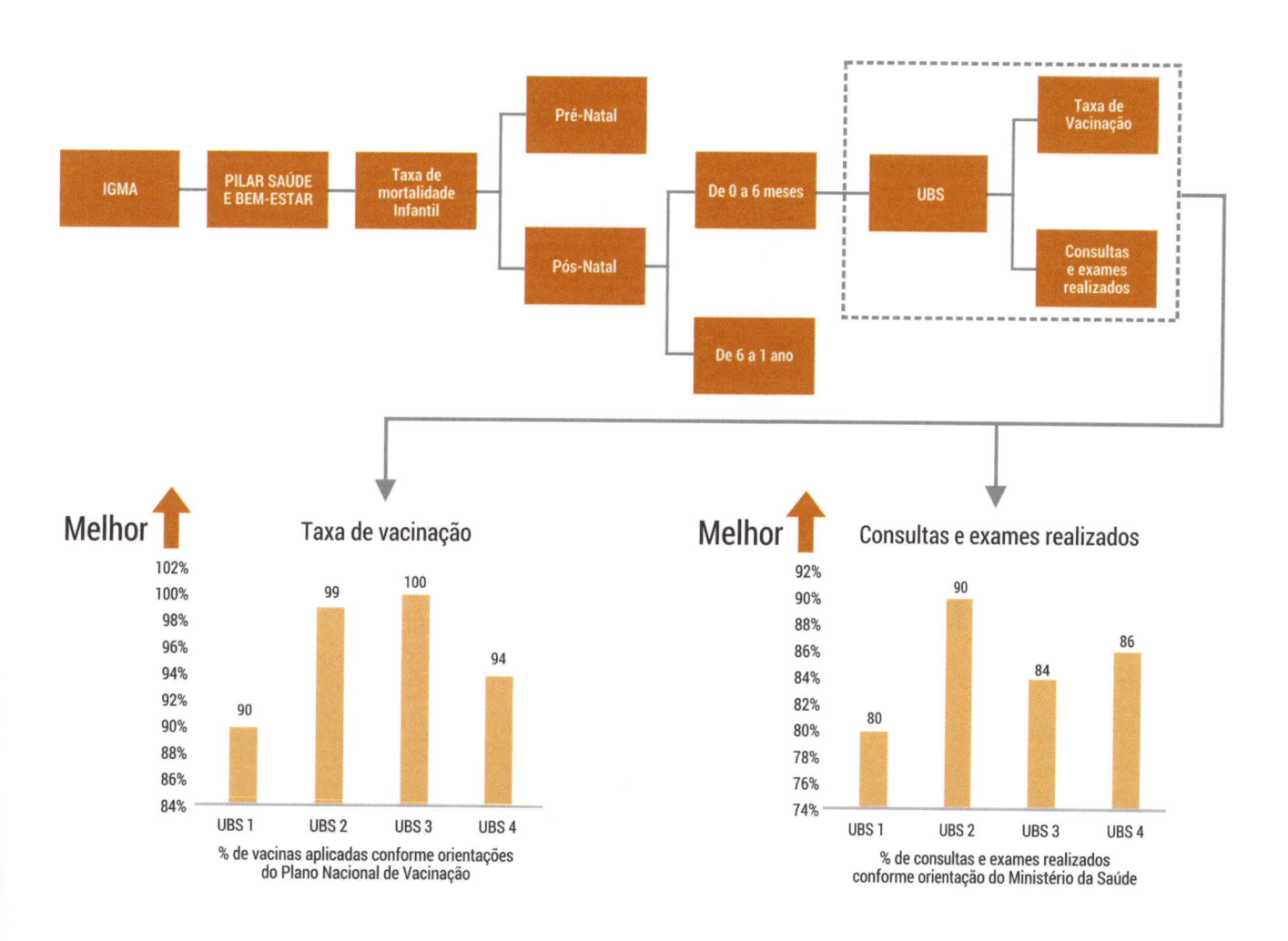

Figura 115: Estratificação do indicador taxa de mortalidade infantil.

Nos dois indicadores, a UBS 1 é a que apresentava o pior desempenho. Ao verificar o histórico dessa unidade, constatou-se que:

- A UBS1, nos anos de 2014 e 2015, chegou a ter taxas de 100% de vacinação. Como historicamente esse resultado já foi alcançado anteriormente, entende-se que esse processo é capaz.

- No caso de % de consultas e exames realizados conforme o previsto, o município nunca havia atingido um resultado superior a 80%. Portanto, esse processo não era capaz, necessitando de projetos estruturais para uma mudança de patamar.

Ambos os caminhos estão explicados na produtividade, 4º passo para promover uma cidade excelente.

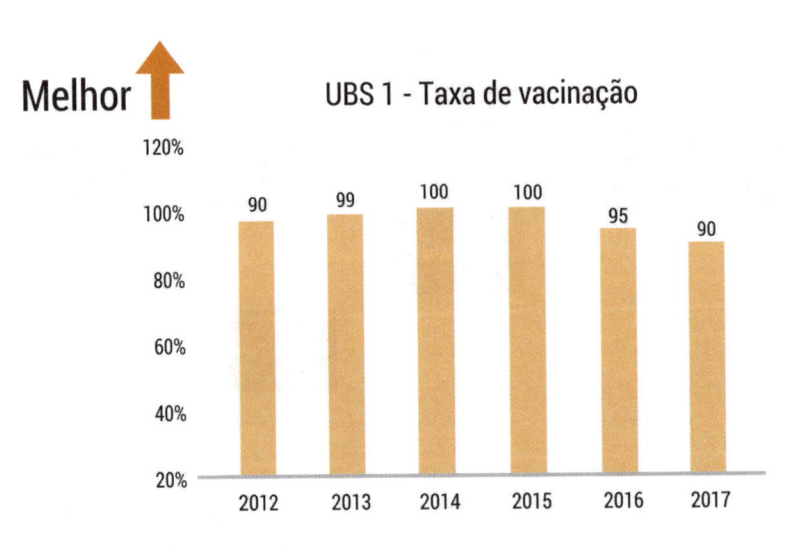

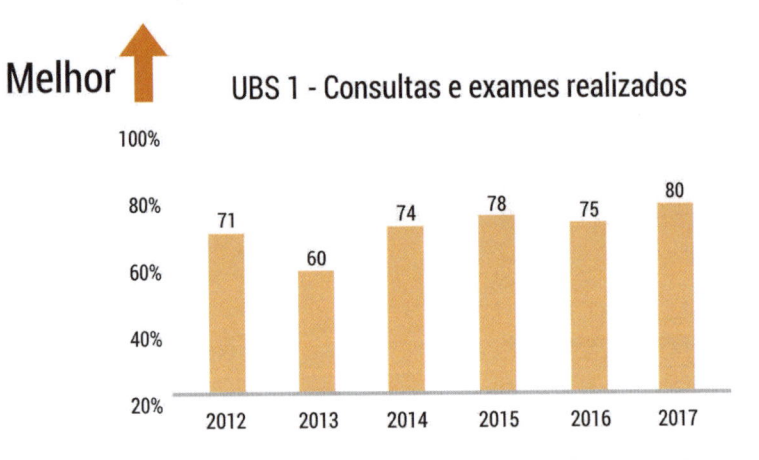

Figura 116: Estratificação da análise da UBS 1.

Passo 4
Produtividade

Ambição sem meta é sonho.
Estratégia sem projeto é desejo.

A Produtividade diz respeito à tangibilidade, à entrega da ambição, de acordo com o que foi evidenciado na etapa anterior. Nesse passo, há a priorização do foco e do que será entregue a curto, médio e longo prazo. É quando são elaborados os projetos estruturais e os **compromissos de gestão** de cada secretaria.

Como visto, faremos uma avaliação do processo da prefeitura no passo Evidências. Após identificarmos se ele é capaz ou não, dois são os caminhos possíveis. Vejamos.

Se o processo for capaz, ou seja, se possuir a estrutura e as condições de entregar o que a prefeitura precisa, com pessoas treinadas e bem direcionadas, a ambição será desdobrada em metas. Essa realidade se torna possível à medida que já existe um processo com condições de entregar o resultado almejado, haja vista que ele já foi alcançado ao menos uma vez, sendo necessário apenas melhorar a sua eficiência e aumentar a performance para o alcance da ambição.

Por exemplo, a gestão municipal transformaria o indicador IDEB da cidade em um indicador mais específico: o IDEB da escola ou o IDEB do ano de ensino. Dessa forma, é possível transformar propósitos mais amplos em metas e planos pontuais para a prefeitura.

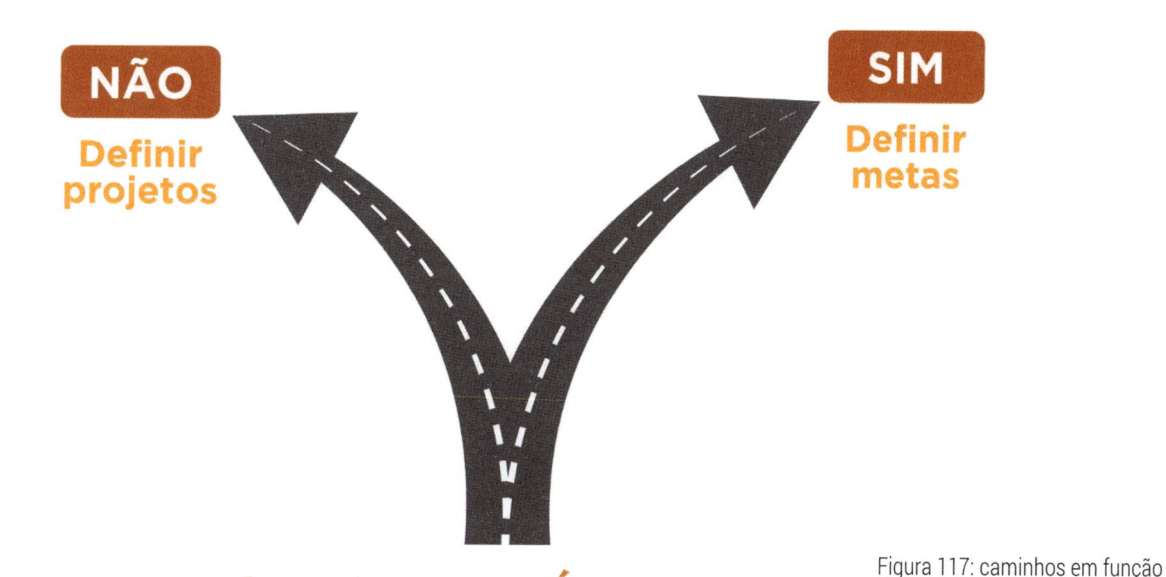

NÃO — Definir projetos

SIM — Definir metas

O PROCESSO É CAPAZ?

Figura 117: caminhos em função da capacidade do processo.

Todavia, nem sempre as metas são suficientes para direcionar uma organização rumo à ambição. Quando o processo da prefeitura não é capaz de entregar a solução por si só, implanta-se um projeto estrutural. Nessa situação, para se atingir objetivos, é necessário, em alguns casos, reestruturar um processo, reformar uma escola, construir uma obra de pavimentação, trazer uma indústria para a cidade, entre outros.

Por exemplo, um município no qual o serviço de ensino infantil cobre apenas 80% da demanda local. Enquanto novas creches ou unidades de ensino infantil não forem construídas para atender o público restante, não adianta delegar aos estabelecimentos que dobrem a quantidade de alunos.

Haveria, então, a necessidade de construção de novos espaços. Seria um caso no qual a solução está associada a algum tipo de investimento, ou seja, é um projeto. Consideramos estrutural porque algo está sendo construído ou acrescentado; há uma mudança na status atual do processo.

Essas são as contribuições da produtividade no caminho rumo a uma cidade excelente. Os times multidisciplinares projetam metas desdobradas ou projetos estruturais que tenham relação com a ambição da prefeitura para ser uma cidade excelente.

Essa visão mais abrangente é importante, porque é fundamental a construção de projetos com a devida avaliação e melhoria dos processos atuais. É preciso, também, desdobrar metas na estrutura da prefeitura para direcionar corretamente os seus esforços e melhorar os resultados. Essa é uma das principais oportunidades que encontramos nas administrações municipais.

Por isso, é preciso haver um equilíbrio entre a rotina e a melhoria, pois promover apenas a rotina não garante o alcance dos resultados futuros. Em contrapartida, promover apenas a melhoria não sustenta o resultado ao longo do tempo. Logo, a gestão municipal precisa criar metas para os processos que são capazes e estruturar projetos para os pontos que necessitam de melhorias estruturais.

Os projetos deverão ser traduzidos por meio de cronogramas que levam em conta o prazo, as etapas e os investimentos necessários. Os **compromissos de gestão, por sua vez,** formalizam os "donos das metas", explicitando quem são os responsáveis pelos processos, projetos e quais metas devem ser discutidas diariamente nas rotinas dos times.

O passo produtividade, portanto, indica o que deverá ser produzido e qual é o foco do trabalho.

Ambição sem meta é sonho. Estratégia sem projeto é desejo. Toda prefeitura deve apresentar metas e projetos de curto, médio e longo prazos, para que a produtividade possa, de fato, acontecer.

Case Cidade Excelente

É no passo Produtividade que são definidas as metas e os projetos para alcançar a ambição. Na cidade que trazemos como exemplo os indicadores foram desdobrados em 217 metas realizáveis, a serem alcançadas pelas 54 pessoas envolvidas na gestão das secretarias do município. Além disso, foram estabelecidos 43 projetos para serem realizados até o final daquele mandato. A partir daí, os 54 gestores assumiram o compromisso com a população em audiência pública, composto pelos desafios a serem alcançados rumo ao patamar de cidade excelente.

Time de Excelência	Metas	Projetos
Eficiência Fiscal e Transparência	49	10
Educação	45	9
Saúde e Bem-estar	41	6
Infraestrutura e Mobilidade Urbana	39	6
Desenvolvimento Socioeconômico e Ordem Pública	43	12
Total	**217**	**43**

Tabela 17: Desdobramento de metas e projetos por pilar.

No primeiro exemplo, trazemos a taxa de mortalidade infantil, a qual foi desdobrada até chegar ao nível UBS (Unidades Básicas de Saúde), vacinação e exames. Com isso, as metas e as ações ficaram mais próximas dos profissionais da saúde e da população, sendo tangenciadas no dia a dia do trabalho.

Apresentaremos, agora, dois exemplos de compromissos de gestão.

No segundo exemplo, o Secretário de Obras, Infraestrutura e Urbanismo, além de precisar entregar as obras no prazo e dentro do orçamento, desenvolveu o projeto de construção do plano de mobilidade urbana.

Para esse projeto, as vias do município foram estudadas, de forma a identificar os principais pontos críticos, apuraram-se as reclamações da população e foram propostas ações rápidas e dentro do orçamento para melhorar a qualidade de vida na cidade. Destaca-se que, após a elaboração do cronograma do projeto, audiências públicas foram realizadas nos bairros, para que os próprios cidadãos aprovassem e sugerissem ações de acordo com o orçamento aprovado.

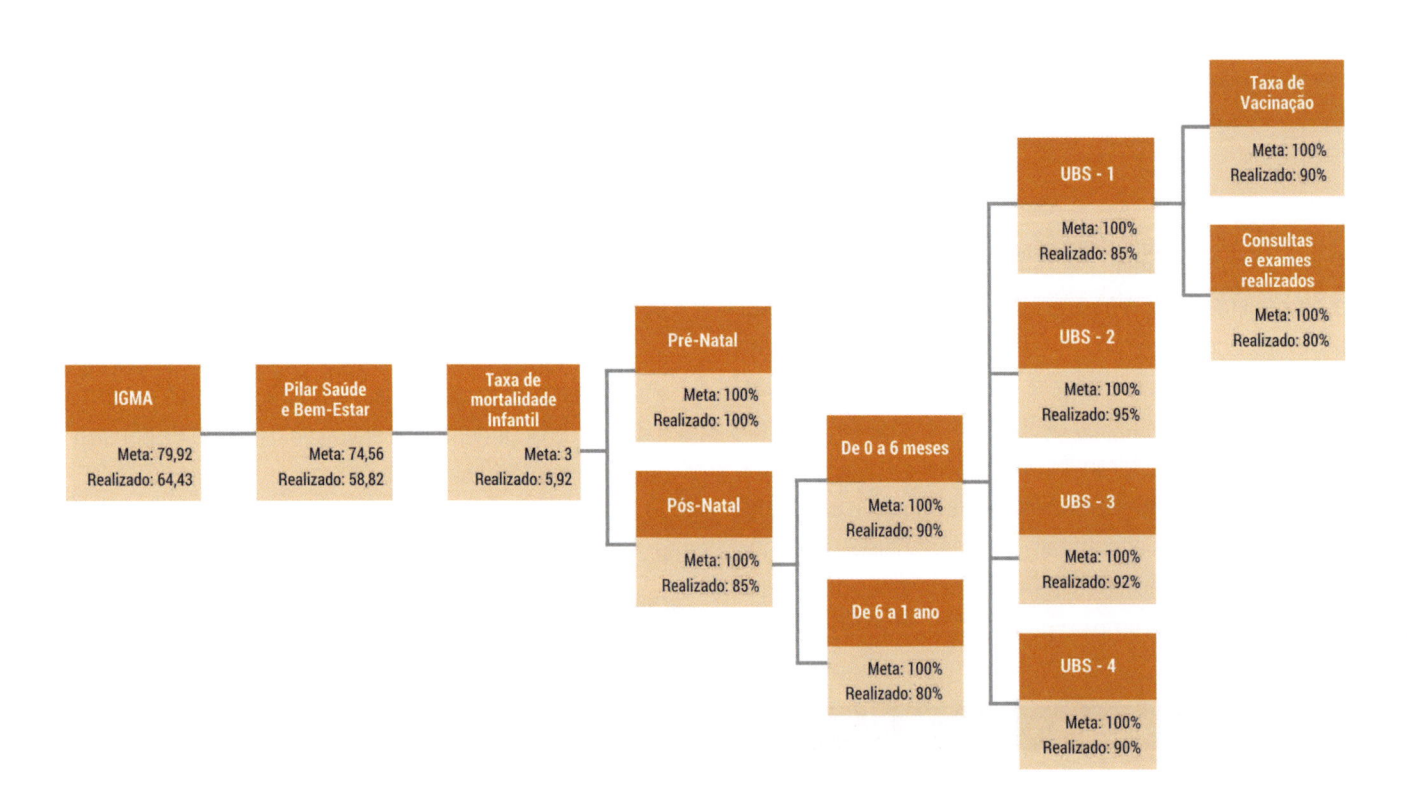

Figura 118: Exemplo do compromisso de metas aplicada no município.

Indicadores	Metas
Gestão do Orçamento	Aumentar a eficiência do orçamento para 80% até 31/12/2018
Cobertura Vacinal	Aumentar a cobertura vacinal de 95% para 100% até 31/12/2018
Tempo médio de atendimento do transporte de urgência	Reduzir o tempo de espera do atendimento do transporte de urgência para 40 min. até 31/12/2018
Ciclo da Dengue	Aumentar o número de imóveis visitados de 2.174 para 2.651 até 31/12/2018
Tempo Médio de Resposta da Vigilância	Reduzir o tempo médio de resposta da Vigilância para 7 dias até 30/03/2018

Tabela 18: *Book* de metas do Secretário de saúde, no qual consta a meta de cobertura vacinal.

Passo 5
Qualidade Técnica

A Qualidade Técnica conecta toda a estrutura de gestão da prefeitura para trazer excelência à cidade.

Chegamos ao quinto passo rumo a uma cidade excelente, a Qualidade Técnica. Neste momento, avaliamos quanto equilibrados estão os fatores competitivos de qualquer organização, pessoas, tecnologia e processos, a fim de que sejam gerados os melhores resultados ao menor custo.

A partir da figura 125, demonstramos como enxergamos essa interação. Os elementos da base representam as ferramentas de sustentação para que as pessoas, ou seja, os servidores da prefeitura, possam atuar plenamente para o desenvolvimento de uma cidade excelente.

A qualidade técnica significa, então, gerar o melhor resultado possível de acordo com os recursos disponíveis. *Mas como podemos avaliar se o município consegue manter e melhorar resultados?* Lembramos de Aristóteles ao afirmar que a excelência não é um feito, mas um hábito. Assim, essa resposta se dá à medida que a cidade se mostra capaz de promover melhorias constantemente.

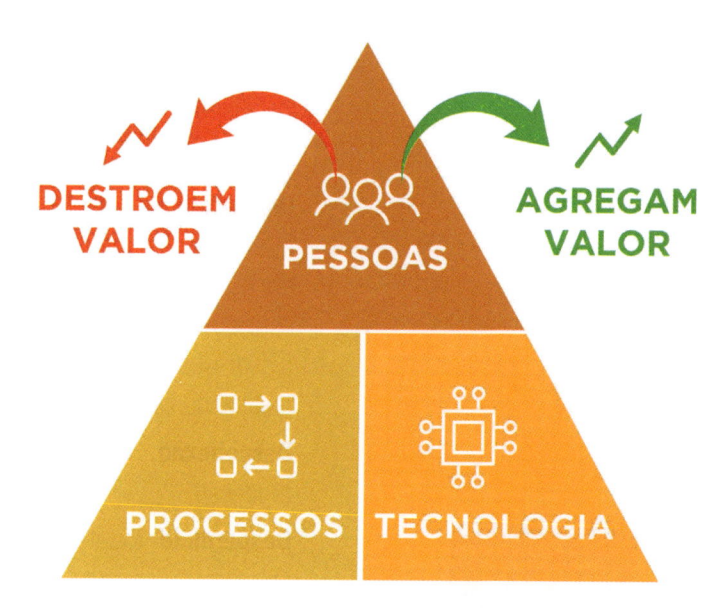

Figura 119: Triângulo da Excelência.

A metodologia que trazemos para avaliar esse quesito é o fator de competitividade da gestão municipal. Conceitualmente, ele traduz a competitividade em termos numéricos com um indicador. Ou seja, aborda, de forma quantitativa, os efeitos da maturidade de gestão das organizações por meio de uma análise comparativa do custo nominal (o custo que está registrado na contabilidade da prefeitura) *versus* o custo real. A fórmula incorpora todas as ineficiências dos processos e das pessoas que os executam.

Imagine uma prefeitura que possui uma série de servidores que executam vários processos a partir de várias tecnologias. *Você acredita que há uma relação perfeita entre todos esses fatores? As pessoas estão 100% do tempo agregando valor? Os processos não apresentam nenhum retrabalho ou desperdício? As tecnologias são plenamente utilizadas para a geração e entrega de valor à população?*

Independentemente de qual município do mundo ao qual estamos nos referindo, a resposta é: claro que não! Toda organização, seja ela pública ou privada, apresenta oportunidades de melhoria. Quanto maior a maturidade de gestão dessa organização, ou seja, quanto maior for a sua capacidade de manter e melhorar os resultados, por meio de pessoas, tecnologias e processos existentes, menor será o seu custo real e mais próximo ele ficará do custo nominal.

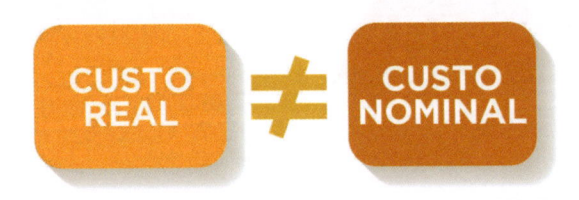

Figura 120: Custo real x custo nominal.

Assim, faz parte do objetivo de toda organização manter o seu fator de competitividade o mais próximo possível do seu custo nominal, pois isso indica uma maior "produtividade" dos seus recursos disponíveis. Em outras palavras, a geração de valor real está muito próxima da nominal. Portanto, temos qualidade técnica quando o custo real da máquina pública for o mais próximo possível do seu custo nominal. Continuemos explorando melhor esses conceitos.

Essa capacidade é uma nota percentual que varia entre 0 e 100. Ela é uma avaliação do equilíbrio entre pessoas, tecnologia e processos e revela quais são as disfunções, desconexões e desperdícios da interação entre esses fatores competitivos. Ou seja, um desequilíbrio em quaisquer desses 3 componentes do triângulo impacta negativamente no nível de produtividade e compromete a excelência da administração municipal. Isso porque tal instabilidade ocasiona, na prática, um ou mais dos 3Ds[11]:

- **Disfunção**: quando um indivíduo realiza tarefa (função) que não é de sua responsabilidade. Pode significar que ele está deixando de fazer algo que deveria ser feito, está com tempo ocioso ou sobrecarregado. Um professor que foi contratado para ministrar aulas e está realizando serviços administrativos, por exemplo.

- **Desconexão**: incoerência na tecnologia e/ou no processo.

- **Desperdício**: todos os tipos de perda; atividades que consomem recursos, mas não geram valor.

---

[11] No livro Formação de Gestores (2018, págs. 48 a 50), Raimundo Godoy e Cláudia Bessas tratam desses conceitos ao abordarem possíveis falhas em processos e definem os 3Ds: Disfunção, Desconexão e Desperdício.

Figura 121: Os 3 Ds do desequilíbrio do Triângulo da Excelência.

Quanto mais desequilibrado estiver o triângulo da excelência, menor será a maturidade de gestão do município e, consequentemente, ele será mais ineficiente e menos produtivo. Veja, a seguir, alguns casos comuns de 3Ds que encontramos em prefeituras:

- **Pessoas**: servidores que não receberam a qualificação adequada para assumir algumas responsabilidades; profissionais capacitados para atuar como professores e médicos assumindo cargos administrativos; carência de um plano estruturado de cargos e salários; inexistência de um programa de desempenho e remuneração variável.

- **Tecnologia**: sistemas que não conversam entre si ou com dados desatualizados; processos que não interagem com as ferramentas disponíveis e geram retrabalho; recursos operacionais que não geram relatórios gerenciais e precisam ser trabalhados à mão.

- **Processos**: atividades contínuas que não geram valor; prazos não cumpridos; gargalos de processo que geram desperdício de tempo e ineficiência na entrega.

Esses são alguns exemplos de desequilíbrios no triângulo da excelência de um município, gerando Disfunções, Desconexões e Desperdícios.

Quanto mais produtiva e eficiente for a estrutura, maior será a sua maturidade de gestão, ou seja, sua capacidade de gerar valor. Por conseguinte, mais próximo o fator de competitividade ficará do custo nominal da prefeitura. **Isso é o que desejamos!** Por outro lado, quanto menor for essa maturidade de gestão (capacidade de gerar valor), ou seja, quanto mais 3Ds existirem na gestão municipal, menor será sua maturidade de gestão e, consequentemente, maior será o seu fator de competitividade.

Imagine o seguinte, se essa organização fosse perfeita, sem nenhuma disfunção, desconexão ou desperdício, sua maturidade de gestão seria 100%, ou seja, 100% dos esforços de recursos humanos e de capital geram valor eficiente para a população. E, portanto, o *custo nominal = fator de competitividade = custo real*.

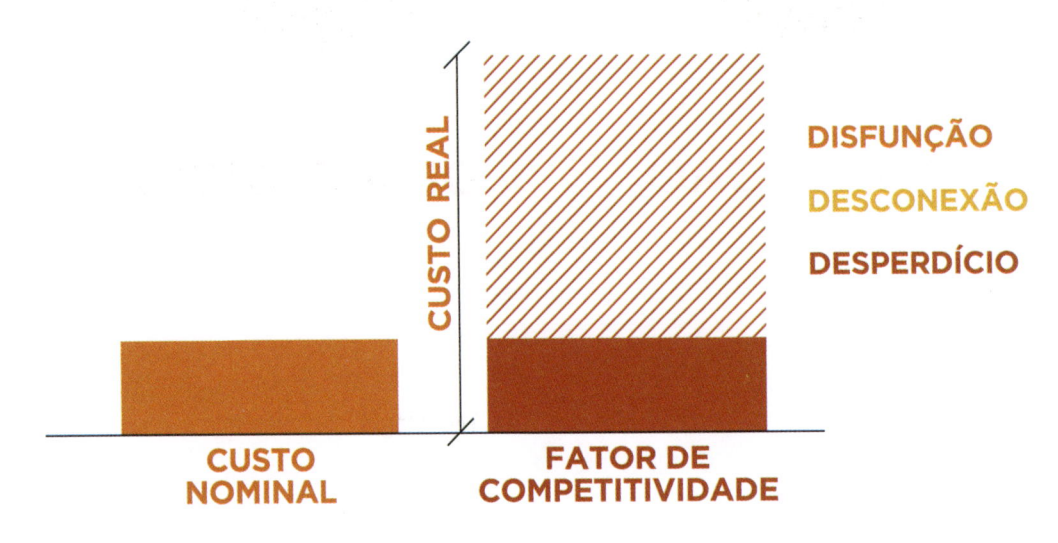

Figura 122: Fatos causadores da diferença entre o custo nominal e o fator de competitividade.

No exemplo acima, o resultado aponta que apenas 5% do tempo está sendo utilizado de forma eficiente. Essa taxa de aproveitamento de tempo indica que a organização está em um nível inicial de maturidade e um ou mais dos 3Ds estão presentes na gestão.

A prefeitura paga para essa estrutura, em média, R$14,00/h. Se 100% do tempo essa estrutura estivesse agregando valor à comunidade, o custo real seriam os mesmos R$14,00/h. Todavia, as pessoas não são produtivas 100% do tempo, alguns processos têm retrabalho, sistemas não estão 100% integrados e ainda existe trabalho manual. Enfim, há 3Ds nessa estrutura.

Isso indica que a capacidade de agregar valor dessa organização é de apenas 5%, o que implica num fator de competitividade final de R$277,00/h. Denominamos esse custo real de fator de competitividade. Em outras palavras, 1 hora produtiva dessa organização na verdade custa quase 20 vezes mais. Todo o restante do tempo dispendido por essa estrutura está sendo utilizado para atividades que não agregam valor à sociedade.

MATURIDADE EM GESTÃO
Capacidade de melhorar e manter resultados

DISFUNÇÕES, DESCONEXÕES, E DESPERDÍCIOS
Prejudicam os resultados das organizações

Figura 123: Maturidade de Gestão.

R$ 1,9 MM ÷ 144 MIL HORAS ÷ 5% CAPACIDADE DE AGREGAR VALOR

R$ 277

R$ 14

LACUNA R$ 263/hora

- DISFUNÇÃO
- DESCONEXÃO
- DESPERDÍCIO

CUSTO NOMINAL

FATOR DE COMPETITIVIDADE

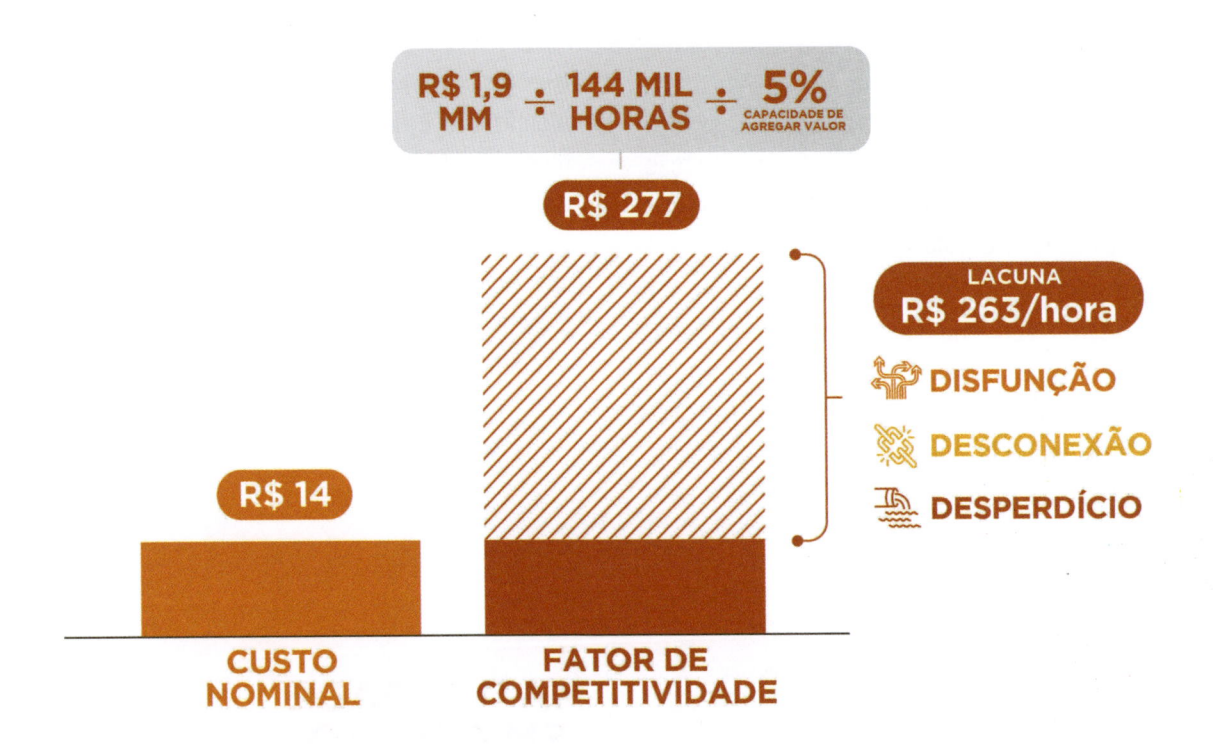

Figura 124: Exemplo de cálculo do fator de competitividade.

Assim, a Qualidade Técnica conecta toda a estrutura de gestão da prefeitura para trazer excelência à cidade.

Nesse passo, é importante considerarmos, portanto, os seguintes pontos:

Primeiro: avaliar se o município possui as pessoas capacitadas para as funções que exercem. Ou seja, se há a capacidade técnica necessária para sustentar os seus desafios. Segundo: se a gestão pública possui a estrutura de sistemas e tecnologia favoráveis para alcançar resultados. Terceiro: se os processos da prefeitura estão bem estabelecidos.

São todos esses elementos atuando mutuamente que gerarão a qualidade com a qual a gestão municipal contará para implementar as metas e os projetos tratados aqui.

Case Cidade Excelente

Para trabalhar a Qualidade Técnica em uma cidade brasileira, calculou-se primeiramente a maturidade de gestão das secretarias municipais:

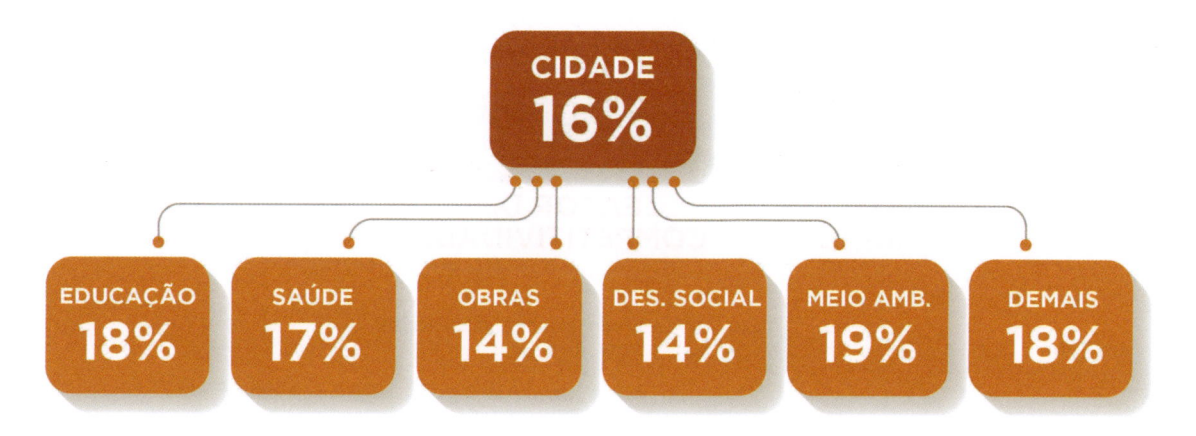

```
                    CIDADE
                     16%
    ┌──────┬──────┬──┴───┬──────┬──────┐
 EDUCAÇÃO SAÚDE OBRAS DES.SOCIAL MEIO AMB. DEMAIS
   18%    17%   14%    14%       19%      18%
```

Figura 125: Maturidade de gestão municipal de uma cidade exemplo.

O resultado geral da maturidade de gestão do município foi de 16%.

Em paralelo, o custo nominal anual do quadro de pessoal da equipe da gestão foi orçado em R$5,8 Milhões, sendo R$15,53/h por pessoa.

A partir desses números, chegamos ao fator de competitividade de R$96,99/h, ou seja, devido às disfunções, desconexões e desperdícios inerentes aos processos existentes, às tecnologias aplicadas e, por consequência, também às pessoas daquela máquina pública, o custo real era cerca de 6 vezes maior do que o nominal, indicando elevada necessidade de melhoria da qualidade técnica da gestão, que precisava aprimorar seus processos, o uso da tecnologia e o desempenho das pessoas.

Figura 126: Cálculo do fator de competitividade.

Em resumo, o custo nominal dessa prefeitura era de 15,53/h, já o seu custo real era de 96,99/h, uma vez que a sua maturidade de gestão era de apenas 16%.

Para melhorar a sua competitividade, um dos pontos críticos identificados pelo time de excelência foi o absenteísmo nas secretarias, que era de 20%, representando um desperdício significativo na folha de pagamento.

A partir das evidências, destacou-se o elevado patamar das Secretarias de Educação e de Saúde.

Após a implementação das metas e ações pelo time de excelência, o absenteísmo da prefeitura foi reduzido a 5,2%, diminuindo, assim, o custo nominal para 13,19/h.

ABSENTEÍSMO (%)

Figura 127: Taxa de absenteísmo por Secretaria Municipal de uma cidade exemplo.

Além da redução do absenteísmo, as outras ações executadas durante o projeto também garantiram um aumento da maturidade de gestão da prefeitura para 25%.

Logo, considerando a redução do custo nominal advinda da melhoria do absenteísmo para R$ 13,19/h e o aumento da maturidade de gestão, o fator de competitividade passou a ser de R$ 52,76/h, diminuindo, assim, a lacuna de desempenho em mais de 50% (de 81,47/h para 39,57/h).

Figura 128: Melhoria do fator de competitividade.

Passo 6
Disciplina

Somos o que repetidamente fazemos.

Todas os indicadores traçados na ambição e os projetos desenhados na produtividade precisam ser periodicamente monitorados. Inclusive, não faria sentido criar métricas se não pudessem ser desdobrados e acompanhados, se possível, a cada mês. É disso que passo 6 cuida: do controle das atividades pertinentes à promoção de uma cidade excelente.

Assim, cronogramas e metas dos times multidisciplinares devem ser acompanhados e atualizados com frequência determinada. A pauta correspondente a cada indicador deve ser debatida nos encontros semanais e, mensalmente, os responsáveis no nível superior devem dedicar atenção para compreender o andamento das ações e verificar se há atrasos ou pendências.

Monitorar indicadores e o ritmo do trabalho é importante para averiguar se a gestão está avançando no sentido certo. É assim que a Disciplina se mostra fundamental para a realização dos rituais de gestão.

> "Chamamos de "rituais de gestão" todos os processos envolvidos no controle dos resultados.
>
> A palavra ritual pode parecer forte, mas esse é o verdadeiro sentido da fase de controle: um processo contínuo de atividades organizadas (divulgação dos resultados, análise dos desvios e preparação do relatório de uma página (OPR), reunião para validação e alinhamento das novas ações, registro dos novos compromissos), para que se produza determinado efeito ou resultado. O resultado esperado é o futuro da organização e o ritual de gestão deve ser encarado como um momento nobre.[12]

ESTRATÉGICO
REUNIÃO MENSAL
Prefeito + Secretários

TÁTICO
REUNIÃO SEMANAL
Secretários e o seu time multidisciplinar

OPERACIONAL
REUNIÃO DIÁRIA
Reuniões operacionais do dia a dia do time multidisciplinar

Figura 129: Estrutura dos Rituais de Gestão

---

[12] GODOY, Raimundo; BESSAS, Cláudia. Formação de gestores: criando as bases da gestão. Belo Horizonte: Aquila Escola de Gestão, 2018.

Todos os 8 Passos da Excelência são focados em melhorias e, portanto, estão diariamente concorrendo com a rotina dos servidores. De acordo com as nossas experiências tanto nas prefeituras quanto na iniciativa privada, é comum perceber a disciplina no início do trabalho, mas esta vai se perdendo, pois a rotina vai consumindo o tempo das pessoas e elas acabam não conseguindo priorizar a melhoria. Provavelmente, alguém já te perguntou: *tem muita rotina por que a melhoria não é realizada ou não há melhoria por que existe muita rotina?*

Para uma cidade se tornar excelente, é fundamental que haja um equilíbrio entre rotina e melhoria. O gestor deve utilizar o seu tempo com foco na melhoria e o operador, na rotina. O que encontramos, normalmente, são equipes olhando para o curto prazo e resolvendo problemas, "correndo para apagar incêndio". Esses são sintomas claros de desequilíbrio do Triângulo da Excelência, gerando excesso de disfunções, desconexões e desperdícios.

Para nós, é muito claro que, ainda que existam bons times, as melhorias, as metas e os projetos acabam não sendo priorizados por falta de disciplina. As prefeituras, assim como ocorre na iniciativa privada, enfrentam esses desafios exatamente por não possuírem rotinas bem planejadas.

Por fim, recomendamos a figura do facilitador na formação dos times multidisciplinares. Ele atua como um guardião dos processos gerenciais; é o catalisador da disciplina, à medida que aprende junto com a consultoria a realizar o trabalho de gestão. Constantemente, lembra a prefeitura de olhar para a ambição almejada. A missão do facilitador é garantir que tudo que a gestão municipal conquistou ao longo dos 8 Passos seja mantido no ciclo virtuoso de desenvolvimento humano.

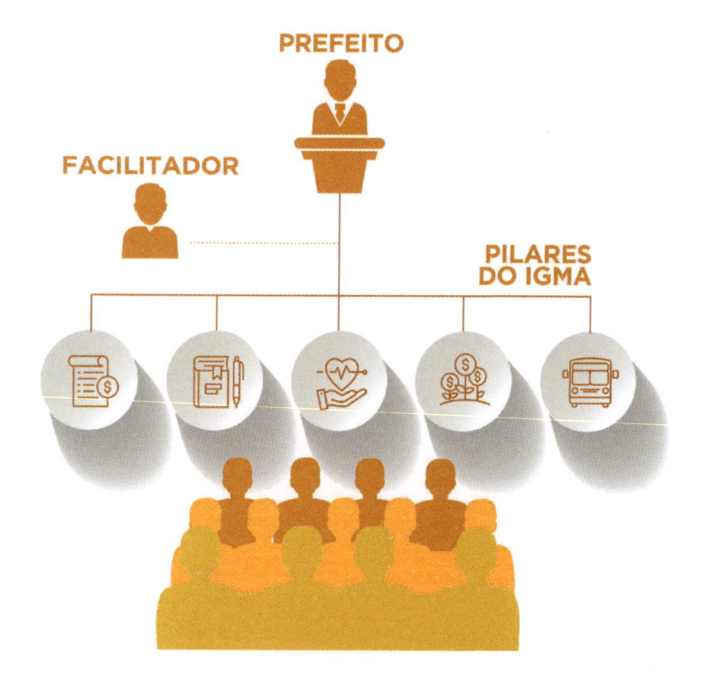

Figura 130: O facilitador deve garantir a aplicação contínua da metodologia.

Case Cidade Excelente

Na disciplina, 2 facilitadores faziam a gestão acontecer: a assessora do prefeito e o analista de dados da administração pública. Ambos eram detentores da metodologia aplicada, fazendo os times acontecerem, combinando as agendas dos gestores para participação de sessões extras de *brainstorming*[6], buscando bases de dados, realizando análises necessárias, atualizando o *software* de acompanhamento dos indicadores e projetos e validando os próximos passos, juntamente com o prefeito, rumo a uma cidade excelente.

Para que a cultura de gestão fosse enraizada junto aos servidores, foram realizados rituais de gestão:

1) Primeiramente, cada líder de grupo analisou, junto com o seu time, os resultados dos indicadores e elaborou novas ações para aqueles que não tiveram suas metas alcançadas. Também atualizou os status das ações e dos projetos.

2) Depois, todos os secretários entregaram os *reports* de seus respectivos grupos ao prefeito e estabeleceram as conexões necessárias para fluidez dos projetos priorizados.

Com isso, cada líder saía da reunião alinhado com o que deveria ser entregue no mês seguinte para melhoria dos indicadores. Durante o desenvolvimento do projeto, foram realizadas reuniões quinzenas ou semanais com os times de excelência e reuniões mensais com o prefeito, o que possibilitou a execução de 320 ações na busca pela cidade excelente. Isso é disciplina em gestão!

Passo 7
Retorno

Foco da gestão municipal deve ser trazer retorno qualitativo e quantitativo para o cidadão

Todas as melhorias na gestão de uma prefeitura só fazem sentido se forem revertidas em retorno para a sociedade, o que pode ser traduzido como ganho de qualidade na prestação do serviço, com redução de custos e aumento da capacidade de investimento público municipal. Em ambos os casos, a prefeitura está cumprindo o seu papel essencial de servir à população.

O retorno é o sétimo passo da metodologia 8 Passos. É uma etapa que foca no alcance de melhorias sociais qualitativas e de resultados quantitativos. Remete à seguinte pergunta: *de acordo com a estrutura da cidade, como o gestor consegue melhorar o resultado dos indicadores de desenvolvimento humano local?*

Um município que deseja obter um bom retorno deve aumentar a sua capacidade de investimento, além de ser eficiente ao otimizar os resultados dos indicadores e manter os processos internos enxutos. Isso quer dizer que a prefeitura deve gastar o mínimo possível com a sua função administrativa e mais com a população. Ou seja, buscar menos processos, menos burocracia, mais qualificação pessoal e mais tecnologia em prol de oferecer serviços públicos com a maior qualidade e o menor custo possíveis.

Figura 131: 2 tipos de retorno.

Quanto maior for o retorno financeiro da cidade, maior será a sua capacidade de investimento e de promover melhorias. Perceba que esse passo impacta diretamente o primeiro pilar da ferramenta IGMA: Eficiência Fiscal e Transparência, ou seja, os 8 Passos da Excelência promovem o município a partir da aceleração do ciclo virtuoso de desenvolvimento humano.

Para realizar as verdadeiras melhorias que o município necessita, a gestão deve ser eficiente e eficaz. Assim, uma conta pública equilibrada, transparente e com capacidade de investimento só traz benefícios para o município e a sua população. Uma gestão inteligente é aquela que sabe onde quer chegar e promove a excelência por meio de metas e projetos de longo prazo em prol do desenvolvimento humano da sua população.

Case Cidade Excelente

Neste exemplo, o retorno após dois anos de implementação da cultura de gestão voltada para resultados é perceptível nos números IGMA da cidade. Ela passou de 55,27 para 75,4, estando bem próxima do patamar de uma cidade excelente (80).

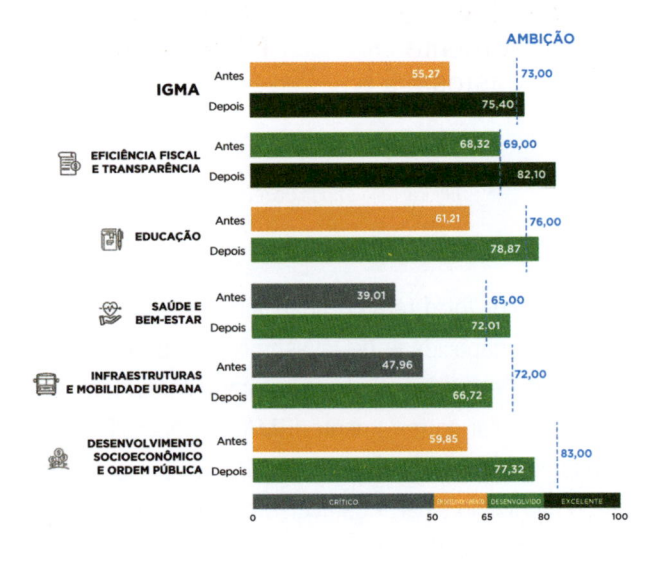

Figura 132: Retorno alcançado pelo município do exemplo.

Analisando cada um dos pilares trabalhados na cidade exemplo, verificamos que em todos houve uma melhoria significativa. No entanto, dois deles, apesar do aumento da nota, não atingiram a ambição almejada, quais sejam, infraestrutura e mobilidade urbana e desenvolvimento socioeconômico e ordem pública. Abaixo, apresentaremos um breve resumo dos resultados de cada pilar.

1 Eficiência Fiscal e Transparência: o foco de atuação desse time de excelência foi a melhoria do superávit fiscal e o pagamento das dívidas do município. Consequentemente, houve uma redução dos custos financeiros, de 6% das despesas e um aumento de 4% da arrecadação.

2 Na Educação, os efeitos da implementação dos projetos e dos planos de aulas fizeram com que nenhum aluno do Ensino fundamental (anos finais) abandonasse a escola em 2019. Além disso, a nota no IDEB desses anos letivos aumentou em 0,4 pontos, melhorando a eficiência do gasto público com educação por aluno por ponto do IDEB em 2%, passando de R$ 1.196,90 para R$ 1.172,17;

3 No pilar saúde e bem-estar, o retorno das ações sobre o indicador de taxa de mortalidade infantil reduziu de 17,75 para 10,50.

4 No pilar infraestrutura e mobilidade urbana, houve um aumento de 42% para 70% na cobertura de abastecimento de água. O próximo desafio é cumprir o marco regulatório do saneamento básico chegando a 90% de cobertura.

5 Analisando a evolução do pilar desenvolvimento socioeconômico e ordem pública, percebe-se que o foco de atuação foi o desenvolvimento da economia da cidade para gerar mais recursos para a prefeitura. Dessa forma, o PIB *per capita* do município aumentou em 10%, ou seja, R$ 2.191,86 de acréscimo por habitante.

Passo 8
Transparência

É a chance de participação que promove a cidadania.

Este é o último passo do caminho para uma cidade excelente ao tratar da transparência da gestão pública. Na prática, diz respeito à prestação de contas da gestão do município, que facilitará o acesso da população às informações sobre os investimentos da cidade, de forma clara, simples e fácil, indo além da orientação legal de publicar os balanços financeiros no site da prefeitura.

A transparência deve ser um compromisso contínuo do gestor público, ao comunicar a sociedade periodicamente dos projetos que vem sendo desenvolvidos, bem como de todos os seus resultados.

Segundo Carlos Roberto Almeida da Silva:

> *"Quando se pensa em transparência administrativa, a ideia primeira que nos vêm é a de publicidade das ações dos governos, no entanto, são necessárias outras medidas que vão além da simples divulgação dos serviços públicos realizados ou prestados à sociedade. Transparência não é apenas disponibilizar dados, mas fazê-lo em linguagem clara e acessível a toda a sociedade interessada. Dessa forma, dar transparência é chamar a sociedade para participar dos rumos do Estado, é motivar a decisão tomada e também divulgar todos os atos, salvo as exceções normativas."* [5]

Logo, um grande benefício dessa etapa é o engajamento da população. Por isso, recomendamos a todos os gestores que realizam o programa dos 8 Passos a promoverem a transparência por meio de audiências públicas.

São convocações abertas aos órgãos de classe, às câmaras de vereadores, aos representantes da sociedade civil organizada e à população em si para que possam contribuir com a construção dos projetos, conhecer a ambição da prefeitura, a evolução das metas e quais investimentos a gestão está priorizando, por exemplo. Todos têm a oportunidade de conhecer e opinar, afinal, é um espaço para a prestação de contas.

Quanto maior o engajamento dos atores sociais, maiores são as chances de o programa 8 Passos dar certo, porque eles contribuem diretamente com a gestão pública municipal, trazendo colocações e sugestões a partir do seu ponto de vista. É uma chance de participação que promove a cidadania local.

Além de criar a transparência e promover o engajamento, a prefeitura também pode criar uma ouvidoria pública para ser um canal aberto, dando mais acesso à população para relatar qualquer tipo de situação a ser trabalhada.

---

[13] https://ralmeidasgc.jusbrasil.com.br/artigos/113024627/principio-da-transparencia-na-administracao-publica

Ouvidoria pública

As ouvidorias são canais de comunicação entre as entidades às quais pertencem e a sociedade, que passa a contar com um espaço dedicado à sua participação e controle da gestão pública, por meio de reclamações, denúncias ou solicitação de registros e informações sobre atos do governo.

Dessa forma, elas são um instrumento importante para a promoção da cidadania ativa, ao fomentar a confiança da população nos órgãos governamentais e a consideração do ponto de vista dos habitantes da região para as tomadas de decisão de caráter público.

Sendo assim, precisamos ter em mente que a população é o principal cliente de uma organização pública municipal e, como tal, precisa ser ouvido e ter as suas necessidades priorizadas – sempre com organização, processos gerenciais bem estabelecidos e responsabilidade fiscal e técnica.

A transparência também é importante, porque afasta as possibilidades de favorecimentos e de influência de poder, aproximando a população do poder público e reforçando, para todos os atores, a finalidade da prefeitura de servir aos cidadãos e não a si própria.

Outro instrumento interessante para a transparência na gestão pública é o orçamento participativo.

Orçamento participativo

O orçamento participativo é um dos mecanismos governamentais que possibilitam a democracia participa-tiva, pois a população pode influenciar ou até mesmo decidir sobre os orçamentos – principalmente os de investimento – da gestão municipal.

Ele se dá por meio de assembleias e a sociedade decide, geralmente, sobre obras de infraestrutura e saneamento, além de outros serviços para a cidade.

A transparência da gestão pública também é reforçada com a prestação de contas à comunidade, pois ela alimenta uma cultura democrática na região e contribui para a qualidade da governança, à medida que garante uma melhor fiscalização, reduzindo as chances de corrupção.

Case Cidade Excelente

A equipe de comunicação da prefeitura do município exemplo promoveu a interação com a população diariamente por meio das redes sociais, informando sobre as contas públicas, os projetos realizados e as metas atingidas.

Um dos projetos implementados foi a criação da ouvidoria municipal fácil e ágil, que tinha como objetivo responder ao reclamante em até 10 minutos após a solicitação enviada via WhatsApp.

Entretanto, o prefeito foi além, trazendo a população para a discussão das políticas públicas, planos de implementações e metas em audiências púbicas, enquetes *online* e convites de figuras representativas da cidade para participação dos times de excelência e dos projetos priorizados.

Em um determinado momento, foi realizado um *hackaton*[14], no centro esportivo principal da cidade, com a participação estimada de 1.000 pessoas. Nesse evento, a população foi convidada para escolher um dos pilares e propor, em 24 horas, um projeto inovador e disruptivo para solucionar o indicador mais crítico do pilar. Ao final, 32 novas ideias foram construídas pela população e servidores em uma dinâmica de mudança de cultura de gestão.

---

[14] Evento inspirado em maratonas públicas de programação, nas quais hackers se reúnem por horas, dias ou até semanas a fim de explorar dados, códigos e sistemas, discutir novas ideias e desenvolver projetos. Atualmente, esse formato de soluções criativas tem sido adotado para resolver problemas reais de instituições públicas e privadas.

Modelo para aplicação prática dos 8 Passos

Para ilustrar a aplicação da metodologia dos 8 Passos de forma prática, vamos apresentar um modelo de como a prefeitura deve se organizar para alcançar à excelência.

Abaixo, de forma esquemática, trazemos todas as etapas da implementação desse trabalho.

Ao ser eleito, a principal ambição do prefeito deve ser entregar a cidade infinitamente melhor do que a recebeu e, consequentemente, promover o desenvolvimento do município em busca da excelência da cidade.

Neste primeiro momento, é necessário que ambição tenha métrica, ou seja, tangibilizá-la em algo possível de ser mensurado ou medido. No caso de um trabalho na área pública, pode ser feito por meio de indicadores já estabelecidos, do IGMA ou de outras referências.

Posteriormente, é necessário que a prefeitura se organize estruturalmente e monte times de excelência para o alcance dos novos desafios rumo à ambição. Todos precisam ter papéis e responsabilidades bem definidos.

Figura 133: Aplicação prática da metodologia Cidades Excelentes

PAPEL	ATRIBUIÇÃO
GOVERNANÇA DO PROGRAMA *PREFEITO E SEUS CONVIDADADOS*	• ACOMPANHAMENTO MENSAL DO ANDAMENTO DO PROJETO
LÍDER DO PROGRAMA	• **GARANTIR** QUE PROGRAMA ACONTEÇA CONFORME O **PLANEJADO** • GARANTIR **ACESSO AS INFORMAÇÕES** NECESSÁRIAS • ACOMPANHAMENTO **SEMANAL** DO PROGRAMA
ÁRBITRO DO PROGRAMA	• **HOMOLOGAR OS RESULTADOS** DO PROGRAMA • **CONVOCAR** OS RITUAIS MENSAIS DE GESTÃO
COORDENAÇÃO DO PROGRAMA	• COORDENAR AS **ATIVIDADES DO PROGRAMA** • GARANTIR O **CUMPRIMENTO DO CRONOGRAMA** • **LIDERAR** A EQUIPE DOS TIMES DE EXCELÊNCIA
EQUIPES DE TRABALHO *TIMES DE EXCELÊNCIA*	• EXECUTA AS ATIVIDADES DE ACORDO COM O CRONOGRAMA EM COMPLETA SINERGIA • SERVIDORES FORMADOS DURANTE O PROGRAMA

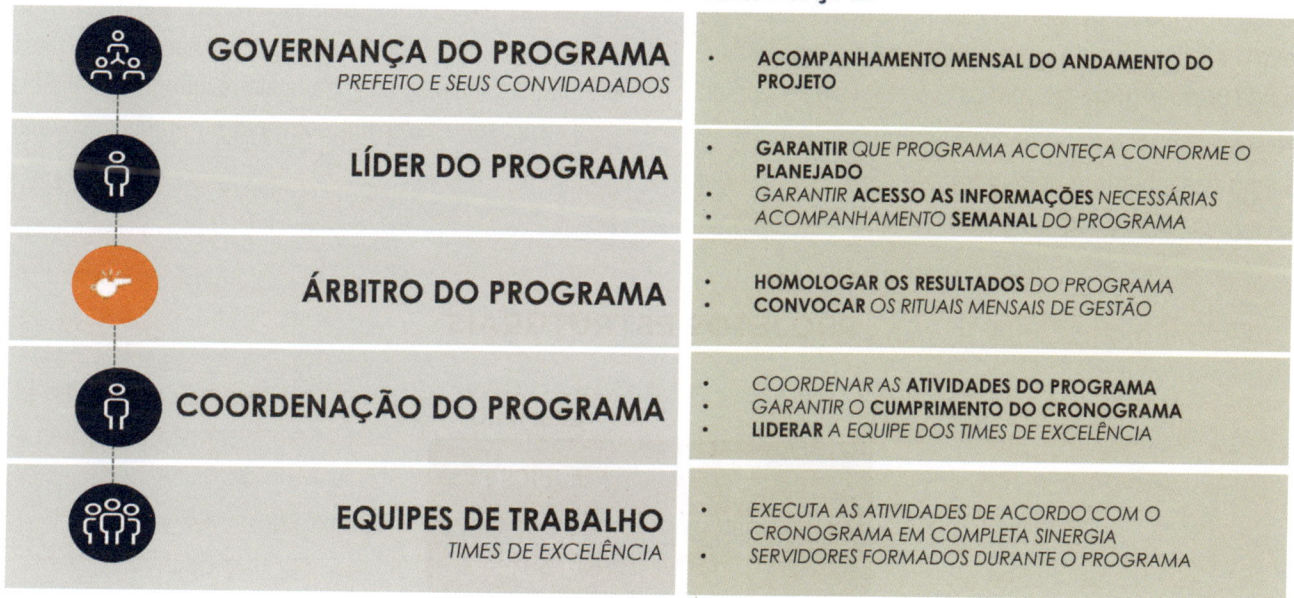

Figura 134: Governança da prefeitura

Uma vez lançada a ambição e estruturada a governança para alcançá-la, buscamos analisar todos os aspectos que influenciam nos resultados de uma cidade. Isso é feito por meio da coleta das evidências que sustentam a ambição, ou seja, análise do IGMA, desdobramento dos indicadores da plataforma e identificação de boas-práticas dos municípios do Brasil. Concluindo que a prefeitura tem bons fundamentos e bases para alcançar a excelência, passamos para a etapa de detalhar quais serão as entregas e o foco do trabalho.

Chegamos, então, ao "Plano Estratégico", que é a visão de longo prazo dos gestores para o município. É de suma importância que ele oriente O QUE deve ser feito nos próximos anos, o PORQUÊ e o COMO. Vale ressaltar que um dos desafios para a estruturação desse plano é equilibrar a ambição definida pelo prefeito e o modelo de trabalho já existente na prefeitura.

Abaixo, apresentamos algumas premissas importantes para construção do plano estratégico:

- Conter os caminhos traçados no plano de governo da campanha;
- O que está contido no plano estratégico deve garantir o fortalecimento do relacionamento do prefeito com a população;
- Alinhar as estratégias com os servidores públicos;
- Desafiar o servidor público a melhorar o seu desempenho;
- Deve conter a estratégia para, no mínimo, os próximos 48 meses.

O plano estratégico é tangibilizado por meio dos COMPROMISSOS DE GESTÃO, os quais têm como objetivo o desdobramento das estratégias de curto, médio e longo prazo negociadas com os secretários e servidores.

Nesses compromissos de gestão estarão contidos, de forma desdobrada e correlacionada com cada um dos pilares do IGMA, todos os indicadores que sustentam a ambição. Estes poderão ser traduzidos por meio de metas ou projetos estruturais, divisão que ocorre ao analisarmos se o processo é capaz ou não. Ou seja, se a prefeitura consegue alcançar esse resultado sozinha ou se é necessário fazer um convênio no âmbito estadual ou federal.

PROJETOS ESTRUTURAIS

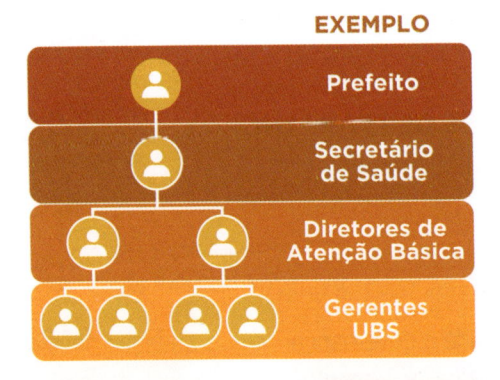

EXEMPLO

- Prefeito
- Secretário de Saúde
- Diretores de Atenção Básica
- Gerentes UBS

REFORMA ADMINISTRATIVA
- Otimização e eficiência do quadro de servidores;
- Padronização e formalização;
- Medição de desempenho e implementação do sistema meritocrático.

EFICIÊNCIA DE GASTOS
- Redução de despesas sem comprometer a qualidade dos serviços prestados;
- Aumento da capacidade de investimento.

ALAVANCANDO A RECEITA
- Equilíbrio Fiscal;
- Incremento de Receita;
- Eficiência na fiscalização;
- Combate à sonegação.

GESTÃO EDUCACIONAL
- Gestão Estratégica;
- Gestão Pedagógica;
- Gestão de Processos e competências.

GESTÃO EM SAÚDE
- Organização do Sistema de Saúde;
- Instrumentos de Planejamento da Saúde Municipal;
- Desdobramento do acompanhamento das unidades.

VOCAÇÃO ECONÔMICA
- Desenvolver ambiente de negócios;
- Parcerias Público Privado e Terceiro Setor;
- Fomentar a Inovação Social.

Figura 135: Desdobramento de metas e projetos

Após as metas desdobradas e projetos definidos, cada secretário e servidor deverá estabelecer ações para alcançá-los, as quais podem ser divididas em ver e agir, de alto impacto e fácil implementação, ou estruturais, que requerem mais desenvolvimento e implementação mais robusta.

Em seguida, é preciso olhar para as pessoas que trabalham no município e buscar a máxima produtividade, necessária para a concretização das ações e consequente alcance dos resultados, por meio da formação e treinamento desses colaboradores.

Esse treinamento parte da avaliação da maturidade de gestão e do fator de competitividade da prefeitura e tem dois principais objetivos: o aprendizado da teoria e aplicação prática do conhecimento de forma acompanhada. Além disso, ele permite a criação de um legado, ou seja, a padronização de boas práticas e a implementação de uma cultura de gestão robusta e perene.

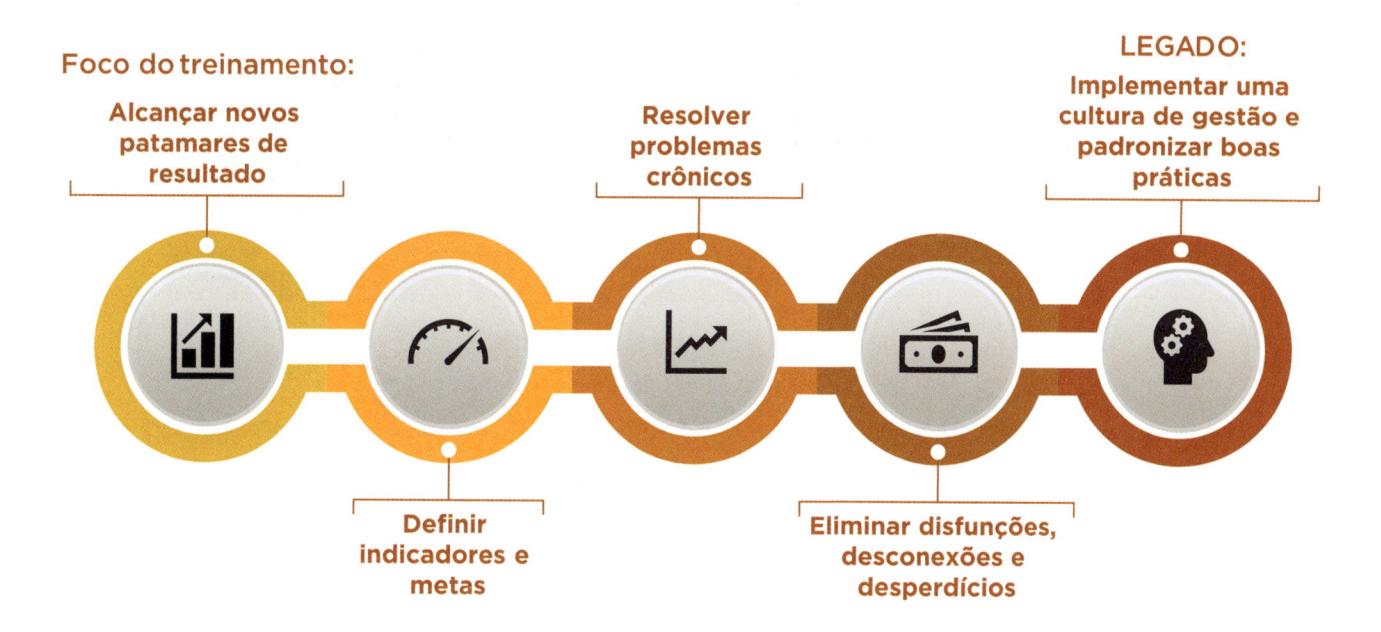

Foco do treinamento:

- Alcançar novos patamares de resultado
- Definir indicadores e metas
- Resolver problemas crônicos
- Eliminar disfunções, desconexões e desperdícios
- **LEGADO:** Implementar uma cultura de gestão e padronizar boas práticas

Figura 136: Treinamentos dos envolvidos

Para que tudo o que foi planejado seja de fato implementado, é necessário que haja uma cultura forte de acompanhamento. Quando a prefeitura executa uma ação, é importante que ela tenha disciplina para controlar.

Neste exemplo prático, o acompanhamento deverá ser feito, preferencialmente, por meio de um sistema para facilitar a organização das informações e acesso a todos os envolvidos de forma *online*, ágil e confiável.

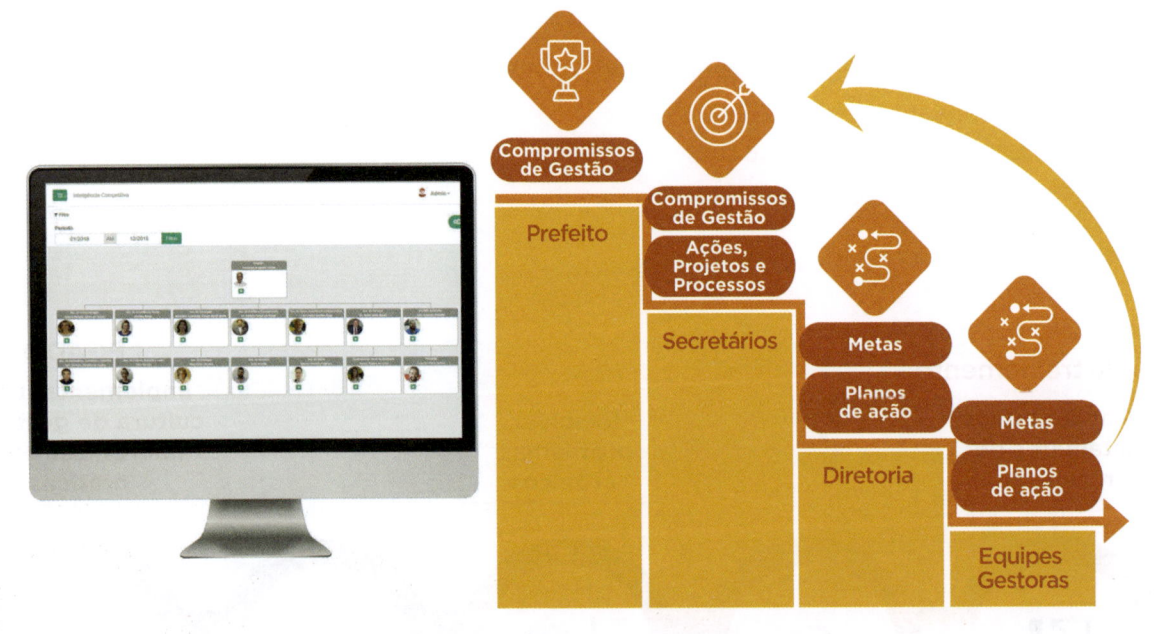

Figura 137: Sistema de gestão de acompanhamento

Além disso, é indispensável a realização dos rituais de gestão, momento nobre da organização, seja pública ou privada, haja vista que é a oportunidade da prefeitura olhar para as metas, verificar como estão os planos e projetos e planejar o futuro.

É nesse momento, também, que a gestão consegue avaliar se o retorno está sendo alcançado. Ou seja, se as estratégias estão surtindo efeito e trazendo resultados financeiros e a melhoria da qualidade de vida da população.

Por fim, a última etapa, mas não menos importante, é a atuação da prefeitura de forma transparente e atendendo a todos os princípios do *compliance*. É necessário que toda a estratégia, bem como o acompanhamento dos planos, seja continuamente comunicada e apresentada aos servidores e à comunidade.

Esse é o caminho praticado pelo Aquila em conjunto com diversas prefeituras de vários portes para alcançar a Cidade Excelente. Todo ele é suportado por inteligência artificial e *big data*.

Check list dos 8 Passos

8 PASSOS PARA IMPLANTAR NO SEU MUNICÍPIO

1 AMBIÇÃO
Onde queremos chegar?

2 GOVERNANÇA
Como devemos nos organizar?

3 EVIDÊNCIAS
Análise do ambiente e as evidências encontradas

4 PRODUTIVIDADE
O que será produzido e qual será o foco do trabalho?

5 QUALIDADE TÉCNICA
Nosso time é capaz?

6 DISCIPLINA
Qual será a disciplina necessária?

7 RETORNO
Qual o retorno esperado e os impactos para os próximos anos?

8 TRANSPARÊNCIA
Como atender o Compliance e comunicar de forma adequada?

5
As cidades do futuro

AS CIDADES DO FUTURO

Nos capítulos anteriores, fundamentamos o conceito de Cidades Excelentes e trilhamos cada passo do caminho para a transformação dos municípios brasileiros por meio da melhoria contínua.

A partir de agora, provocamos você, leitor, a olhar além do horizonte, para o amanhã que se aproxima. Vamos, no presente, ampliar as nossas lentes e enxergar como a inovação e a tecnologia são caminhos inegavelmente necessários e vantajosos para as prefeituras que têm a ambição de promover continuamente a qualidade de vida da população.

Seja bem-vindo às cidades do futuro!

A importância da inovação

No decorrer do livro, apresentamos nossas experiências e elaborações a respeito de uma cidade excelente. Percorremos a história que fundamentou o nascimento da metodologia de mesmo nome, a qual traz um ciclo virtuoso de desenvolvimento humano, e de uma ferramenta de gestão pioneira para a administração pública municipal do Brasil: a plataforma gerencial IGMA.

Exploramos detalhadamente como uma prefeitura pode alcançar o mesmo nível de excelência em serviços à população. Esclarecemos como o gestor público, enquanto servidor, deve caminhar em busca da ambição de promover qualidade de vida aos cidadãos locais.

Enquanto abordávamos o ciclo virtuoso de desenvolvimento humano, nos referíamos às melhorias contínuas. A partir de agora, tratamos de um salto de qualidade provocado pela inovação: a cidade do futuro.

Ao tratarmos desse tempo, necessariamente o associamos à tecnologia como meio essencial para promover bem-estar na vida das pessoas. Afinal, como vimos anteriormente, praticar a excelência é fazer o melhor que está ao nosso alcance.

No nosso dia a dia, já experimentamos algumas vantagens da tecnologia. Sabemos como a internet das coisas facilita rotinas, conectando serviços e pessoas, reduzindo as distâncias e redefinindo tempos. Em uma cidade do futuro, com os sistemas das prefeituras e os das empresas interligados, a inovação tecnológica é capaz de criar uma rede de dados e correlações inéditas, impulsionando um salto disruptivo na qualidade dos serviços municipais.

O investimento em inovação é a chave para que as cidades brasileiras se destaquem e gerem vantagens competitivas. No setor de Tecnologia da Informação, a inovação tem penetração horizontal e provoca transformação nos demais segmentos econômicos da cidade.

Os municípios que abraçarem a tecnologia oferecerão muito mais qualidade de vida do que os que não o fizerem, pois a presença da inovação tecnológica é fator determinante para a definição de uma cidade do futuro.

O próprio *machine learning*, que foi considerado para o desenvolvimento da plataforma IGMA, por exemplo, é uma tecnologia que facilita a análise dos dados, acelera e contribui diretamente para a tomada de decisões.

Uma pesquisa do Instituto de Tecnologia de Massachusetts[15] revelou o quanto a tecnologia favorece o crescimento exponencial da geração de informações no planeta. Acompanhe a imagem abaixo:

Figura 138: Evolução da velocidade e do volume de informações geradas no planeta ao longo dos anos.

---

[15] Em inglês: Massachusetts Institute of Technology (MIT).

A inovação tecnológica é, portanto, de suma importância para auxiliar o município a realizar mais com menos. No caso dos processos, as prefeituras se modernizam para prestar serviços de mais qualidade e oferecer mais conectividade entre os sistemas e a população, promovendo a melhoria da qualidade de vida. Para as pessoas, esse cenário pressupõe profissionais mais qualificados e preparados para gerar inovação, de forma que o município atraia capital intelectual e contribua para um dinamismo econômico e de geração de riquezas e de conhecimento.

A inovação provoca avanços de vantagem competitiva entre os municípios em um nível que a melhoria contínua por si só não é capaz.

É importante frisar que a tecnologia é significativa, também, ao proporcionar a conexão entre as esferas públicas. Além da gestão mais eficiente de volumes consideráveis de dados, essa realidade desburocratiza o sistema e gera retornos financeiros positivos. Em outras palavras, é fazer mais em menos tempo.

No mundo, a gestão pública já tem inovado e proporcionado mais qualidade de vida para a população, a partir da digitalização dos seus processos, nosso próximo tema. Mas, antes de avançarmos, vamos conhecer, conforme o relatório *Innovation Geographies* publicado em 2019[16], os exemplos de cidades mais inovadoras ao redor do planeta:

- Tóquio (Japão): líder mundial em número de patentes;
- São Francisco (EUA): líder mundial em número de *start-ups*;
- Cingapura (República de Cingapura): principal destino de IED[17] (investimento estrangeiro direto) em indústrias de alta tecnologia;
- Pequim (China): terceiro maior destino em financiamento de capital de risco;
- Londres (Reino Unido): 15% da sua força de trabalho em setores de alta tecnologia;
- São José (EUA): o epicentro do *Silicon Valley*;
- Paris (França): líder europeu em petições de patentes;
- Nova York (EUA): um dos líderes globais em inovação e talento;
- Boston (EUA): na liderança em educação (MIT e Harvard) e biotecnologia;
- Seul (Coreia do Sul): terceiro local do mundo em petições de patentes.

---

[16] https://www.us.jll.com/en/research/cities-research/innovation-geographies

[17] Segundo Portal APEX-Brasil, "investimento Estrangeiro Direto (IED) é, num sentido mais amplo, a movimentação de capitais internacionais para propósitos específicos de investimento, quando empresas ou indivíduos no exterior criam ou adquirem operações em outro país. O IED engloba fusões e aquisições, construção de novas instalações, reinvestimento de lucros auferidos em operações no exterior e empréstimos *intercompany* (entre empresas do mesmo grupo econômico)".

No Brasil, por sua vez, os destaques em inovação são:

- São José dos Campos (São Paulo): destaca-se pelo parque tecnológico, que leva o mesmo nome da cidade. São mais de 300 empresas e instituições de ensino e pesquisa e cerca de 6 mil pessoas transitando diariamente no espaço. Além disso, a prefeitura mantém o programa "São José na palma da mão" com aplicativos gratuitos que contemplam os serviços públicos prestados nas áreas de saúde, mobilidade urbana, esportes, segurança pública e manutenção da cidade. No quesito meio ambiente, a gestão pública realiza monitoramento por satélite, identificando rapidamente qualquer desmatamento ou construção ilegal na região.

- Florianópolis (Santa Catarina): possui um Conselho Municipal de Inovação com membros que deliberam sobre o uso do orçamento para iniciativas municipais nesse sentido. A cidade também conta com um Programa de Incentivo Fiscal à Inovação e grande número de empresas com patentes e infraestrutura tecnológica.

- São Paulo (São Paulo): destaca-se pelas soluções de inovação no setor público, inclusive com a realização de eventos sobre o tema. A megalópole se sobressai no quesito tecnologia, pela qualidade na oferta de infraestrutura de comunicação, como serviço de internet, fibra ótica e banda larga de alta velocidade para a população.

Digitalização dos governos

O governo 4.0 é, dessa forma mais do que uma ambição, passou a ser uma questão de necessidade. A adoção crescente de técnicas de inovação digital tem revolucionado a atuação do Estado e a sua relação com os cidadãos.

A relevância desse tema para a administração pública dos municípios brasileiros também é pautada pela possibilidade de transformação econômica que a digitalização governamental promove.

De acordo com a Accenture[18], estima-se que 1% de avanço na digitalização do setor público poderia gerar um acréscimo de 0,5% no PIB dos países e de quase 2% em suas receitas de comércio exterior.

Além disso, uma visão inovadora capaz de acelerar processos e melhorar resultados traz nitidamente mais eficácia para a gestão, assim como mais economia para os recursos públicos.

Outras vantagens trazidas pelo governo 4.0 são: menos burocracia, mais transparência, redução de gastos e de uso de papéis, ganho de espaço físico e maior engajamento e confiança dos cidadãos nos serviços públicos. Todas elas ajudam os municípios nessa nova etapa de construção do futuro.

---

[18] https://brazillab.org.br/noticias/revista-exame-pauta-do-governo-40-cresce-cada-vez-mais-no-brasil-e-no-mundo

Em 2020, entre 193 países, o Brasil ocupa a 54ª posição no Índice de Desenvolvimento de Governo Eletrônico (EGDI), que mede a habilidade dos governos de prestar serviços públicos digitalmente e é monitorado pelo Departamento das Nações Unidas para Assuntos Econômicos e Sociais (UNDESA). Desde 2010, quando foi iniciado esse levantamento, o Brasil oscilou entre a posição 44º (em 2018, sua melhor colocação) e 61º (em 2010, sua pior colocação).

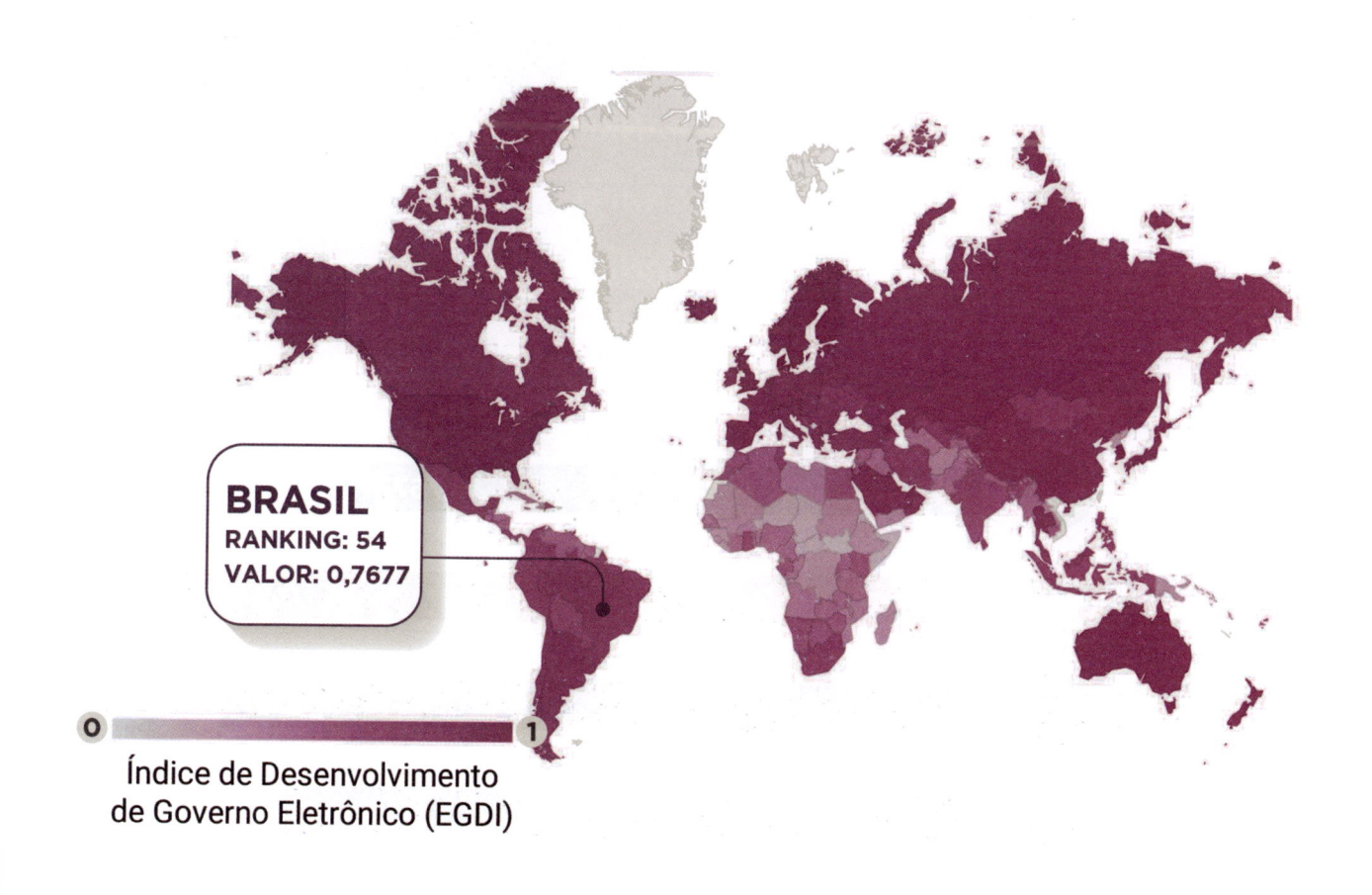

Figura 139: Posição do Brasil no índice EGDI em 2020.

Mesmo sendo a quarta nação mais digitalizada do mundo em termos de usuários e de acesso à internet, ocupamos essa baixa posição no ranking. Nações como Dinamarca, Austrália e Coréia do Sul estão na liderança. Nossos vizinhos, Argentina (32º) e Uruguai (26º), estão, em pelo menos, 20 posições à nossa frente.

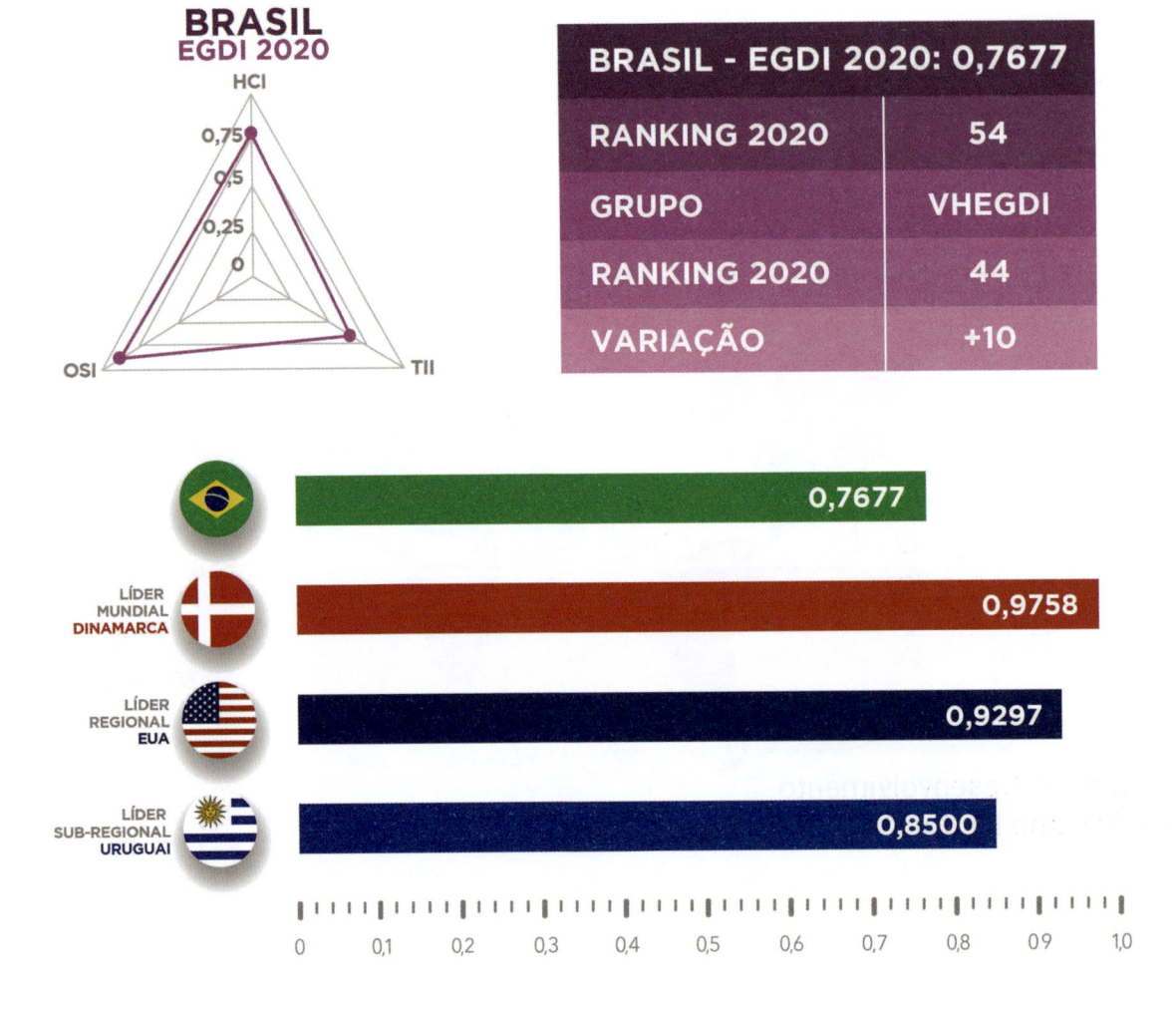

BRASIL - EGDI 2020: 0,7677	
RANKING 2020	54
GRUPO	VHEGDI
RANKING 2020	44
VARIAÇÃO	+10

Brasil: 0,7677
LÍDER MUNDIAL DINAMARCA: 0,9758
LÍDER REGIONAL EUA: 0,9297
LÍDER SUB-REGIONAL URUGUAI: 0,8500

Figura 140: Comparação do Brasil com países líderes no ranking EGDI 2020[19].

---

[19] O índice é baseado em três dimensões importantes, as quais permitem às pessoas se beneficiarem de serviços e informações de forma *online*: a adequação da infraestrutura de telecomunicações (*Telecommunications Infrastructure Index* -TII); a habilidade dos recursos humanos (*Human Capital Index* – HCI) para promover e usar as TIC; e índice de serviços *online* (*Online Service Index* – OSI).

A ONU atribuiu a colocação da Dinamarca à sua estratégia progressiva de prioridade nos serviços digitais (*digital-first*), que obriga legalmente os cidadãos a acessarem serviços públicos *online*. Lá o movimento digital articulado entre os diferentes níveis de administração pública permitiu que municípios com menos recursos se beneficiassem da infraestrutura de dados fornecida pelo governo nacional. Mais uma vantagem da tecnologia a favor da gestão pública.

A base estratégica da Dinamarca foi o uso de identidades digitais que permitissem aos seus habitantes acessar serviços públicos e privados. São mais de 2.000 opções de autoatendimento no portal nacional dos cidadãos que, diante de tantas facilidades, passam a depositar ainda mais confiança no governo.

Na Suécia, milhares de pessoas já possuem *microchips* inseridos no corpo para fins de identificação. Os pequenos dispositivos de silício têm o tamanho de um grão de arroz e são implantados geralmente nas mãos. As informações contidas na peça substituem o uso de cartões e de chaves.

Surpreendentemente, a Estônia tem sido palco de estudo de gestores públicos do mundo inteiro por ter digitalizado 99% dos seus serviços públicos. Lá, somente não é possível - ainda - casar e registrar um imóvel à distância. Por outro lado, uma empresa pode ser aberta em 15 minutos, assim como uma conta no banco pode ser criada em 24 horas.

Foi no começo dos anos 90, quando conquistou a independência da União Soviética, que a Estônia iniciou o seu processo de transformação digital, o qual revolucionou as estruturas de governança do país. Além de oferecer uma administração menos burocrática e mais colaborativa, a digitalização do serviço público poupa cerca de 2% do PIB por ano lá.

Por fim, um outro exemplo interessante é o da Arábia Saudita, que foi o primeiro país do planeta a criar um Ministério de Inteligência Artificial.

Para reverter essa classificação, o governo federal brasileiro traçou uma meta de digitalizar 100% dos serviços da União até o final de 2022. Essa realidade deixaria o Brasil nas primeiras colocações de países do mundo em serviços públicos digitais, ou seja, um Governo centrado no cidadão, que busca oferecer uma jornada mais agradável e responde às expectativas da população por meio de serviços de alta qualidade.

Precisamos acompanhar e avaliar se, de fato, esse marco será alcançado. Mas, independentemente desse resultado, as prefeituras municipais que não acompanharem esse percurso ficarão para trás, pois, como justificaremos mais à frente, a digitalização dos processos públicos é uma das condições para a cidade do futuro.

Abaixo, listamos os 18 objetivos lançados pelo governo federal para o uso de tecnologias digitais, com a promoção da efetividade das políticas e da qualidade dos serviços públicos e com o objetivo final de reconquistar a confiança dos brasileiros.

DECRETO Nº 10.332, DE 28 DE ABRIL DE 2020

1. Oferta de serviços públicos digitais
2. Avaliação de satisfação nos serviços digitais
3. Canais e serviços digitais simples e intuitivos
4. Acesso digital único aos serviços públicos
5. Plataformas e ferramentas compartilhadas
6. Serviços públicos integrados
7. Políticas públicas baseadas em dados e evidências
8. Serviços públicos do futuro e tecnologias emergentes
9. Serviços preditivos e personalizados ao cidadão
10. Implementação da Lei Geral de Proteção de Dados no âmbito do Governo federal
11. Garantia da segurança das plataformas de governo digital e de missão crítica
12. Identidade digital ao cidadão
13. Reformulação dos canais de transparência e dados abertos
14. Participação do cidadão na elaboração de políticas públicas
15. Governo como plataforma para novos negócios
16. Otimização das infraestruturas de tecnologia da informação
17. O digital como fonte de recursos para políticas públicas essenciais
18. Equipes de governo com competências digitais

A seguir, trazemos as principais tendências que os governos digitais apontam em todo o mundo.

5 Tendências mundiais para o governo digital

1 **INTERNET OF ME:** fornecer experiências personalizadas ao cidadão está entre as três prioridades para dois em cada três líderes nos serviços públicos;

2 **GESTÃO PARA RESULTADOS:** uma nova forma de interpretar o antigo conceito de "oferta de serviços". Agora, a gestão pública mensura seu impacto local e social;

3 **REVOLUÇÕES DE PLATAFORMA:** os servidores públicos esperam que as organizações apostem nas plataformas em tempo real e em sistemas integrados, à medida que adotam, soluções de mobilidade e internet das coisas;

4 **EMPRESA INTELIGENTE:** os serviços públicos têm evoluído no que diz respeito à utilização de tecnologias inteligentes, como algoritmos baseados em regras, análises preditivas, aprendizagem de máquinas e agentes inteligentes;

5 **FORÇA DE TRABALHO REPENSADA:** cada vez mais, a gestão pública utiliza automação de softwares ou computação cognitiva para complementar a força de trabalho dos servidores.

Fonte: *Accenture Technology Vision* 2015 - Serviços Públicos para o Futuro.

Sociedade 5.0

Para além do que se conhece e se almeja em termos de tecnologia e inovação social para a qualidade de vida coletiva, vale abordarmos aqui o conceito de Sociedade 5.0 já trabalhado no Japão.

A ideia se diferencia das anteriores principalmente porque se fundamenta no ser humano como o centro das inovações transformadoras. Trata-se de um grande movimento de convergência tecnológica com o objetivo de resolver problemas e de facilitar a vida das pessoas, sempre levando em consideração os aspectos sociais.

Dessa forma, a substituição de homens por máquinas é bem-vinda apenas quando preservados seus três princípios de implementação:

Qualidade de vida: a presença da robótica e da automação na rotina social permitirá que as pessoas dediquem seu tempo para realizar tarefas com mais significado;

Inclusão: redução das desigualdades sociais à medida que todos, indistintamente, possam usufruir dos benefícios tecnológicos. A cooperação internacional viabilizaria esse cenário;

Sustentabilidade: preservar os recursos do planeta é uma premissa para a evolução e a adoção das tecnologias, o que se reflete no crescente uso de energias renováveis e na redução da utilização de combustíveis fósseis.

O conceito de Sociedade 5.0 surgiu em 2016, quando o governo japonês lançou o seu 5º Plano Básico de Ciência e Tecnologia com metas e a inédita proposta de trazer essa concepção tecnológica como uma política pública de inovação.

O termo remete a uma sucessão aos outros quatro saltos sociais da humanidade: a sociedade da caça (1.0), a sociedade da agricultura (2.0), a sociedade industrial (3.0) e a sociedade da informação (4.0).

Na prática, a Sociedade 5.0 já é possível com a utilização de *drones* para entregas ou atendimento a desastres; o aumento do número de casas mais conectadas, eficientes e confortáveis por meio da inteligência artificial ou a maior utilização de robôs na medicina e na agricultura.

O modelo, apesar de promissor, terá ainda que ultrapassar alguns desafios para a sua implementação como política pública. Dentre eles, pode-se citar a incorporação por parte dos entes governamentais, a definição de leis para o uso de informações e a formação de recursos humanos para a aplicabilidade da proposta.

É uma realidade que altera a atual dinâmica das sociedades e traz novas perspectivas éticas. Sem dúvidas, esse caminho já se apresenta como uma via de mão única.

Fonte: *Engine* - Acesso: 20/11/2020.

Ambiente competitivo

Se as cidades do futuro são inovadoras, elas precisam ser economicamente dinâmicas e fomentar o ambiente de negócios. Isso significa o desenvolvimento de contextos sociais favoráveis à geração de riquezas e à autonomia locais, ou seja, de ambientes de alta competitividade. São municípios que criam as condições ideias para fazer acontecer as oportunidades empreendedoras, recebendo os novos negócios e contribuindo para a sua prosperidade.

O Brasil ocupa a 71ª posição no *ranking*[20] do Fórum Econômico Mundial (2019), que avalia a competitividade de 141 países, por meio de 103 indicadores organizados em 12 pilares. Os melhores resultados do país foram nos aspectos de infraestrutura, dinamismo de negócios e mercado de trabalho.

Ranking	País	Pontuação
1	Singapura	84.8
2	Estados Unidos	83.7
3	Hong Kong	83.1
4	Holanda	82.4
5	Suíça	82.3
6	Japão	82.3
7	Alemanha	81.8
8	Suécia	81.2
9	Reino Unido	81.2
10	Dinamarca	81.2
11	Finlândia	80.2
12	Taiwan	80.2
13	Coréia do Sul	79.6
14	Canadá	79.6
15	França	78.8
16	Austrália	78.7
17	Noruega	78.1
18	Luxemburgo	77.0
19	Nova Zelândia	76.7
20	Israel	76.7

Figura 141: Países que ocupam as primeiras posições no ranking do Fórum Econômico Mundial (2019).

---

[20] O *Global Competitiveness Index* (GCI) é um índice respeitado internacionalmente, que avalia a competitividade de economias e o desempenho dos mercados. Ele integra o *Global Competitiveness Report* (GCR), relatório publicado anualmente pelo Fórum Econômico Mundial desde 1979.

Apesar de indicar que a capacidade de inovação brasileira beneficia a sua potencialidade econômica, o relatório também aponta que o Brasil precisa melhorar a qualificação do seu pessoal e o funcionamento de seus mercados de trabalho.

O país subiu uma posição em relação ao ranking de 2018. O avanço foi atribuído à simplificação considerável de regulações para abrir e fechar negócios, influenciando positivamente o dinamismo empresarial brasileiro.

Atualmente, o Índice de Liberdade Econômica da *Heritage Foundation*[21], que mede a autonomia da população para empreender novos negócios, tem no topo da sua lista os países desenvolvidos e também os mais sociais como Suíça, Suécia, Dinamarca e Noruega, reconhecidos pela excelência na prestação de serviços à população.

Ambiente competitivo é aquele que, por meio de incentivos financeiros e apoio à própria estrutura de governo, dá liberdade econômica e segurança jurídica para a criação de negócios que geram riquezas, valor e conhecimento. É a promoção das condições necessárias e favoráveis ao empreendedorismo local, seja com negócios atraindo investidores ou com os cidadãos investindo e criando novos negócios.

Esse ponto faz toda a diferença nas cidades do futuro. *Vamos descobrir o porquê?*

---

[21] É um índice que avalia o grau de liberdade econômica de quase 186 países em 12 critérios nas categorias de estado de direito, tamanho do governo, eficiência regulatória e mercados abertos.

Geração de novos negócios

O que diferencia o PIB de uma cidade e o de outra é a capacidade da região gerar riquezas em um determinado espaço de tempo. Quanto melhor for a estrutura local e quanto mais bem preparadas estiverem as pessoas, mais capacidade de gerar riquezas haverá naquela localidade, em menos tempo.

Quanto mais qualificado e produtivo for o ambiente e quanto mais incentivos ele prover à comunidade, maiores serão as suas chances de gerar mais valor em menos tempo. Observe que não estamos discutindo o conceito de valor.

De acordo com o *Global Entrepreneurship Monitor* (2019/2020)[22], o Brasil é um dos países que tem um perfil empreendedor. Dessa forma, enquanto pertencentes a uma nação continental em oportunidades, os municípios brasileiros têm muitas chances de explorar e fomentar a geração de negócios. Relembramos que esse cenário ainda poderia ser mais estimulado com a digitalização do sistema público.

Juntos, os pequenos negócios no Brasil respondem por 30% do PIB do país, de acordo com o estudo "Participação das MPE na economia nacional e regional", elaborado pelo Sebrae juntamente com a Fundação Getúlio Vargas (FGV)[23]. A pesquisa confirmou um movimento consistente e crescente da importância dos pequenos negócios para a geração de empregos e de renda, além da arrecadação de impostos.

Entre as consequências positivas da crescente participação dessa economia no PIB brasileiro, estão a melhoria do ambiente de negócios, o aumento da escolaridade da população e a ampliação do mercado consumidor, com o crescimento da classe média.

Os municípios devem estar atentos a esse contexto e promover ambientes competitivos propícios para alavancar a capacidade empreendedora das famílias nacionais. Essa geração de riquezas aciona o primeiro pilar da plataforma IGMA, Eficiência Fiscal e Transparência, em prol do ciclo virtuoso de desenvolvimento humano e contribui para o progresso regional.

Sabemos que a maioria das empresas do nosso país são familiares e que as atuais maiores companhias do mundo não existiam há décadas. Isso nos leva e inferir que, no Brasil, os negócios de amanhã são os que estão sendo criados hoje.

Assim, cidades do futuro são as cidades que estão em constante desenvolvimento, incentivam inovação, promovem a digitalização dos governos, criam um ambiente com alta competitividade e facilitam a geração de negócios, transformando a realidade municipal e da qualidade de vida do cidadão.

---

[22] Global Report
[23] Revista Pequenas Empresas & Grande Negócios.

Cidades inteligentes

Promover o ciclo virtuoso de desenvolvimento humano com melhorias contínuas, a partir da excelência garantida pelo setor público, inovar tecnologicamente, para melhorar a vida da população, e gerar ambientes atrativos aos novos negócios é o conjunto que caracteriza uma cidade inteligente.

De acordo com a *European Commission*[24]:

> *"Uma cidade inteligente é um lugar onde as redes e serviços tradicionais se tornam mais eficientes com o uso de tecnologias digitais e de telecomunicações para o benefício de seus habitantes e empresas.*
>
> *Ela vai além do uso dessas tecnologias para um melhor uso dos recursos e menos emissões. Significa redes de transporte urbano mais inteligentes, melhor abastecimento de água e instalações de eliminação de resíduos e formas mais eficientes de iluminar e aquecer edifícios. Significa também uma administração municipal mais interativa e ágil, espaços públicos mais seguros e suprir as necessidades de uma população que envelhece."*

A combinação dessa realidade com a das Cidades Excelentes é o que fundamentará as cidades do futuro, polos urbanos das próximas décadas. Estas últimas aliam, equilibradamente, o ciclo virtuoso de desenvolvimento humano (Cidades Excelentes) e a inovação tecnológica (cidades inteligentes) como fatores essenciais para melhorar a prestação de serviços municipais e a promoção da qualidade de vida da sociedade.

Uma cidade inteligente coleta dados a partir de diferentes sensores eletrônicos, os quais permitem à gestão pública gerenciar os ativos e os recursos coletivos com eficiência. As informações da população são utilizadas para alimentar os sistemas de tráfego e de saneamento básico, redes de abastecimento de água, usinas de energia, estruturas de segurança e prevenção de crimes e de catástrofes naturais, escolas, hospitais etc.

Dessa forma, promove-se a melhoria da qualidade de vida dos cidadãos, por meio da otimização do desempenho e da interatividade dos serviços urbanos, além da redução de custos e da maior interatividade entre a prefeitura e a comunidade.

O nível de volume e de complexidade de interação dos dados, aliado à velocidade dos processos digitalizados, permite que a gestão municipal reconheça os desafios sociais mais facilmente e os responda com precisão.

O *Future Today Institute* (FTI) classifica as cidades mais inteligentes do planeta em um *ranking* mundialmente conhecido. Em sua pesquisa, o instituto considera critérios como conectividade 4G, disponibilidade de acessos públicos à rede Wi-Fi, incentivos para patrocinadores, tamanho da comunidade de especialistas em tecnologia, sistemas de transporte público com tecnologia avançada e disponibilidade de serviços de compartilhamento de carona e outros meios de transporte.

O resultado final é obtido a partir da coleta de dados de 100 cidades junto a prefeituras, censos municipais e nacionais, relatórios da ONU e da Comissão Europeia, além de outros centros de pesquisas.

---

[24] https://ec.europa.eu/info/eu-regional-and-urban-development/topics/cities-and-urban-development/city-initiatives/smart-cities_en

RANKING – TOP 20 (2019)

#		Cidade
1	🇩🇰	Copenhague, Dinamarca
2	🇸🇪	Gotemburgo, Suécia
3	🇳🇴	Oslo, Noruega
4	🇳🇴	Bergen, Noruega
5	🇩🇰	Odense, Dinamarca
6	🇸🇪	Estocolmo, Suécia
7	🇫🇮	Turku, Finlândia
8	🇩🇰	Aalborg, Dinamarca
9	🇫🇮	Jyväskylä, Finlândia
10	🇫🇷	Estrasburgo, França
11	🇦🇺	Melbourne, Austrália
12	🇸🇬	Singapura
13	🇫🇮	Vantaa, Finlândia
14	🇳🇱	Amsterdam, Holanda
15	🇨🇭	Zurique, Suíça
16	🇳🇱	Utrecht, Holanda
17	🇩🇪	Berlim, Alemanha
18	🇦🇪	Dubai, Emirados Árabes Unidos
19	🇰🇷	Seul, Coreia do Sul
20	🇺🇸	São Francisco, Estados Unidos

Figura 142: Ranking Cidades Inteligentes (FTI).

A pesquisa TIC Governo Eletrônico 2017, conduzida pelo Centro Regional de Estudos para o Desenvolvimento da Sociedade da Informação[25], revelou que somente uma parcela de 18% dos municípios brasileiros possuem planos para serem convertidos em cidades inteligentes.

Vale frisar a importância da gestão pública municipal reconhecer o valor e as vantagens da transformação tecnológica da cidade, para que essa questão seja compreendida como um investimento. Assim, governos, indústrias, escolas e universidades poderão atuar em colaboração para a geração de riquezas sociais hoje e amanhã.

Dessa forma, as cidades do futuro são inteligentes, porque são tecnologicamente avançadas e conectadas. Elas chegaram lá porque criaram um ambiente competitivo que atrai capital humano e financeiro. E isso só é possível porque elas promovem as condições necessárias do ciclo virtuoso de desenvolvimento humano, gerando qualidade de vida e bem-estar social para a sua comunidade. Afinal, a excelência vem do poder público e as Cidades Excelentes são onde todos querem viver!

---

[25] Fonte: http://www.cetic.com.br

CONSIDERAÇÕES FINAIS

CONSIDERAÇÕES FINAIS

João Carlos Saad

O DESAFIO DAS CIDADES

É um desafio do nosso tempo. E dos maiores. Cresce a cada momento. Hoje é maior do que ontem e amanhã terá crescido mais. O drama da vida das populações dessas grandes cidades brasileiras - seja em tempos de pandemia ou antes dela - vem ganhando novos contornos a cada dia. E prova que estamos, nós todos, perdendo essa guerra.

Mas podemos ganhá-la. E esse é o sentido maior do livro que você acabou de ler.

Raimundo Godoy, Leonardo Rischele e Rodrigo Neves nos oferecem aqui, organizado num conjunto harmonioso de experiências, um precioso repertório acumulado ao longo de anos vivenciando no exterior o dia-a-dia de Cidades Excelentes.

As referências são riquíssimas, os modelos empolgam e os exemplos são edificantes. Se quisermos uma primeira síntese do que seria o significado prático de tantos anos de observação enriquecedora, aí está o que pode ser visto como desafio, mas também como estímulo: a excelência vem do setor público.

Nessa frase aparentemente simples - e, à primeira vista, óbvia - correm conteúdos que podem interferir ou mudar a vida de populações inteiras.

E é aqui que está a proposta tentadora: como fazer a preciosa tradução para a prática das nossas cidades de um conjunto de conquistas ao longo da história, que moldaram e aperfeiçoaram modelos exemplares pelo mundo.

Essa é uma missão de todos nós. Os caminhos, os estímulos, as referências e os modelos que podem ser estudados, analisados e adaptados - sempre considerando as diferenças e as diversidades - não faltam neste livro sobre "As Cidades Excelentes".

Isso significa, a partir dessas referências riquíssimas, debruçar sobre a realidade de nossas cidades. Pesquisar, reunir os dados, escavar superfícies, aprofundar análises e buscar soluções, onde, muitas vezes, estão escondidas: sob camadas de burocracia e interesses políticos. Ou simplesmente obscurecidas pela miopia administrativa e social.

Instrumentais eficientes já estão à disposição para dar velocidade e precisão a esse trabalho mais do que empolgante. E há tanto tempo exigido pela realidade dessas populações.

Vejo uma bela história pela frente. Há um horizonte, ao mesmo tempo, desafiador e fascinante. Senti claramente - na verdade confirmei o que já sentia - este mundo de possibilidades, há cerca de dez anos, num almoço informal, na minha casa em São Paulo, com prefeitos das capitais brasileiras. Tomava forma ali de maneira organizada - fortalecendo, certamente, sementes já lançadas - uma espécie de propósito, no sentido da melhor política, de enfrentar uma das grandes tarefas do nosso tempo.

É a clareza de que uma nova consciência diante dos problemas e da busca de soluções para as nossas cidades - empolgando governantes e governados - nunca foi tão necessária.

O desafio está lançado. E escancarado nestes tempos difíceis que vivemos.

Isso inclui vontade, coragem, mas também sonho. E por que não?

Se o homem não tivesse sonhado com o impossível (concordo com essa frase do grande pensador), não teria conseguido o possível.

E, assim, espero que uma nova realidade ainda me permita reescrever, ao contrário do que você leu, que estamos ganhando essa guerra.

João Carlos Saad
(conhecido pelos amigos como Johnny Saad)

CARTAS
DO EXTERIOR

CARTAS DO EXTERIOR

Um mundo integrado

Londres, Inglaterra. 6 de setembro de 2020.

Em 2011, quando abríamos a filial Aquila em Zurique, na Suíça, o órgão da cidade equivalente à uma Secretaria Municipal de Finanças nos solicitou um plano de negócios. Isso significa que a cidade se preocupa com o seu ecossistema competitivo, como se investigasse a possibilidade de fazer investimentos a partir dos alvarás que libera. É uma ótima prática de gestão municipal, porque demonstra que o gestor público já possui um olhar de excelência para esse tipo de análise.

Quando um novo morador se registra na cidade de Zurique, ele é convidado a fazer o curso de integração para aprender aspectos legais, estruturais e até culturais de relacionamento com a população, incluindo regras básicas de coleta de lixo, educação, sistema de transporte, pagamento de taxas, etc. É uma forma de garantir que as pessoas vão se integrar e saber onde esclarecer as suas dúvidas.

Existe um curso que dura uma tarde, seguido por um coquetel para os novos moradores se conhecerem, e há, também, outros mais longos, com módulos específicos para quem deseja se aprofundar em algum tema, como, por exemplo, o funcionamento da educação para as novas mães. Todos são gratuitos e promovidos pela prefeitura.

Na necessidade de realizar alguma obra (e são muitas), já nos avisavam com meses de antecedência todas as alternativas de transporte para que aquela mudança interfira o menos possível na nossa rotina.

Quanto à educação, Zurique se pauta em dois fatores: liberdade e responsabilidade, inclusive para as crianças menores. Elas aprendem que, se não fecharem seus casacos sozinhas, passarão frio. É comum ver crianças andando nas ruas com responsabilidade e até mesmo utilizando o transporte público.

O sistema educacional incentiva não apenas graduações em bacharelado, mas também outros cursos profissionalizantes, os quais duram de dois a quatro anos. São formações para mais de 250 profissões de base (eletricista, pintor, cabeleireiro, padeiro e pedreiro, entre outros), que são reconhecidas e bastante valorizadas, diferentemente de como são compreendidas no Brasil.

A digitalização permite que os dados dos cidadãos estejam integrados e há muito menos burocracia quando mudamos de endereço ou precisamos de uma consulta médica, por exemplo. Não existe sistema público de saúde, pois é dever do cidadão fazer um plano de saúde privado. Aqueles que não possuem condições recebem ajuda do governo para isso.

O sistema de saúde funciona com médicos de família e histórico de saúde do cidadão centralizado, o que permite seu compartilhamento com profissionais da saúde quando autorizado pelo paciente. Por exemplo, se você sofrer um acidente em qualquer lugar da Suíça, não importa onde for atendido, o profissional pedirá acesso a todo o seu histórico e, provavelmente, ligará para o seu médico de família, em caso de necessidade de cirurgia.

Atualmente, moro em Londres, na Inglaterra, onde o NHS (National Health Services) é o órgão responsável pelos atendimentos e, também, funciona com médico de família. O que mais me chama a atenção no modelo inglês é o uso de tecnologias a favor do sistema. É possível fazer marcação online e pedir receita de remédio de uso recorrente por meio de aplicativo. São muitos dados integrados: farmácia, médico... Os remédios adquiridos por meio de indicação médica têm valor muito menor.

Durante a pandemia do Coronavírus, por exemplo, eu recebia todas as notícias da minha região (quais estabelecimentos médicos estariam abertos nos feriados, a criticidade de contaminação no bairro, etc.) por mensagem no celular. Se mudamos a dosagem de alguma medicação, os médicos nos enviam um e-mail para saber como estamos. Também recebemos muitos lembretes de exames de rotina preventivos, tudo isso no sistema público!

Voltando à Zurique, sua rede de infraestrutura e mobilidade urbana é muito boa e pontualíssima, semelhante a um ballet de tão coreografado e com exata marcação de tempo. O trem, o metrô, o bonde e o teleférico integram-se facilmente. O que me chamou muito atenção foi a limpeza dos trens e a preocupação com o cidadão. Nunca senti falta de carro lá, viajava por todo o país com muita facilidade e conforto.

De qualquer forma, as rodovias também dispunham de bastante engenharia para cortar os alpes, com destaque para os túneis imensos, como o de São Gotardo, com cerca de 57 quilômetros de comprimento.

Isso me lembrou o metrô de Paris, que chama muita atenção. Amigos arquitetos falavam que a engenharia garantia você chegar de qualquer ponto A até um ponto B da grande Paris com, no máximo, uma mudança (baldeação).

Os TGVs (Trens de Grande Velocidade) têm uma capilaridade imensa e encurtam muitas viagens. Lembro de, em 2007, estar em algum trem para o sul do país que bateu recorde de velocidade acima dos 250 km/h. A internet é ótima durante toda a rota, sendo possível viajar por duas ou três horas conversando por chamada de vídeo.

Mas, ao falarmos de mobilidade urbana, é impossível não citar Londres, considerada pioneira nesse quesito. Por ser uma cidade grande e bastante interligada, eu destacaria a quantidade de modais conectados: ônibus (muitos de dois andares), ônibus expresso, trem, trem expresso, trem leve, trem metropolitano, metrô, metrô de superfície (overground), bonde (tran), teleférico e barco. A inovação tecnológica é fortemente abraçada em Londres, inclusive os bilhetes de ônibus já podem ser pagos via contactless há mais de quatro anos, pelo menos.

A respeito da ordem pública, existem iniciativas que considero favoráveis para tornar as cidades mais seguras, como no caso de Zurique, onde mendigar é crime. Lá, a pessoa deve pedir ajuda para as entidades corretas, as quais funcionam bem. Na Inglaterra, existe controle sobre venda e porte de facas de qualquer tipo (até mesmo de uma simples faca de mesa). A sociedade trabalha, em conjunto com o governo, para fiscalizar e manter bons costumes. Para os ingleses, cortar fila, por exemplo, é culturalmente bem grave. Aquele que arrisca entende que cometeu uma falha pela reação imediata de todas as pessoas.

Agora, sobre o Brasil, também tive boas experiências que podem ser bons exemplos. Vivi em São Bernardo do Campo (SP) e me lembro bem do projeto "Poupatempo", realizado pelo Estado de São Paulo na década de 90. Aquela inauguração de estruturas que centralizavam a prestação de diversos serviços públicos, tanto do Estado quanto da prefeitura, foi um avanço no atendimento ao cidadão.

Serviços de emissão de documentos pessoais, de veículos, questões de trabalho, moradia e diversos serviços municipais passaram a ser oferecidos em um mesmo lugar, de maneira organizada e transparente.

Hoje, além dos espaços físicos, as pessoas também podem acessar alguns serviços por meio de aplicativos de celular e resolver questões burocráticas sem sair de casa.

Quando me mudei de lá para a capital paulista, fiquei positivamente surpresa ao ser convidada pela prefeitura a participar da pesquisa que embasaria o plano do governo para o próximo período.

Por meio da "Rede Nossa São Paulo", fundada em 2007, a cidade interage com os cidadãos, tanto para ouvi-los, quanto para informá-los. A infraestrutura de transporte da grande São Paulo e as estradas do Estado sempre foram, para mim, um ponto destoado do Brasil como um todo, pelo menos entre as cidades que tive oportunidade de conhecer.

Em um país como o nosso, formado por uma diversidade de pequenos municípios, São Paulo pode não ser o melhor exemplo, então cito aqui também Lagoa da Prata, uma cidade do interior de Minas Gerais, onde estive por motivos de férias e visitas à família. Lá, a educação e o transporte sempre me pareceram acima da média. Com avenidas largas, o uso de transporte público e de bicicletas é bem comum.

Na área da saúde, a cidade atende a todas as especialidades, mas descobri práticas preventivas interessantes na região. Uma delas é proporcionada pelo Instituto Regional de Saúde da Mulher de Santo Antônio. O atendimento é completo, além de fazer os exames de rotina, a cidadã recebe aconselhamentos de ortopedistas e psicólogos e participa de palestra com nutricionistas. Tudo isso pelo sistema público de saúde, de forma ágil e acessível.

Cláudia Bessas
Consultora Sócia do Aquila

CARTAS DO EXTERIOR

Cidadania e senso de justiça

Zurique, Suíça. 3 de julho de 2020.

Quando morei em Bissen, no interior de Luxemburgo, me chamou muito atenção – e isso se estende para todo o país – a estrutura social de esportes disponibilizada para a população, inclusive para um estrangeiro. Eu podia pagar um valor simbólico e usufruir de todos os espaços que são de altíssimo nível.

Bissen, assim como todas as cidades luxemburguesas, é pequena e não comporta uma estrutura completa de uma metrópole, mas isso nunca foi um problema, pois a apenas 5 quilômetros de distância já é possível estar na cidade vizinha e encontrar o que deseja. Assim, a região como um todo consegue se manter organizada e atender muito bem as pessoas.

O custo de vida é alto, mas os salários também são elevados. Isso é tão verdade que, durante o dia, o país triplica de volume populacional, porque as pessoas trabalham lá, mas moram nas nações vizinhas, como Bélgica, França e Alemanha. É um lugar onde a gente vê a riqueza acontecer.

Lá, eles falam 4 línguas: luxemburguês, francês, alemão (as duas últimas principalmente por conta da fronteira com esses países) e inglês (para lidar com quem vem de fora). Mas a língua mais utilizada é o francês.

Sobre a ordem pública, podemos andar nas ruas sem preocupação. Morei lá por 2 anos e meio e não tive notícias de crime ou de roubo. A polícia funciona muito mais como um apoio administrativo do que como uma força repressiva, pois não há essa necessidade.

Por fim, a infraestrutura de Bissen é fantástica, a região é cheia de parques. É uma cidade que proporciona um ritmo cotidiano tranquilo, um lugar perfeito para viver durante a aposentadoria!

Outra cidade em que morei foi Paris. É grande e dispõe de uma estrutura muito boa de trem, metrô e ônibus. O transporte é todo integrado. Na época, por volta dos anos de 2006 e 2007, era uma das poucas localidades onde as pessoas já utilizavam bicicletas compartilhadas como meio de transporte.

A coleta de lixo é eficiente, considero uma cidade limpa para o seu porte. A educação e a conscientização das pessoas também contribuem muito nesse sentido. A segurança é controlada, há bairros mais policiados, mas você sai na rua com tranquilidade. De forma geral, Paris é uma cidade grande com serviços excelentes.

Ao falar desse nível de limpeza pública, não posso deixar de citar Hasselt, na Bélgica. Fiquei impressionado com o zelo que eles têm em relação a esse aspecto. Eles cuidam demais do bem-estar social e dos jardins, os quais são motivo de orgulho.

Os habitantes, em torno de 70 mil, falam holandês e seguem o padrão de simetria da Holanda. Todas as ruas devem estar muito bem pavimentadas, perfeitas. O povo se preocupa em ser agradável com o próximo. Apesar de serem mais introspectivos, eles respeitam muito a cultura do outro.

Entre 2010 e 2014, morei em Zurique, na Suíça. Lá, o tran, que é como se fosse o metrô da cidade, traz uma característica particular ao local, pois todos utilizam bastante. O trem é um meio de transporte no qual qualquer pessoa pode entrar, porque existe uma confiança social. É tudo aberto e não precisa apresentar o bilhete.

Uma vez, eu esqueci o bilhete, mas o guarda, que estava à paisana, conferiu no sistema que eu o havia comprado. Não recebi uma multa, mas uma advertência informando o prazo de 48 horas para apresentá-lo à fiscalização. Existe uma regra nesse sentido, mas ainda assim é tudo tranquilo.

Como eu tinha um visto de trabalho, era obrigado a me afiliar ao sistema de saúde. Tive que escolher uma rede para me credenciar e, então, buscar a minha carta de residência. Há muita organização, rapidez e agilidade nos serviços públicos. Tudo é pago, existe taxa governamental nos produtos e nos serviços, mas, nitidamente, há um retorno. Como um brasileiro, me sentia sempre satisfeito – e os impostos eram mais baixos que os do Brasil.

A Suíça foi o primeiro país onde vi um serviço público de total eficiência, que é respeitado e valorizado pelo povo. Eles têm vergonha se não atenderem a sociedade de forma adequada. Cheguei a tirar a carteira de motorista lá. Como as regras e os padrões de trabalho e de convivência são seguidos, meu instrutor me ensinou bastante sobre as dicas de conversão, por exemplo. Sobre as placas, ele explicou que há uma lógica na sequência que elas aparecem, não é algo aleatório. A maneira de eles instruírem sobre essa ordem diz muito sobre aquela cultura.

Quanto às condições sanitárias, Zurique supera qualquer outro lugar onde estive em relação à frequência e ao rigor na coleta de lixo. Os suíços são muito organizados e ficam profundamente ofendidos com quem não é ou com quem é desatento.

Sobre a educação, não esqueço de uma cena que presenciei no tran: umas 10 crianças de 3 a 4 anos em fila indiana, com coletes sinalizadores, indicando que estavam no passeio escolar, junto com a professora, tendo uma experiência de independência e responsabilidade desde cedo. Então, essa civilidade que vemos é fruto da forma que aprenderam sobre os espaços públicos e de como foram ensinados a respeitar o outro.

O serviço de saúde também me surpreendeu. Certa vez, minha ex-esposa precisou utilizar o sistema de pronto atendimento em consequência de um acidente de trânsito que sofreu. Ficamos surpresos com a preocupação da equipe médica, desde o acompanhamento psicológico ao físico, havia ali um cuidado integral com o cidadão. Eles se prontificaram até a disponibilizar um profissional que falasse em inglês com ela. Percebi que, como tudo está bem controlado, é difícil haver alto volume de pacientes numa emergência lá.

Ah! Cheguei a utilizar o meu seguro, mas acho que a cobertura não contemplava o serviço médico utilizado, porque depois recebi uma conta do governo. Ou seja, a gestão municipal se organizou para provar que a culpa não era do motorista do transporte público. Enquanto estávamos sendo atendidos no hospital, eles coletaram depoimentos de testemunhas que atestaram que a vítima estava num lugar que não poderia ficar no momento do acidente.

Para mim, isso também é excelência: uma cidade que busca ser justa com os seus cidadãos!

Sobre eficiência fiscal e transparência, a prestação de contas na Suíça é pública e isso é realizado de forma muito natural.

Fernando Moura
Consultor Sócio do Aquila

CARTAS DO EXTERIOR

Mobilidade urbana em prol do desenvolvimento

Cidade do México, México. 17 de agosto de 2020.

Pelo Aquila, nos últimos 10 anos já tive a oportunidade de viver e conhecer a realidade de cidades de vários países da América Latina: Colômbia, Argentina, Peru e México. Uma das cidades que mais me chamou a atenção, e pela qual eu tenho um carinho especial, é a Cidade do México. Entre idas e vindas, já são mais de 8 anos nesta cidade.

Eu compararia a Cidade do México com São Paulo, no Brasil, pois são grandes metrópoles. O desenvolvimento é nítido, com metrôs alcançando qualquer região, a quantidade de túneis, viadutos... A diferença é que lá o custo da passagem do metrô é bem mais acessível, sendo 4 vezes mais barato que São Paulo.

É também uma cidade muito moderna e o estilo dos prédios não me deixam mentir. A Cidade do México consegue mesclar bem a modernidade com a história, onde edifícios super modernos e de altíssimo nível convivem harmoniosamente com ruínas dos templos Astecas, muito bem conservados e estudados até hoje. Poderíamos citar, por exemplo, o Templo Mayor, que era o Centro de Tenochtitlán – capital do Império Asteca – que hoje se encontra bem no centro da Cidade do México. Nesse lugar, podemos ver vários sítios arqueológicos a céu aberto, o que nos permite conhecer um pouco mais cultura dessa civilização.

A educação tem como destaque uma das melhores universidades das Américas, a Universidad Nacional Autónoma de México (UNAM). A qualidade de ensino é de altíssimo nível e há muito investimento estrangeiro. Só dessa universidade já saíram 3 prêmios Nobel (um de literatura, um da paz e um de química). Esse é um motivo de orgulho muito grande para os habitantes da cidade.

Enquanto o município de São Paulo abriga 110 museus, a Cidade do México conta com 170 museus que liberam acesso gratuitamente ou a um valor muito baixo. Entre elas, destacam-se o Museu de Antropologia da Cidade do México, Museu Frida Kahlo, Museu Diego Rivera, Museu Soumaya e Palácio de Bellas Artes, entre outros.

A instituição que cuida da segurança social e da saúde pública na Cidade do México se chama Instituto Mexicano del Seguro Social (IMSS). Há muitos hospitais públicos e postos de saúde, que atendem muito melhor que no Brasil e, por isso, não se ofertam tantos planos de saúde privados, como acontece na realidade brasileira. Aqui, a empresa paga a segurança social do empregado.

Um dos maiores problemas da Cidade do México é a poluição. Com uma frota de aproximadamente 6 milhões de veículos, há dias em que simplesmente não se consegue distinguir o céu, pela quantidade de fumaça que toma conta da cidade. Nos últimos anos, os governos municipal e federal têm realizado muitas ações no sentido de combater esse problema, como a medição diária dos níveis de monóxido de carbono e ozônio, e tomada de medidas drásticas quando esses indicadores superam os níveis estimados, incluindo fechamento de fábricas e mudança de horários de funcionamento de empresas e até de escolas.

Em relação à infraestrutura e à mobilidade urbana, é uma cidade que abriga um dos maiores aeroportos do mundo. Todos os metrôs vão até lá. De uma forma geral, os mexicanos consideram a Cidade do México ótima para se viver. Ouço muito eles falarem: "Eu amo essa cidade!".

André Soares
Consultor Sócio do Aquila

CARTAS DO EXTERIOR

Uma vida excelente!

Boston, EUA. 30 de junho de 2020.

Vivo em Boston desde 2016. Aqui, o metrô atende qualquer necessidade de deslocamento na região metropolitana. Não precisamos de carro para nada na cidade, pois o deslocamento por transporte público é simples e eficaz. Como os municípios são conectados por highways, as estradas também são maravilhosas.

Mesmo com invernos rigorosos, a mobilidade urbana não é afetada, porque a prefeitura age com prontidão. Os funcionários já reparam o desastre, enquanto ele acontece. Percebi que eles aprenderam a conviver com essa realidade e a se reconstruírem rapidamente. É uma cidade que conhece as suas fragilidades e foca em como superá-las.

O governo municipal estabelece uma relação próxima com o cidadão e é possuidor de recursos que lhe permitem agir com autonomia. Na minha perspectiva, essa proximidade da comunidade com os representantes locais faz com que a cidade flua melhor. Afinal, é mais fácil reclamar com um agente local do que com um governador de Estado.

Aqui, até os cargos mais específicos da gestão pública são passíveis de eleição, incluindo o chefe de polícia ou o diretor da escola, por exemplo. Diferentemente dos municípios brasileiros, é outra noção de democracia e de responsabilização pública que promovem uma coletividade mais envolvida, consciente e participativa, favorecendo uma cobrança mais eficiente, inclusive. O personalismo beneficia a representatividade nos bairros.

Lembro que, no primeiro verão que passei aqui, tomei uma multa, porque a minha grama, mesmo ficando dentro do meu jardim, estava alta e isso interferia no paisagismo local. Então, vejo a existência de um sentimento comunitário e a aplicação do conceito de cidadania ativa, com uma responsabilidade compartilhada com o governo. Isso me chamou a atenção.

Boston é também uma cidade muito digitalizada. Quando cheguei, enviei um formulário para o setor público responsável pela abertura de um negócio e acreditava que teria um retorno semanas após. Ledo engano: duas horas depois, a servidora pública me ligou e, no dia seguinte, já tivemos uma reunião e resolvemos a minha necessidade.

Na educação, o que me chama atenção é a participação dos pais, pois as escolas trabalham em parceria com as famílias. À medida que os pais cobram da instituição de ensino, a escola também monitora o papel da família e a denuncia em caso de algo inadequado. Existe essa noção de oferecer estruturas públicas e de qualidade para formar cidadãos e uma futura mão-de-obra qualificada. As famílias escolhem onde morar em função das escolas dos filhos. Essa é uma realidade bem diferente da brasileira e que diminui a desigualdade de oportunidades.

Em relação às universidades, Boston e arredores contam com mais de 80 delas, muitas mundialmente bem conceituadas. A biblioteca da cidade é surreal, possui 28 unidades, com zonas divididas para crianças, jovens e adultos, acesso à internet, além de uma arquitetura fenomenal. O serviço é ótimo. Rapidamente, um livro solicitado chega na sua casa ou um e-book no seu e-mail.

Estimula-se o acesso à cultura e há aulas de inglês gratuitas para estrangeiros. É uma cidade que foi constituída por ondas de imigração, o que faz com que a sua população contemporânea receba bem quem é de fora.

A ordem pública é de outro mundo. Há uma alta percepção de segurança, podemos usar o celular tranquilamente na rua e a justiça funciona. Essa responsabilidade é dividida entre a polícia estadual e a municipal. Os crimes são julgados uma semana após a sua ocorrência e isso aproxima a punição do senso de "errado".

Lembro que, na primeira vez que utilizei o caixa eletrônico, me senti inseguro, porque ele ficava no meio da rua e não era fechado. Eu achei muito estranho uma pessoa do meu lado contar todo o dinheiro que tinha acabado de sacar... O serviço de emergência solicitado pelo 911 é muito rápido. Além disso, os alimentos e calçados, por exemplo, não são taxados, mas os demais produtos que carregam impostos apresentam essa informação clara, em destaque, ao cliente. É uma prática que educa financeiramente a população e colabora para que ela mesma cobre resultados da gestão pública.

Aqui, na cidade, os alimentos e calçados, por exemplo, não carregam impostos, mas todos os produtos que recebem taxas apresentam essa informação clara, em destaque, ao cliente. É uma prática que educa a população sobre o funcionamento tributário local e colabora para ela mesma cobrar resultados. Outro ponto relativo à transparência é a possibilidade de acessar informações municipais no nível mais granular, incluindo até a remuneração de cargos públicos.

A dinâmica econômica de Boston acontece basicamente pelo alto poder de consumo familiar. As pessoas têm renda e são as responsáveis por boa parte do crescimento do PIB local. Dessa forma, ao pagar impostos, elas fazem a economia girar melhor, as empresas contratam mais gente, porque há demandas de serviço, geram-se mais empregos e, assim, é impulsionado um ciclo de desenvolvimento.

Rodolfo Penna
Consultor Sócio do Aquila

CARTAS DO EXTERIOR

Gestão pública profissional

Sidney, Austrália. 5 de setembro de 2020.

Estou na Austrália há 10 anos. Já vivi em outras cidades, como Hobart e Melbourne, mas falarei de Sidney, onde moro hoje e, sem dúvidas, traz exemplos inspiradores de excelência para qualquer município.

Primeiramente, vale citar que a região ocupa sempre as primeiras colocações no ranking das melhores cidades do mundo para morar, divulgado, anualmente, pela revista The Economist. A pontuação final é resultado de uma metodologia que engloba mais de 30 fatores qualitativos e quantitativos em categorias, como estabilidade, cuidados com a saúde, cultura e meio ambiente, educação e infraestrutura. A população daqui valoriza muito essa posição.

Sidney é estruturada em bairros e a prefeitura eleita concentra seus esforços e serviços na área central da cidade. Os bairros ao redor funcionam como se fossem subprefeituras, com seus respectivos diretores e com uma hierarquia e organograma próprios. São o que eles chamam de governos locais.

Essa visão de negócios, com cargos executivos responsáveis por áreas geograficamente mais delimitadas, permite o delineamento de objetivos e metas mais claros para a gestão pública. Em outras palavras, podemos dizer que desburocratiza o sistema público. Os CEOs[26] de cada governo local atuam com o auxílio de conselhos locais e se reportam diretamente ao premier, figura política equivalente a um governador no Brasil. Atualmente, Sidney conta com 547 conselhos locais.

A cidade entende como intrínseca as questões de eficiência fiscal e transparência das contas públicas. A população tem fácil acesso a todas essas informações. O plano operacional de Sidney[27] é um documento exigido por lei, super completo e publicado de acordo com o ano financeiro. O documento contempla salários, balanços, budgets específicos, planejamento e a receita da cidade para os próximos 10 anos.

É muito clara a organização fiscal aqui e percebo como isso impacta na autonomia municipal pretendida,

---

[26] *Chief Executive Officer.*
[27] Você pode acessar o plano operacional de Sidney pelo QR Code ao final deste relato.

enquanto uma cidade que integra uma nação de regime político federativo. Esse nível de especificidade de administração, somado à visão integrada do país, permitiu que, durante a pandemia do Coronavírus, o primeiro ministro se reunisse periodicamente com cada premier para compartilhar as experiências e medidas adotadas nas cidades por meio dos seus governos locais.

A educação pública é outro fator excelente, muito concorrida para todas as idades e, assim como acontece nas demais cidades que ofertam instituições de educação de qualidade, sua localização influencia o valor do aluguel da região. As famílias decidem onde morar de acordo com a escola que escolhem para os filhos.

O bem-estar da sociedade é uma questão valorizada e reconhecida. Há muitos parques e as áreas livres são bem utilizadas para esportes e lazer. O custo desse benefício está contemplado nos impostos.

Sobre a saúde, os hospitais são ótimos e o cidadão ou residente permanente tem direito a utilizar todos os serviços. Se precisar da rede pública, a pessoa será atendida muito bem por qualquer médico. Mas, se preferir o plano particular, ela escolhe o médico. Não existem muitos planos particulares de saúde, porque não compensa competir com a qualidade do sistema público.

A mobilidade urbana funciona bem. São trens e ônibus que, mesmo com muitas árvores locais, são eficientes, porque as vias foram muito bem estruturadas. O policiamento é estável. Os agentes atuam mais como guardas municipais e a quantidade de crimes é absurdamente menor do que no Brasil.

Sidney é também um exemplo de cidade competitiva. Foram apenas 2 dias para abrirmos nosso escritório aqui. Diferentemente do Brasil, eles confiam na nossa assinatura, não existe cartório, por exemplo. Pediram, praticamente, o plano de negócios e a estrutura organizacional da empresa. Claro que há algumas regras, como a exigência de uma porcentagem de funcionários australianos, (a fim de proteger a mão de obra local) ou outras questões semelhantes, mas tudo fluiu rápido.

Enfim, Sidney é uma cidade que possui um custo de vida alto, com muitos impostos, mas há um retorno claro para a população. Todos têm uma alta qualidade de vida. Inegavelmente, as pessoas são muito felizes aqui.

Marco Costa
Consultor Sócio do Aquila

City of SidneyOperational Plan 2020/21

CARTAS DO EXTERIOR

Vocação que faz a diferença

Cidade do Cabo, África do Sul. 5 de outubro de 2019.

Por propósitos de estudo, trabalho e lazer, tive a oportunidade de conhecer diferentes cidades das Américas, África, Ásia e Europa. Cada uma delas com seus encantos e seus contrastes, que permitem trazer as reflexões quanto ao tema de Cidades Excelentes.

Uma dessas experiências mais relevantes ocorreu recentemente, em 2019. Morei na África do Sul por 6 meses para conduzir o primeiro projeto do Aquila no continente. Vivi mais especificamente nas cidades de Pretória, Joanesburgo e Emalahleni. A primeira delas, a capital administrativa (Cidade do Cabo é a capital administrativa e Bloemfontein é a capital judiciária); a segunda, que embora não possua o título de capital, é a maior delas e possui o extenso distrito de Soweto, lar de Nelson Mandela; já a última, mais ao leste, rumo ao interior do país. Notoriamente, o que me chamou muita atenção foi a forte segregação social que ainda existe culturalmente, mesmo um quarto de século desde o fim oficial do regime de apartheid.

Todas são cidades onde vi rodovias, infraestrutura, universidades e praças a nível de primeiro mundo, assim como shoppings, restaurantes e hotéis de excelente qualidade nas regiões mais nobres. No entanto, essas cidades também apresentam contrastes sociais impressionantes nas regiões menos favorecidas: falta de moradia, saneamento, educação e emprego levam boa parte da população a uma situação de pobreza extrema. Uma realidade que, assim como ocorre em algumas regiões do Brasil, me chocou bastante.

Observando pelo prisma positivo, as empresas de mineração que se instalam lá, e são muitas, pagam ótimos salários e exigem uma reserva considerável de funcionários locais como medida pertinente de proteção e fomento da economia. A atividade mineradora é um fator que torna essas cidades em locais economicamente atrativos, fazendo gerar, pela oferta de empregos e aumento da contribuição fiscal por parte da iniciativa privada, mais renda e mais distribuição de riquezas para os municípios.

Um dos fatores que mais me chamou atenção positivamente nessas regiões, que muito se assemelham ao Brasil em termos de desigualdade social e falta de segurança pública, foi a organização e a projeção da Cidade do Cabo. A cidade abriga o Parlamento Nacional, além dos escritórios do governo. Por ser uma cidade de forte vocação turística, conhecida pela sua diversidade cultural, sua estrutura foi preparada para atender bem os visitantes, desde o aeroporto até os centros de entretenimento, restaurantes e rede hoteleira.

A cidade é extremamente bonita, com um litoral encantador, caprichosamente situada entre o mar e a montanha. Quando cheguei lá, imediatamente fiz um contraponto com a cidade do Rio de Janeiro, porém menos agredida pela verticalização e pelo urbanismo fora de controle, e com uma organização e sofisticação frutos da colonização britânica. Embora represente tamanha beleza, o nível de segregação e desigualdade ainda não foi plenamente atenuado.

Visto que é uma capital cosmopolita e atração turística internacional, apresenta todo diferencial de alguns bons exemplos, que são sempre muito úteis, para construção de uma identidade com reflexos de uma cidade excelente. Se foi possível lá, por que não poderia ser no Brasil também?

Phillip Aguiar
Consultor Sócio do Aquila

CARTAS DO EXTERIOR

A excelência pode estar em todo lugar

Cali, Colômbia. 10 de outubro de 2020.

Faço parte da equipe internacional do Aquila há mais de 10 anos e tive a oportunidade de conhecer cidades dos Estados Unidos, Canadá, algumas na Europa e também em diferentes países da América Latina.

Sou de Belo Horizonte (MG) e tenho um carinho muito especial pela minha cidade. Seria difícil achar um lugar pelo qual eu trocasse tudo que tenho na capital mineira. Em minha experiência no exterior, as cidades austríacas foram umas das poucas que conheci e que me despertaram essa vontade de morar. Primeiramente, fiquei encantada com a beleza da região. Logo, vieram a qualidade de vida e o investimento do governo no bem-estar da comunidade.

O que me chamou muita atenção foi o incentivo dado às energias renováveis. Nas viagens pela região, era comum ver a sequência de torres de captação de energia eólica e as fazendas com os painéis solares. Mas, diferentemente do que costumamos ver pelo mundo, essas ações não eram apenas iniciativas de uma onda de inovação.

De fato, os austríacos já carregavam um histórico para o uso consciente da energia. Inclusive, em 2015, o governo estabeleceu uma meta para, em 15 anos, reduzir pela metade a demanda de energia fóssil do país e substituí-la por energia renovável, principalmente no abastecimento de setores como transporte, indústria e aquecimento, o qual tem uma forte demanda nos meses de outono-inverno.

Esse tipo de iniciativa envolve tanto gestores públicos como cidadãos no compromisso com uma visão de futuro sustentável para o país. Trabalham fortemente o conceito de emprego verde, que diz respeito à geração de cargos nos setores relacionados com a energia renovável.

Além disso, na Áustria também há um grande incentivo à agricultura familiar e orgânica. Uma boa parte da população possui um espaço dedicado a isso em suas casas ou mesmo em pequenas fazendas, nas quais, por exemplo, praticam a vinicultura. Principalmente na região sul do país, há um calendário de abertura das fazendas de vinhos para sessões de degustação da produção local com acompanhamento de pães e frios. É uma forma de divulgar a bebida, atrair turistas para a região e promover uma experiência familiar, além de participar em concursos locais que contribuem para a melhoria continua da qualidade do vinho e do uso da terra, por exemplo, com diferentes tipos de certificação.

De uma forma geral, promove-se uma cadeia de alimentação saudável. Eles entendem que o cidadão em dia com a saúde reduz a demanda por esse tipo de cuidado no governo. O conceito é compreendido dessa forma sistêmica. Nos supermercados, os produtos possuem marcas com linhas alternativas, indicando que são certificadas em sua cadeia de produção orgânica.

O orgulho dos austríacos é percebido, inclusive, na forma que cuidam da limpeza e do visual das cidades. Os jardins em casas e praças são bem mantidos ao longo de todo o ano, tanto pela vizinhança como com apoio do governo, enfeitados em épocas especiais como Páscoa, Dia das Mães, Dia das Crianças e, claro, no Natal, além de outras comemorações específicas locais. Essa cultura está presente tanto em cidades grandes, como Viena, Graz e Salzburg, quanto nas tantas cidades menorzinhas, as famosas vilas locais.

Um outro país que me chamou muita atenção foi o Canadá. Em uma das regiões onde ficávamos, no nordeste do Quebec, foi onde vi uma prática efetiva de coleta seletiva residencial. Cada casa possuía dois tonéis de lixo com cores diferentes. Um deles era destinado para o lixo comum e o outro para o lixo reciclável, os quais deveriam ser deixados na frente da casa para coleta, respeitando a programação do dia. Os tonéis eram, então, esvaziados pelos coletores e deixados no lugar, para que os moradores os recolhecem no final do dia quando retornassem do trabalho, por exemplo. Sem danos, sem vandalismo, sem roubo.

Já na parte de transporte público, Zurique para mim merece destaque, com seu conceito de qualidade em transporte sobre trilhos que percorre toda a cidade. Como usuária, vi como tudo aquilo funcionava muito bem, inclusive os eventuais planos de contingência. O autosserviço para a compra de bilhetes e a cultura da confiança social me surpreendeu bastante.

Esse conceito de veículo leve sobre trilhos também existe no Brasil, mais especificamente, no Rio de Janeiro (RJ). Em 2014, no período pré-Olimpíadas, tive a oportunidade de atuar em um projeto na capital carioca, na etapa de implantação, por meio de uma parceria público-privada, do VLT (Veículo Leve sobre Trilhos). Fiquei encantada por fazer parte desse trabalho que buscava integrar trens urbanos, ônibus, teleféricos e barcas com o centro histórico da cidade.

Naquele momento, havia uma incerteza sobre o processo de cobrança dos bilhetes, já que cobradores e catracas eletrônicas não faziam parte do plano original e, segundo modelo europeu, a fiscalização era comumente realizada de forma aleatória e sem um controle individual como ocorre nos diferentes tipos de tranporte do Brasil. Para nossa surpresa, durante a fase de testes do VLT Carioca, a taxa de evasão observada ficou em patamares mais baixos do que se havia esperado. Até hoje, o sistema segue como autosserviço – sem catracas eletrônicas nem cobradores mas, sim, com inspetores e fiscais monitorando o processo ao longo da jornada e dos trechos percorridos e tomando as devidas ações corretivas quando necessário.

Falando em América Latina, outra cidade que me chamou bastante a atenção foi Montevidéu, capital uruguaia, onde atuei por alguns meses. É uma cidade onde as pessoas são altamente capacitadas -pelo que nos informaram, mais de 90% dos habitantes haviam cursado o nível superior. Vi na prática os benefícios dessa característica: mão-de-obra qualificada, baixa rotatividade de profissionais de alto nível nas organizações, proteção de talentos, taxa de desemprego mais baixa...

Assim como os europeus em geral, no Uruguai as pessoas prezam bastante pela qualidade de vida. Há um bom equilíbrio entre o tempo de trabalho e o de lazer, diferente da rotina das grandes cidades americanas e brasileiras.

A infraestrutura da orla e dos muitos parques da cidade favorecem a convivência de qualidade e com segurança entre as diferentes gerações.

Meus olhos brilham com esta oportunidade que tenho pela consultoria: conhecer lugares diferentes, vivenciar novas culturas e aprender sempre. Sou encantada com essa vida!

Ana Elisa Lima dos Santos
Consultora Sócia do Aquila

CÁLCULOS DOS INDICADORES IGMA

CÁLCULOS DOS INDICADORES IGMA

Apresentamos, a seguir, o compilado das fórmulas de todos os 39 indicadores da plataforma IGMA, a fim de esclarecer a compreensão da informação textual e, também, de facilitar a aplicação do cálculo pelas prefeituras municipais do Brasil.

Pilar 1 – **Eficiência Fiscal e Transparência**

Indicador Endividamento (%)

Fórmula de cálculo:

$$\frac{\text{(Operação Crédito Interna e Externa em Circulação + Precatórios a partir de 05/05/2000 + Operação Crédito Internas e Externas Longo Prazo + Obrigações Legais e Tributárias)}}{\text{(Receita Corrente Líquida)}}$$

Indicador Autonomia fiscal

Fórmula de cálculo:

$$\frac{\text{(Receita Tributária + COSIP (Contribuição para o custeio da Iluminação Pública dos Municípios) + Dívida Ativa dos Tributos + Multas e Juros de Mora dos Tributos + MJM (Multas e Juros de Mora) da Dívida Ativa dos Tributos)}}{\text{(Receita Transferências Intergovernamentais Corrente - Deduções para a formação do FUNDEB – Fundo de Manutenção e Desenvolvimento da Educação Básica e de Valorização dos Profissionais da Educação)}}$$

Indicador Capacidade de investir

Fórmula de cálculo:

$$\frac{((\text{Receitas Correntes} - \text{Deduções da Receita Corrente}) - (\text{Despesas Correntes} - \text{PES AD (Aplicação Direta Decorrente de Operação entre Órgãos, Fundos e Entidades Integrantes dos Orçamentos Fiscal e da Seguridade Social}) \text{ Operação entre Órgãos} - \text{ODC AD (Aplicação Direta Decorrente de Operação entre Órgãos, Fundos e Entidades Integrantes dos Orçamentos Fiscal e da Seguridade Social}) \text{ entre Órgãos} - \text{I AD (Aplicação Direta Decorrente de Operação entre Órgãos, Fundos e Entidades Integrantes dos Orçamentos Fiscal e da Seguridade Social}) \text{ Operações entre Órgãos} - \text{IF AD (Aplicação Direta Decorrente de Operação entre Órgãos, Fundos e Entidades Integrantes dos Orçamentos Fiscal e da Seguridade Social}) \text{ Operação entre Órgãos}) - \text{Amortização da Dívida})}{(\text{Receitas Correntes} - \text{Deduções da Receita Corrente})}$$

Indicador Investimento *per capita*

Fórmula de cálculo:

$$\frac{(\text{Investimento})}{(\text{População do Município})}$$

Indicador Resultado fiscal

Fórmula de cálculo:

$$\frac{(\text{Receita Total} - \text{Intra-Orçamentária} - (\text{Despesa Empenhada Total} - \text{Intra-orçamentária}))}{(\text{Receita Total} - \text{Receita Intra Orçamentária})}$$

Indicador Índice de transparência

Fórmula de cálculo:

Nota do Questionário

Indicador Aderência ao plano de contas

Fórmula de cálculo:

O resultado deste indicador é uma variável binária, que consta se o plano de contas do município está homologada ou pendente.

Pilar 2 - **Educação**

Indicador Analfabetismo (15 anos de idade ou mais)

Fórmula de cálculo:

$$\frac{\text{(Pessoas analfabetas com 15 anos ou mais)} \times 100}{\text{(População do município com 15 anos ou mais)}}$$

Indicador Expectativa de anos de estudo

Fórmula de cálculo:

$$\frac{\text{(Soma dos anos de estudos dos moradores do município)}}{\text{(População do município)}}$$

Indicador Taxa de abandono anos iniciais Ensino fundamental

Fórmula de cálculo:

$$\frac{\text{(Total de alunos que abandonaram os anos iniciais do Ensino fundamental)}}{\text{(Total de alunos dos anos iniciais do Ensino fundamental)}}$$

Indicador Taxa de abandono anos finais Ensino fundamental

Fórmula de cálculo:

$$\frac{\text{(Total de alunos que abandonaram os anos finais do Ensino fundamental)}}{\text{(Total de alunos dos anos finais do Ensino fundamental)}}$$

Indicador Resultado IDEB anos iniciais do Ensino fundamental

Fórmula de cálculo:

Resultado do IDEB anos iniciais do Ensino fundamental.

Indicador Resultado IDEB anos finais do Ensino fundamental

Fórmula de cálculo:

Resultado do IDEB anos finais do Ensino fundamental

Indicador Distorção idade-série Ensino fundamental

Fórmula de cálculo:

$$\frac{\text{(Somatório de alunos com atraso escolar de 2 anos ou mais)}}{\text{(Total de alunos do município)}}$$

Indicador Acesso à educação infantil (Creches)

Fórmula de cálculo:

$$\frac{\text{(Alunos matriculados em creche e escolas de educação infantil)}}{\text{(População do município de até 6 anos de idade)}}$$

Indicador gastos com educação por aluno por ponto do IDEB

Fórmula de cálculo:

$$\frac{\text{(Gasto com educação }per\ capita\text{)}}{\text{(Média do IDEB dos anos iniciais e finais do Ensino fundamental)}}$$

Pilar 3 – **Saúde e Bem-estar**

Indicador Cobertura estratégia Saúde da Família

Fórmula de cálculo:

$$\frac{\text{(Número de pessoas atendidas pelas equipes de Estratégia de Saúde da Família implantadas)}}{\text{(População do município)}}$$

Indicador Expectativa de vida ao nascer

Fórmula de cálculo:

$$\frac{\text{(Tempo cumulativo vivido por essa mesma geração (T0))}}{\text{(Geração inicial de nascimentos (I0))}}$$

Indicador Número de leitos hospitalares do SUS por mil habitantes

Fórmula de cálculo:

$$\frac{\text{(Número médio anual de leitos hospitalares conveniados ou contratados pelo SUS)} \times 1.000}{\text{(População do município)}}$$

Indicador Número de profissionais da saúde por mil habitantes

Fórmula de cálculo:

$$\frac{\text{(Número de profissionais da saúde)} \times 1.000}{\text{(População do município)}}$$

Indicador Proporção de Internações Sensíveis à Atenção Básica (ISAB)

Fórmula de cálculo:

$$\frac{\text{(Número de Internações por condições sensíveis à atenção básica)}}{\text{(Total de internações clínicas)}}$$

Indicador Taxa de mortalidade infantil

Fórmula de cálculo:

$$\frac{\text{(Número de óbitos de residentes no município com menos de um ano de idade)} \times 1.000}{\text{(Número de nascidos vivos de mães residentes)}}$$

Pilar 4 – **Infraestrutura e Mobilidade Urbana**

Indicador Condições ambientais urbanas

Fórmula de cálculo:

$$\frac{\text{(\% de domicílios arborizados + \% de domicílio com esgoto a céu aberto + \% de domicílios com lixo acumulado no entorno)}}{3}$$

Indicador Condições habitacionais

Fórmula de cálculo:

$$\frac{\text{(\% de aglomerado subnormal + densidade domiciliar + densidade morador/banheiro + índice de material nas paredes do domicílio + índice de espécie do domicílio)}}{5}$$

Indicador Infraestrutura urbana

Fórmula de cálculo:

$$\frac{\text{(\% vias com iluminação pública + \% vias com pavimentação + \% vias com calçada + \% vias com meio-fio/guia + \% vias com bueiros ou bocas-de-lobo + \% vias com rampas para cadeirantes + \% vias com identificação de logradouros)}}{7}$$

Indicador Serviços coletivos urbanos

Fórmula de cálculo:

$$\frac{\text{(\% de domicílios com atendimento adequado de água + \% de domicílio com atendimento adequado de esgoto + \% de domicílios com atendimento adequado de energia + \% de domicílios com coleta adequada de lixo)}}{4}$$

Indicador Abastecimento de água

Fórmula de cálculo:

$$\frac{\text{(População total atendida com abastecimento de água)}}{\text{(População total do município)}}$$

Indicador Frota de veículos por habitante

Fórmula de cálculo:

$$\frac{\text{(Frota de veículos)}}{\text{(População do município)}}$$

Indicador Deslocamento casa-trabalho

Fórmula de cálculo:

$$\frac{\text{(População que realiza o trajeto casa/trabalho em menos de 1 hora)}}{\text{(População do município)}}$$

Pilar 5 – **Desenvolvimento Socioeconômico e Ordem Pública**

Indicador PIB *per capita*

Fórmula de cálculo:

$$\frac{\text{(Produto Interno Bruto do município em um determinado ano)}}{\text{(População do município no mesmo ano)}}$$

Indicador Índice de Gini da renda domiciliar *per capita*

Fórmula de cálculo:

$$\frac{\sum \text{(Diferença da proporção acumulada da população)}}{\text{(Soma da proporção acumulada da renda)}}$$

Indicador Porcentagem de pobres na população

Fórmula de cálculo:

$$\frac{\text{(População com renda domiciliar per capita menor que R\$ 140,00)}}{\text{(População do município)}}$$

Indicador Jovens que completaram o Ensino Médio

Fórmula de cálculo:

$$\frac{\text{(Jovens entre 18 e 20 anos de idade com Ensino Médio completo)}}{\text{(Jovens entre 18 e 20 anos de idade do município)}}$$

Indicador Pessoas que completaram o Ensino Superior

Fórmula de cálculo:

$$\frac{\text{(Pessoas com 25 anos ou mais com Ensino Superior completo)}}{\text{(Pessoas com 25 anos ou mais do município)}}$$

Indicador Renda domiciliar *per capita*

Fórmula de cálculo:

$$\frac{\text{(Renda domiciliar)}}{\text{(População do município)}}$$

Indicador Emprego

Fórmula de cálculo:

$$\frac{\text{(Número de pessoas ocupadas)}}{\text{(População economicamente ativa do município)}}$$

Indicador Taxa de homicídios

Fórmula de cálculo:

$$\frac{\text{(Homicídios)} \times 100.000}{\text{(População do município)}}$$

Indicador Mortes por arma de fogo

Fórmula de cálculo:

$$\frac{\text{(Homicídios por arma de fogo)} \times 100.000}{\text{(População do município)}}$$

Indicador Taxa de mortes no trânsito

Fórmula de cálculo:

$$\frac{\text{(Mortes no trânsito)} \times 100.000}{\text{(População do município)}}$$

REFERÊNCIAS

REFERÊNCIAS

2020 INDEX OF ECONOMIC FREEDOM. Disponível em: <https://www.heritage.org/index/about>. Acesso em: 19 fev. 2021.

ACCENTURE. Disrupção digital: o potencializador do crescimento: otimizar os investimentos digitais para atingir mais produtividade e crescimento. Disponível em: <https://www.accenture.com/br-pt/insight-digital-disruption-growth-multiplier>. Acesso em: 17 fev. 2021.

ACCENTURE. Visão geral das cinco tendências digitais para serviços públicos. Disponível em: <https://www.accenture.com/t00010101t000000__w__/br-pt/_acnmedia/accenture/conversion-assets/dotcom/documents/local/pt-br/pdf/accenture-pov-public-service-techvision-por.pdf>. Acesso em: 04 dez. 2020.

AGÊNCIA SEBRAE DE NOTÍCIAS. Pequenos negócios já representam 30% do Produto Interno Bruto do país. *Pequenas Empresas Grandes Negócios*. Disponível em: <https://revistapegn.globo.com/Negocios/noticia/2020/04/pequenos-negocios-ja-representam-30-do-produto-interno-bruto-do-pais.html>. Acesso em: 22 dez. 2020.

AGENDA 2030. Conheça o plano de ação global para mudar o mundo até 2030. Disponível em: <http://www.agenda2030.com.br/sobre/>. Acesso em: 17 fev. 2021.

ASSOCIAÇÃO COMERCIAL SÃO ROQUE. Empresas familiares são maioria no Brasil. Disponível em: <https://www.aciasaoroque.com.br/noticias:empresas-familiares-sao-maioria-no-brasil#:~:text=De%20acordo%20com%20dados%20levantados,por%20empresas%20comandadas%20por%20fam%C3%ADlias>. Acesso em: 04 dez. 2020.

ATLAS DO DESENVOLVIMENTO HUMANO. Analfabetismo (15 anos ou mais). Disponível em: < http://www.atlasbrasil.org.br/acervo/biblioteca#base-shapes>. Acesso em: 19 fev. 2021.

ATLAS DO DESENVOLVIMENTO HUMANO. Expectativa de vida ao nascer. Disponível em: < http://www.atlasbrasil.org.br/acervo/biblioteca#base-shapes>. Acesso em: 19 fev. 2021.

ATLAS DO DESENVOLVIMENTO HUMANO. Índice de GINI da renda domiciliar per capita. Disponível em: <http://www.atlasbrasil.org.br/acervo/biblioteca#base-shapes>. Acesso em: 19 fev. 2021.

ATLAS DO DESENVOLVIMENTO HUMANO. Jovens que completaram o ensino médio. Disponível em: < http://www.atlasbrasil.org.br/acervo/biblioteca#base-shapes>. Acesso em: 19 fev. 2021.

ATLAS DO DESENVOLVIMENTO HUMANO. Pessoas que completaram o ensino superior. Disponível em: <http://www.atlasbrasil.org.br/acervo/biblioteca#base-shapes>. Acesso em: 19 fev. 2021.

ATLAS DO DESENVOLVIMENTO HUMANO. Porcentagem de pobres na população. Disponível em: <http://www.atlasbrasil.org.br/acervo/biblioteca#base-shapes>. Acesso em: 19 fev. 2021.

ATLAS DO DESENVOLVIMENTO HUMANO. Taxa de abandono anos finais EF. Disponível em: <http://www.atlasbrasil.org.br/acervo/biblioteca#base-shapes>. Acesso em: 19 fev. 2021.

BANCO MUNDIAL. Modelo de Governança pelo Banco Mundial. Managing Development – The Governance Dimension. Washington D.C.: World Bank, 1991.

BARBOSA, Alexandre F. *Pesquisa sobre o uso das tecnologias de informação e comunicação no setor público brasileiro*: TIC governo eletrônico 2017. São Paulo: Comitê Gestor da Internet no Brasil, 2018. Disponível em: <https://www.cetic.br/media/docs/publicacoes/2/TIC_eGOV_2017_livro_eletronico.pdf>. Acesso em: 22 dez. 2020.

BARROS, Erico Costa; DREON, FERNANDA RIGHI. *Análise financeira*: enfoque empresarial: uma abordagem prática para executivos não financeiros. Belo Horizonte: Aquila Escola de Gestão, 2016.

BRASIL. Casa Civil. Lei Complementar nº 101, de 4 de maio de 2000. Disponível em: <http://www.planalto.gov.br/ccivil_03/leis/LCP/Lcp101.htm>. Acesso em 03 dez. 2020.

BRASIL. Casa Civil. Lei nº 9.394, de 20 de dezembro de 1996. Lei de Diretrizes e Bases da Educação Nacional. Disponível em: <http://www.planalto.gov.br/ccivil_03/leis/l9394.htm>. Acesso em: 03 dez. 2020.

BRASIL. Constituição (1988). Constituição da República Federativa do Brasil. Brasília, DF: Centro Gráfico, 1988. art 196.

BRASIL. *Índice de Desenvolvimento Humano Municipal Brasileiro*. Brasília: PNUD; Ipea; FJP, 2013. 96 p. (Série Atlas do Desenvolvimento Humano no Brasil). Disponível em: <https://onedrive.live.com/?authkey=%21AGvg%2D0FawRuMMj4&cid=124653557C0404EC&id=124653557C0404EC%2123008&parId=124653557C0404EC%2122848&o=OneUp>. Acesso em: 03 dez. 2020.

BRASIL. MEC. INEP. *Relatório Brasil no PISA 2018*: versão preliminar. Brasília, DF: MEC/INEP, 2018. Disponível em: <https://download.inep.gov.br/acoes_internacionais/pisa/documentos/2019/relatorio_PISA_2018_preliminar.pdf>. Acesso em: 26 fev. 2021.

BRASIL. Presidência da República. Decreto nº 10.332, de 28 de abril de 2020. Disponível em: <http://www.planalto.gov.br/ccivil_03/_Ato2019-2022/2020/Decreto/D10332.htm>. Acesso em: 17 fev. 2021.

BRASIL: um país com DNA empreendedor. *Academia Assaí de Bons Negócios*. Disponível em: <https://www.academiaassai.com.br/noticia/brasil-um-pais-com-dna-empreendedor>. Acesso em: 04 dez. 2020.

BRAZIL LAB. Revista Exame: pauta do Governo 4.0 cresce cada vez mais no Brasil e no mundo. 24/05/2019. Disponível em: <https://brazillab.org.br/noticias/revista-exame-pauta-do-governo-40-cresce-cada-vez-mais-no-brasil-e-no-mundo>. Acesso em: 03 dez. 2020.

BRAZILLAB. Revista Exame: pauta do Governo 4.0 cresce cada vez mais no Brasil e no mundo. Disponível em: <https://brazillab.org.br/noticias/revista-exame-pauta-do-governo-40-cresce-cada-vez-mais-no-brasil-e-no-mundo#>. Acesso em: 17 fev. 2021.

CAMBRIDGE INTERNATIONAL. Cambridge International AS & A Level Information Technology 9626. Disponível em: <https://www.cambridgeinternational.org/Images/285017-data-information-and-knowledge.pdf>. Acesso em: 17 fev. 2021.

CITY OF SIDNEY. *Operational Plan 2020/21*. June. 2020. Disponível em: <https://www.cityofsydney.nsw.gov.au/__data/assets/pdf_file/0017/303281/Operational-Plan-2018-19-post-EUA-Oct-2018.pdf>. Acesso em: 03 dez. 2020.

DEAN, J. *Big Data, Data Mining and Machine Learning*: Value Creation for Business Leaders and Practitioners. Hoboken: Wiley, 2014.

DENATRAN. Frotas de veículos por habitante. Disponível em: <http://www.denatran.gov.br/images/Estatistica/RENAVAM/2016/Outubro/Frota_por_UF_e_Tipo-OUT_16.xls>. Acesso em: 19 fev. 2021.

DENATRAN. Taxa de Mortes no Trânsito. Disponível em: < ftp://ftp.ibge.gov.br/Estimativas_de_Populacao/Estimativas_2014/estimativa_dou_2014_xls.zip >. Acesso em: 19 fev. 2021.

DISTRIBUIÇÃO dos profissionais de saúde: Uma análise multivariada e espacial para os estados brasileiros, 2010. In: Anais do Encontro Nacional de Estudos Populacionais, 19. Disponível em: <http://www.abep.org.br/publicacoes/index.php/anais/article/download/2266/2221#:~:text=As%20desigualdades%20regionais%20s%C3%A3o%20refletidas,m%C3%A9dico%20para%20cada%20mil%20habitantes/>. Acesso em: 11 set. 2020.

DURANT, Will. *A história da filosofia*: as vidas e opiniões dos maiores filósofos do mundo. São Paulo, Nova Cultural, s.d.

EUROPEAN COMMISSION. Smart cities. Disponível em: <https://ec.europa.eu/info/eu-regional-and-urban-development/topics/cities-and-urban-development/city-initiatives/smart-cities_en>. Acesso em: 17 fev. 2021.

FERREIRA, Aurélio Buarque de Holanda. *Dicionário da língua portuguesa*. 5. ed. Curitiba: Positivo, 2010. 2222 p.

FGV. Brasil tem 424 milhões de dispositivos digitais em uso, revela a 31ª Pesquisa Anual do FGVcia. *Portal FGV*, 08 jun. 2020. Disponível em: <https://portal.fgv.br/noticias/brasil-tem-424-milhoes-dispositivos-digitais-uso-revela-31a-pesquisa-anual-fgvcia>. Acesso em: 03 dez. 2020.

FREIRE, Quintino Gomes. Rio entre as 50 cidades mais inteligentes do mundo. 20 mar. 2019. Disponível em: <https://diariodorio.com/rio-entre-as-50-cidades-mais-inteligentes-do-mundo//>. Acesso em: 04 dez. 2020.

GLOBAL ENTREPRNEURSHIP MONITOR. Reports. Disponível em: <https://www.gemconsortium.org/report>. Acesso em: 19 fev. 2021.

GODOY, Raimundo; BESSAS, Cláudia. *Formação de gestores*: criando as bases da gestão. Belo Horizonte: Aquila Escola de Gestão, 2018.

GODOY, Raimundo; PIRES, Felipe; GODOY, Natália. *8 passos da excelência*: um guia prático de como levar a sua organização a um novo patamar. Belo Horizonte: Aquila Escola de Gestão, 2020.

GODOY, Raimundo; RISCHELE, Leonardo; NEVES, Rodrigo. *O poder da excelência comercial*. Belo Horizonte: Aquila Escola de Gestão, 2020.

IBGE. PNAD. IBEU. Condições ambientais urbanas. Disponível em: <https://ibeu.observatoriodasmetropoles.net.br/dados/>. Acesso em: 19 fev. 2021.

IBGE. PNAD. IBEU. Condições habitacionais. Disponível em: <https://ibeu.observatoriodasmetropoles.net.br/dados/>. Acesso em: 19 fev. 2021.

IBGE. PNAD. IBEU. Deslocamento casa trabalho. Disponível em: <https://ibeu.observatoriodasmetropoles.net.br/dados/>. Acesso em: 19 fev. 2021.

IBGE. PNAD. IBEU. Infraestrutura urbana. Disponível em: <https://ibeu.observatoriodasmetropoles.net.br/dados/>. Acesso em: 19 fev. 2021.

IBGE. PNAD. IBEU. Serviços coletivos urbanos. Disponível em: <https://ibeu.observatoriodasmetropoles.net.br/dados/>. Acesso em: 19 fev. 2021.

IBGE. PIB per capita. Disponível em: <https://www.ibge.gov.br/estatisticas/economicas/contas-nacionais/9088-produto-interno-bruto-dos-municipios.html?=&t=resultados>. Acesso em: 19 fev. 2021.

ÍNDICE DE CIDADES EMPREENDEDORAS: BRASIL 2017. Endeavor Brasil. Disponível em: <https://d335luupugsy2.cloudfront.net/cms/files/6588/1512651268AF-REAL-ICE-2017-web.pdf >. Acesso em: 17 fev. 2021.

ÍNDICE DE GESTÃO MUNICIPAL AQUILA. Disponível em: <http://igma.aquila.com.br/>. Acesso em: 07 dez. 2020.

ÍNDICE DE LIBERDADE ECONÔMICA DA HERITAGE FOUNDATION.

ÍNDIO DO BRASIL, Cristina. Firjan: levantamento mapeia saúde financeira de municípios brasileiros. *Agência Brasil*, 31 out. 2019. Disponível em: <https://agenciabrasil.ebc.com.br/economia/noticia/2019-10/firjan-levantamento-mapeia-saude-financeira-de-municipios-brasileiros>. Acesso em 03 dez. 2020.

INEP. DataSus. Acesso à educação infantil: creche. Disponível em: <http://inep.gov.br/web/guest/sinopses-estatisticas-da-educacao-basica>. Acesso em: 19 fev. 2021.

INEP. Distorção Idade-Série EF. Disponível em: <http://portal.inep.gov.br/indicadores-educacionais>. Acesso em: 19 fev. 2021.

INEP. Resultado IDEB Anos Finais EF. Disponível em: <http://portal.inep.gov.br/web/guest/educacao-basica/ideb/resultados>. Acesso em: 19 fev. 2021.

INEP. Resultado IDEB Anos Iniciais EF. Disponível em: <http://portal.inep.gov.br/web/guest/educacao-basica/ideb/resultados>. Acesso em: 19 fev. 2021.

INEP. Taxa de abandono anos finais EF. Disponível em: <http://portal.inep.gov.br/indicadores-educacionais>. Acesso em: 19 fev. 2021.

INEP. Taxa de abandono anos iniciais EF. Disponível em: <http://portal.inep.gov.br/indicadores-educacionais>. Acesso em: 19 fev. 2021.

INEP. Site do Inep passa a integrar o portal único do Governo Federal e pode ser acessado em gov.br/inep. Disponível em: <http://portal.inep.gov.br/artigo/-/asset_publisher/B4AQV9z>. Acesso em: 26 fev. 2021.

OECD. What is PISA?. Disponível em: <https://www.oecd.org/pisa/>. Acesso em: 26 fev. 2021.

JÁ ouviu falar sobre Sociedade 5.0?: descubra o que é. Disponível em: <https://www.enginebr.com.br/industria-4-0-2/sociedade-5-0-descubra-o-que-e/>. Acesso em: 04 dez. 2020.

JAMA NETWORK. Global Mortality from firearms, 1990 – 2016. Disponível em: <https://jamanetwork.com/journals/jama/fullarticle/2698492>. Acesso em: 04 dez. 2020.

JORNAL DO BRASIL. Pequenos negócios já representam 30% do Produto Interno Bruto do país. Disponível em: <https://www.jb.com.br/economia/2020/04/1023250-pequenos-negocios-ja-representam-30--do-produto-interno-bruto-do-pais.html>. Acesso em: 12 set. 2020.

JOURNAL OF HUMAN GROWTH AND DEVELOPMENT. Disponível em: <http://pepsic.bvsalud.org/scielo.php?script=sci_abstract&pid=S0104-12822016000200012&lng=pt&nrm=iso>. Acesso em: 04 dez. 2020.

KAPLAN, R.; NORTON, D. The Execution Premium: linking strategy to operations for competitive advantage. *Harvard Business Review Press*, 2008.

KAPLAN, Robert S.; NORTON, David P. The Execution Premium: Linking Strategy to Operations for Competitive. Cambridge: *Harvard Business Review Press*, 2008.

MAPA DA VIOLÊNCIA. Mortes por arma de fogo. Disponível em: < >. Acesso em: 19 fev. 2021. LINK QUEBRADO

MAPA DA VIOLÊNCIA. Taxa de homicídios. Disponível em: < >. Acesso em: 19 fev. 2021. LINK QUEBRADO

MAPPING INNOVATION GEOGRAPHIES. *JLL*. Disponível em: <https://www.us.jll.com/en/research/cities-research/innovation-geographies>. Acesso em: 17 fev. 2021.

MASSACHUSETTS INSTITUTE OF TECHNOLOGY – MIT. Cambridge, MA, USA. Disponível em: <https://www.mit.edu/>. Acesso em: 07 dez. 2020.

MINISTÉRIO DA SAÚDE. DataSUS. Taxa de mortalidade infantil. Disponível em: < http://tabnet.datasus.gov.br/cgi/tabcgi.exe?sinasc/cnv/nvbr.def>. Acesso em: 19 fev. 2021.

MINISTÉRIO DA SAÚDE. DATASUS. Renda Média Domiciliar per Capita. Renda domiciliar per capita. Disponível em: <http://tabnet.datasus.gov.br/cgi/tabcgi.exe?ibge/censo/cnv/rendabr.def >. Acesso em: 19 fev. 2021.

MINISTÉRIO DA SAÚDE. Portal do Departamento de Atenção Básica. Cobertura estratégia Saúde da Família. Disponível em: <https://egestorab.saude.gov.br/paginas/acessoPublico/relatorios/relHistoricoCoberturaAB.xhtml>. Acesso em: 19 fev. 2021.

MINISTÉRIO DA SAÚDE. Secretaria de Atenção à Saúde (SAS). Sistema de Informações Hospitalares do SUS – SIH/SUS. Cadastro Nacional de Estabelecimentos de Saúde – CNES.

Número de leitos hospitalares (SUS) por mil habitantes. Disponível em: <http://www.ibge.gov.br/home/estatistica/populacao/estimativa2016/estimativa_dou.shtm>. Acesso em: 19 fev. 2021.

MINISTÉRIO DA SAÚDE. Secretaria de Atenção à Saúde (SAS). Sistema de Informações Hospitalares do SUS –SIH/SUS. Cadastro Nacional de Estabelecimentos de Saúde – CNES. Número de Profissionais da saúde por mil habitantes. Disponível em: <https://www.ibge.gov.br/estatisticas/sociais/populacao/9109-projecao-da-populacao.html?=&t=downloads>. Acesso em 19 fev. 2021.

MINISTÉRIO DA SAÚDE. Secretaria de Atenção a Saúde. Sistema de Internações Hospitalares do SUS (SIH/SUS). Proporção de internações sensíveis a atenção básica - ISAB. Disponível em: <http://www2.datasus.gov.br/DATASUS/index.php?area=0201&id=30504980&VObj=http://tabnet.datasus.gov.br/cgi/deftohtm.exe?pacto/2015/cnv/coapmunSelecionar:%20Indicadores%20Municipais%20%3e%20Conte%C3%BAdo%202%20%3e%20Ano%20%3e%20Munic%C3%ADpio>. Acesso em: 19 fev. 2021.

MINISTÉRIO PUBLICO FEDERAL. Índice de transparência. Disponível em: < >. Acesso em: 19 fev. 2021. LINK QUEBRADO

MONITOR DE EMPREENDEDORISMO GLOBAL

NAÇÕES UNIDAS BRASIL. UNESCO: 758 milhões de adultos não sabem ler nem escrever frases simples, 16 fev. 2017. Disponível em: <https://nacoesunidas.org/unesco-758-milhoes-de-adultos-nao-sabem-ler-nem-escrever-frases-simples/>. Acesso em 03 dez. 2020.

NAÇÕES UNIDAS BRASIL. UNICEF: 175 milhões de crianças não têm acesso a creches e pré-escola no mundo. 09 abr. 2019. Disponível em: <https://nacoesunidas.org/unicef-175-milhoes-de-criancas-nao-tem-acesso-a-creches-e-pre-escola-no-mundo/>. Acesso em: 27 ago. 2020.

NAÇÕES UNIDAS. A agenda de desenvolvimento sustentável. Disponível em: <https://www.un.org/sustainabledevelopment/development-agenda/>. Acesso em: 17 fev. 2021.

O CONCEITO de População Economicamente Ativa (PEA). Disponível em: <https://mundoeducacao.uol.com.br/geografia/o-conceito-populacao-economicamente-ativa-pea.htm/>. Acesso em: 11 set. 2020.

O QUE É IED?. *ApexBrasil*. Disponível em: <http://www.apexbrasil.com.br/o-que-e-ied >. Acesso em: 17 fev. 2021.

ODS BRASIL. As Perguntas Mais Frequentes sobre os Objetivos de Desenvolvimento Sustentável. Disponível em: <https://www.br.undp.org/content/brazil/pt/home/library/ods/cartilha-de-perguntas-e-respostas-dos-ods.html>. Acesso em: 03 dez. 2020.

ODS BRASIL. Indicadores Brasileiros para os Objetivos de Desenvolvimento Sustentável. Disponível em: <https://odsbrasil.gov.br/>. Acesso em: 03 dez. 2020.

OLIVEIRA, Marinalva de Jesus; SILVA, Edson Arlindo. Eficiência na Gestão Fiscal Pública e o Desenvolvimento Socioeconômico dos Municípios da Microrregião de Cataguases – MG. In: ENCONTRO NACIONAL DE ADMINISTRAÇÃO PÚBLICA E GOVERNO. Salvador, 18 a 20nov. 2012. Disponível em: <http://www.anpad.org.br/admin/pdf/2012_EnAPG446.pdf>. Acesso em: 03 dez. 2020.

ONU BRASIL. Disponível em: < https://brasil.un.org/>. Acesso em: 07 dez. 2020.

ONU. Declaração Universal dos Direitos Humanos. Disponível em: <https://www.ohchr.org/EN/UDHR/Pages/Language.aspx?LangID=por>. Acesso em 03 dez. 2020.

ONU. Programa das Nações Unidas para o Desenvolvimento Brasil. *Além do rendimento, além das médias, além do presente*: desigualdades no desenvolvimento humano no século XXI. Nova Iorque: ONU, 2020. Disponível em: <http://hdr.undp.org/sites/default/files/hdr_2019_pt.pdf>. Acesso em: 03 dez. 2020.

ONU. Programa das Nações Unidas para o Desenvolvimento Brasil. *Índice de desenvolvimento Humano (IDH)*. Disponível em: <https://www.br.undp.org/content/brazil/pt/home/idh0.html>. Acesso em: 03 dez. 2020.

ORGANIZAÇÃO DAS NAÇÕES UNIDAS. Nações Unidas. estudo sobre Governo Eletrónico da organização das Nações Unidas 2018. Disponível em: <https://publicadministration.un.org/egovkb/Portals/egovkb/Documents/un/2018-Survey/E-Government%20Survey%202018_Portuguese.pdf>. Acesso em: 17 fev. 2021.

PESQUISA Global de Mortalidade por Armas de Fogo (*Global Mortality from firearms*, 1990 - 2016). 28 ago. 2018. Disponível em: <http://www.healthdata.org/research-article/global-mortality-firearms-1990%E2%88%922016/>. Acesso em: 11 set. 2020.

PORTAL SEBRAE. Disponível em: <https://www.sebrae.com.br/sites/PortalSebrae>. Acesso em: 07 dez. 2020.

SANTOS, Y. D. D.; BARBOSA, J. A. A. G. S.; DINIZ, J. A.; LIMA, S. C. Endividamento Público e Desenvolvimento Humano nos Grandes Municípios Brasileiros. *Cadernos Gestão Pública e Cidadania*, v. 23, n. 76, p. 356-375, 2018. Disponível em: <http://www.spell.org.br/documentos/ver/52029/endividamento-publico-e-desenvolvimento-humano-nos-grandes-municipios-brasileiros>. Acesso em 03 dez. 2020.

SANTOS, Yuri Dantas dos; BARBOSA, Jean Alisi Amorim Gomes Silva; DINIZ, Josedilton Alves; LIMA, Severino Cesário de. Endividamento público e desenvolvimento humano nos grandes municípios brasileiros. *Cadernos Gestão Pública e Cidadania*, São Paulo, v. 23, n. 76, p. 356-375, set./dez. 2018.

SICONFI. Aderência ao Plano de Contas. Disponível em: <https://siconfi.tesouro.gov.br/siconfi/pages/public/consulta_qtde_declaracoes/qtde_declaracoes_list.jsf>. Acesso em: 19 fev. 2021.

SICONFI. Autonomia fiscal. Disponível em: <https://siconfi.tesouro.gov.br/siconfi/index.jsf>. Acesso em: 19 fev. 2021.

SICONFI. Capacidade de investir. Disponível em: <https://siconfi.tesouro.gov.br/siconfi/index.jsf>. Acesso em: 19 fev. 2021.

SICONFI. Gasto com educação por aluno por IDEB. Disponível em: <https://siconfi.tesouro.gov.br/siconfi/index.jsf>. Acesso em: 19 fev. 2021.

SICONFI. IBGE. Investimento per capita. Disponível em: <https://siconfi.tesouro.gov.br/siconfi/index.jsf>. Acesso em: 19 fev. 2021.

SICONFI. Porcentagem de endividamento. Disponível em: <https://siconfi.tesouro.gov.br/siconfi/index.jsf>. Acesso em: 19 fev. 2021.

SICONFI. Resultado fiscal. Disponível em: <https://siconfi.tesouro.gov.br/siconfi/index.jsf>. Acesso em: 19 fev. 2021.

SILVA, Carlos Roberto Almeida da. Princípio da transparência na Administração Pública. *Jusbrasil*, 2013. Disponível em: <https://ralmeidasgc.jusbrasil.com.br/artigos/113024627/principio-da-transparencia-na-administracao-publica >. Acesso em: 17 fev. 2021.

SNIS. Abastecimento de água. Disponível em: <http://app4.mdr.gov.br/serieHistorica/#>. Acesso em: 19 fev. 2021.

TABNET. DataSUS. IBGE. Emprego. Disponível em: <http://tabnet.datasus.gov.br/cgi/tabcgi.exe?ibge/censo/cnv/desemprbr.def>. Acesso em: 19 fev. 2021.

TAURION, Cezar. *Big data*. Rio de Janeiro: Brasport Livros e Multimídia Ltda., 2013.

THE FUTURE Today Institute prepares leaders and their organizations for deep uncertainty and complex futures. Disponível em: <https://futuretodayinstitute.com/>. Acesso em: 04 dez. 2020.

THE GLOBAL LIVEABILITY INDEX. Disponível em: <https://www.eiu.com/topic/liveability>. Acesso em: 03 dez. 2020.

THE WORLD BANK. Disponível em: <https://www.worldbank.org/pt/country/brazil>. Acesso em: 19 fev. 2021.

THE WORLD BANK. Disponível em: <https://www.worldbank.org/pt/country/brazil>. Acesso em: 07 dez. 2020.

UMA VIAGEM PELAS CIDADES MAIS INOVADORAS DO MUNDO. IBERDROLA. Disponível em: <https://www.iberdrola.com/inovacao/cidades-inovadoras >. Acesso em: 17 fev. 2021.

UN E-Government Knowledgebase. Survey 2018. Ranking de Governo digital. Disponível em: <https://publicadministration.un.org/egovkb/en-us/Reports/UN-E-Government-Survey-2018>. Acesso em: 17 fev. 2021.

UN E-GOVERNMENT KNOWLEGEBASE. Disponível em: <https://publicadministration.un.org/egovkb/en-us/>. Acesso em: 07 dez. 2020.

UNITED NATIONS. E-Government Survey 2020. Digital Government in the decade of action for sustainable development 2020. United Nations. New York, 2020. Disponível em: <https://publicadministration.un.org/egovkb/Portals/egovkb/Documents/un/2020-Survey/2020%20UN%20E-Government%20Survey%20(Full%20Report).pdf>. Acesso em: 17 fev. 2021.

UOL. Com IDH quase estagnado, Brasil fica em 79º lugar em ranking da ONU. *Portal de Notícias UOL*, 09 dez. 2019. Disponível em: <https://noticias.uol.com.br/internacional/ultimas-noticias/2019/12/09/com-idh-quase-estagnado-brasil-fica-em-79-lugar-em-ranking-da-onu.htm>. Acesso em: 03 dez. 2020.

WINZER, Lylla. Relação entre o Índice de Desenvolvimento Humano Municipal e taxas de mortes violentas nas Unidades Federativas Brasileiras. *Journal of Human Growth and Development*, São Paulo, v. 26, n. 2, 2016. Disponível em: <http://pepsic.bvsalud.org/scielo.php?script=sci_arttext&pid=S0104-12822016000200012&lng=pt&nrm=iso&tlng=pt Acesso em 11/09/20>. Acesso em: 03 dez. 2020.

WINZER, Lylla. Relação entre o Índice de Desenvolvimento Humano Municipal e taxas de mortes violentas nas Unidades Federativas Brasileiras. *Journal of Human Growth and Development*, v. 26, n. 2, p. 211-217. Disponível em: <http://pepsic.bvsalud.org/scielo.php?script=sci_abstract&pid=S0104-12822016000200012&lng=pt&nrm=iso>. Acesso em: 07 dez. 2020.

YANO, Célio. Apostando no conceito de sociedade 5.0, Japão quer assumir liderança da transformação mundial. *Gazeta do Povo*, 16 dez. 2019. Disponível em: <https://www.gazetadopovo.com.br/mundo/sociedade-5-0-japao-quer-assumir-lideranca-da-transformacao-mundial/>. Acesso em: 04 dez. 2020.

PUBLICAÇÕES
AQUILA

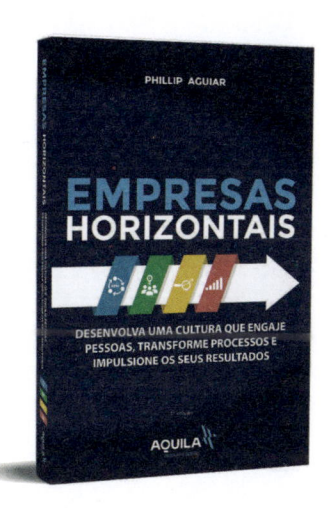

EMPRESAS HORIZONTAIS

Desenvolva uma cultura que engaje pessoas, transforme processos e impulsione os seus resultados.

Conheça o caminho para que você mobilize os recursos da sua empresa e transformações necessárias, de forma estruturada e ágil, para que seu negócio gere resultados excelentes.

Conheça e compre.

ANÁLISE FINANCEIRA
ENFOQUE EMPRESARIAL

Com abordagem prática para executivos não financeiros, este livro tem como objetivo trazer a esse público pontos relevantes para a análise, ação e decisão com base nas finanças corporativas.

Somente um controle efetivo dos resultados e uma forte gestão do caixa diminuirão as pressões financeiras a que uma empresa está sujeita.

Conheça e compre.

O PODER DA EXCELÊNCIA COMERCIAL

Solução prática de como Potencializar seus resultados.

Conheça o que tem de melhor na construção de uma cultura comercial de sucesso. Aprenda ferramentas táticas estruturadas para que a sua organização chegue a seu público alvo, maximizando o retorno dessas relações comerciais.

Conheça e compre.

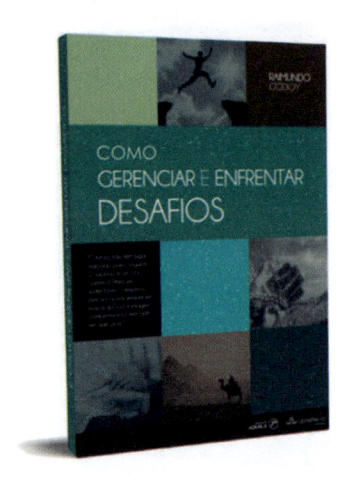

8 PASSOS DA EXCELÊNCIA

Um guia prático de como levar a sua organização para um novo Patamar de resultados.

Conheça os conceitos de gestão dos 8 passos, por meio uma visão prática e baseada em uma trajetória para atingir a excelência, elevando sua organização para um novo patamar de resultados. São eles: ambição, governança, evidências, produtividade, qualidade técnica, disciplina, retorno e transparência.

Conheça e compre.

FORMAÇÃO DE GESTORES
CRIANDO AS BASES DA GESTÃO

Entenda como desenvolver uma gestão focada em resultados.

Conheça os conceitos de gestão com uma narrativa simples, fácil compreensão e exemplos práticos para cada passo do método.

Conheça e compre.

COMO GERENCIAR E ENFRENTAR DESAFIOS

Tendo como pano de fundo a bela história de José do Egito, este livro inspira-nos a estudar e entender o passado, o qual sempre será referência, construir o presente e projetar o nosso futuro. Por meio de uma linguagem simples e envolvente, o leitor é convidado a fazer uma reflexão sobre como enfrentar e superar desafios e a não desistir diante das dificuldades.

Conheça e compre.

AQUILA

AQUILA ON

CURSOS ONLINE AQUILA
Excelência que te faz referência

O conhecimento do aquila aplicado e testado
em mais de 1200 projetos em 20 países,
agora disponível em cursos online